致胜秘籍

4G与移动互联网时代生存法则

WIN WITH 4G

- 对于正在迅猛发展的移动互联网来说，4G时代的到来，无异于如虎添翼。
- 昔日在PC互联网时代苦心经营构筑的高高的门槛和巨大的舞台，在移动互联网汹涌的潮流中有可能会顷刻倒塌，一种摸不着但看得见的危机正在来袭。

赢在4G

移动互联网时代的产业变革与历史机遇

宋杰　梁伯瀚　梁建君
柴雪芳　李俭伟◎编著

人 民 邮 电 出 版 社
北 京

图书在版编目（CIP）数据

赢在4G：移动互联网时代的产业变革与历史机遇 / 宋杰等编著. -- 北京：人民邮电出版社，2014.12
ISBN 978-7-115-36393-0

Ⅰ. ①赢… Ⅱ. ①宋… Ⅲ. ①码分多址移动通信—移动网—产业发展—研究—世界 Ⅳ. ①F631

中国版本图书馆CIP数据核字(2014)第151871号

内容提要

本书基于4G时代的产业演进特征和国内外发展现状，从“了解4G”、“运营4G”、“装备4G”、“玩转4G”、“赢在4G”5个维度阐述了4G所带来的产业变革、机遇及挑战；并提供了丰富翔实的各国案例。同时，本书各部分都结合国内外通信及移动互联网产业现状和实践进行了适度的剖析和对比。

本书内容丰富，资料翔实，适用于移动互联网产业领域设备制造商、终端厂商、电信运营商、互联网公司及内容提供商的战略及市场策划、产品设计及管理工作相关人员，关注通信及互联网的高校师生及社会各界人士。本书可作为信息消费相关企业的培训用书，也可作为关心移动互联网行业读者的入门读本。

◆ 编　　著　宋　杰　梁伯瀚　梁建君　柴雪芳　李俭伟
责任编辑　刘　洋
责任印制　焦志炜
◆ 人民邮电出版社出版发行　　北京市丰台区成寿寺路 11 号
邮编　100164　　电子邮件　315@ptpress.com.cn
网址　http://www.ptpress.com.cn
大厂聚鑫印刷有限责任公司印刷
◆ 开本：700×1000　1/16
印张：15.5
字数：233 千字　　2014 年 12 月第 1 版
印数：1 – 3 000 册　　2014 年 12 月河北第 1 次印刷

定价：49.00 元

读者服务热线：(010)81055488　印装质量热线：(010)81055316
反盗版热线：(010)81055315
广告经营许可证：京崇工商广字第 0021 号

序言

2009 年 12 月，北欧运营商 TeliaSonera 在瑞典和挪威推出全球首个 LTE 商用化服务。2013 年 12 月 4 日，中国工业和信息化部宣布向中国移动、中国电信、中国联通三大电信运营商颁发“LTE 第四代数字蜂窝移动通信业务”经营许可证（即“4G 牌照”），中国正式迈入 4G 时代。

4G 的高带宽以及随之而来的丰富业务，将使得用户的消费习惯深度移动化，并进一步影响到信息消费产业链的内部结构。3G 时代所带来的互联网移动化，例如用户移动化、终端移动化、应用移动化、流量移动化、收入移动化、运营移动化等特征，在 4G 时代都将进一步深化。互联网从 PC 到移动化的迁移，将对包括通信产业和互联网产业在内的信息消费产业产生巨大的颠覆，甚至有可能与每一个传统行业融合形成乘法效应。

从国际上来看，2009 年以来，随着全球主要 3G 运营商均明确了选择 LTE 作为下一代网络演进的技术，以及 LTE 标准和产品的逐渐成熟，LTE 的商用化进程开始逐步启动。经历了初期的发展缓慢阶段之后，至 2013 年，随着采用 28nm 芯片的 LTE 手机量产以及网络覆盖的改善，LTE 技术和产品渐渐成熟，进入了大规模商用化发展阶段。在美、日、韩等国家和地区的推动下，LTE 被普遍认为是史上发展最快的移动通信技术。

从整个信息消费产业来看，4G 将促进数字世界与现实世界以信息为纽带的无缝整合。越来越多的生活场景将以移动体验交付，购物、医疗、教育、娱乐、交通、社交等行业的价值环节和生产要素将大规模涌入电信产业。电信产业在改造传统产业的同时自身也必将遭遇改造。而 4G 的到来，也势必成为大数据、云计算、物联网等新兴产业的助推器。

国内4G市场还处于初期的启动阶段，对于整个通信及互联网产业来说，迫切需要在了解4G的基础上，掌握4G的运营规律，把握4G所带来的产业融合及变革，并进而把握机遇。但目前国内外对4G所带来的产业变革还缺乏全面、系统的论述。因此，前瞻性地把握产业发展趋势和市场脉络，对于国内通信及互联网产业非常有借鉴意义。

本书分为“了解4G”、“运营4G”、“装备4G”、“玩转4G”、“赢在4G”5个部分，循序渐进地介绍了4G以及4G时代所带来的产业变革。

本书首先介绍了4G的基本概念以及全球商用化进程。随后通过对美日韩市场格局及典型运营商的分析，总结了4G运营的关键策略；值得指出的是，运营商必须根据自身的条件和发展战略，制订相应的发展策略。“装备4G”和“玩转4G”这两部分内容介绍了4G时代的终端和应用。最后一部分阐述了4G时代的信息消费产业演进特征，并进一步分析了4G与大数据、云计算、物联网等结合之后所带来的变化。

本书写作团队的成员都是长期从事电信市场研究和决策支持等工作的资深研究人员，他们见证了全球移动通信产业10多年来发展的跌宕起伏，在直接参与移动通信及互联网相关项目研究的过程中，积累了很多方法、经验，并总结发展出一些独到的见解。在中国4G市场逐步启动的今天，希望本书能对读者有所启迪和帮助。

中国电信广东公司资深专家　胡乐明

2014年7月于广州

前言

本书依据作者在通信及互联网领域长期的产业与市场研究及实践经验，基于 4G 时代的产业演进特征和国内外发展现状，从“了解 4G”、“运营 4G”、“装备 4G”、“玩转 4G”、“赢在 4G”5 个维度阐述了 4G 所带来的产业变革、机遇及挑战，并提供了丰富翔实的各国案例。同时，本书各部分都结合国内外通信及移动互联网产业现状和实践进行了适度的剖析和对比。

全书共 5 篇 10 章。

第 1 章介绍了 4G 的一些基本概念，包括什么是 4G、4G 有哪些标准、4G 的优势、4G 对运营商的业务支持能力、4G 的演进路径等；第 2 章介绍了全球 4G 的商用化发展进程，并指出了目前存在的主要问题与挑战。

第 3～4 章对 LTE 用户规模占全球总量近 90%的美日韩进行了市场格局及典型运营商的分析；在此基础上，分别从用户聚焦、品牌引领、业务促进、资费优化、终端拉动、渠道提升、服务加强、网络协同 8 个方面来阐述国际主流运营商的运营实践。

第 5～6 章探讨了 4G 终端产业的发展以及多样化的终端种类和形态，着重介绍了 4G 时代“新明星”的可穿戴设备。可以看到，4G 网络所具有的高带宽特点，将使各种智能终端获得更大的发展空间。

第 7～8 章介绍了 4G 时代人们深度移动化的生活和工作；随着大屏终端的普及和 LTE 网速的提高，视频业务无疑已成为未来的潜力业务，而以重度游戏、增强现实、移动云应用、移动医疗等为代表的重流量应用也将迎来新的发展春天。

第 9～10 章论述了 4G 时代的信息消费产业演进特征，以及 4G 与大数据、云计算、物联网等结合之后对新经济所起的助推作用。4G 牌照的发放，一方面将对产业链各方及相关关联行业带来巨大的投资拉动；另一方面，将对国内通信业消费方式、应用模式等带来一系列深远的影响。

作者团队所在的中国电信广州研究院市场运营研究部，多年来始终专注于电信产业和市场研究，长期关注全球电信市场的发展动态，并承担了集团公司、省公司和地市分公司多个层面的研究和运营支撑工作，成果斐然。在中国电信广东公司资深专家胡乐明和市场运营研究部邓煜熙部长的指导和支持下，编写组对全书框架和内容进行了反复讨论和修改，其主要观点反映了作者团队的共识。

宋杰负责本书整体框架的策划与设计，以及各章节内容的审核。各章节分工如下：第 1、7 章由梁伯瀚编写；第 2 章由宋杰、李俭伟编写；第 3 章由柴雪芳、梁伯瀚、梁建君编写；第 4 章由柴雪芳、李俭伟编写；第 5 章由李俭伟编写；第 6、8 章由梁建君编写；第 9 章由宋杰编写；第 10 章由宋杰、梁伯瀚编写。

在本书写作过程中，大量参考了胡乐明专家的研究成果和观点，成稿后又得到他细致严谨的审阅，在此表示深深的谢意！

感谢本书编辑刘洋先生，每一次与他合作，总能碰撞出新的火花。

虽然本书几经推敲，但仍有考虑不周之处，由于能力、时间的限制，书中不足之处在所难免，敬请广大读者批评指正。

作　者
2014 年 7 月于广州

目录

第三篇 装备 4G

第四篇 玩转 4G

第五篇 赢在 4G

1 第一篇 了解 4G

第1章　走近4G

2009年12月14日，北欧运营商TeliaSonera开启了4G LTE的全球首发商用，截至2014年5月，全球已有288个LTE商用网络，遍布于104个国家。2013年12月4日中国工业和信息化部向中国移动、中国电信、中国联通正式发放了4G牌照，这标志着我国通信行业已正式进入了4G时代，4G开始逐渐走进国内消费者生活的方方面面。

对于很多人来说，4G还处于只听过的程度，显得还有点神秘，不少人认为4G是人类有史以来发明的最复杂的技术系统。如果用一句话来描述4G有什么不同，作者更愿意用“4G，为移动互联网而生”来形容它。下面这章，让我们一起来走近4G，揭开4G的神秘面纱。

1.1　什么是4G?

世界上很多组织给4G（the fourth generation of mobile phone mobile communication technology standards，第四代移动通信技术标准）下过不同的定义，而国际电信联盟（ITU）无疑代表了全球主流移动运营商对4G的看法。ITU对4G的系统标准定义为：4G是3G之后的延伸，要求下行速率达到100Mbit/s，上传速率也能达到20Mbit/s，并能够满足所有用户对于无线服务的要求，例如高清电影、大文件传输等。用更为简单通俗的话来说，就是拥有更快上网速度的技术。在3G网络下，你可能只能看普通清晰度的在线视频和电影，而在4G网络下，则可以看高清视频，流畅依旧。

维基百科对 4G 则从不同的角度给出了更为丰富的定义。

首先，从技术标准的角度看，按照 ITU 的定义，静态传输速率达到 1Gbit/s，用户在高速移动状态下可以达到 100Mbit/s，就可以作为 4G 的技术之一。

其次，从运营商的角度看，除了与现有网络的可兼容性外，4G 要有更高的数据吞吐量、更低时延、更低的建设和运行维护成本、更高的鉴权能力和安全能力、支持多种 QoS 等级。

再次，从融合的角度看，4G 意味着更多的参与方，更多技术、行业、应用的融合，不再局限于电信行业，还可以应用于金融、医疗、教育、交通等行业；通信终端能做更多的事情，例如除语音通信之外的多媒体通信、远端控制等；或许局域网、互联网、电信网、广播网、卫星网等能够融为一体组成一个通播网，无论使用什么终端，都可以享受高品质的信息服务，向宽带无线化和无线宽带化演进，使 4G 渗透到生活的方方面面。

最后，从用户需求的角度看，4G 能为用户提供更快的速度并满足用户更多的需求。移动通信之所以从模拟到数字、从 2G 到 4G 以及将来的 xG 演进，最根本的推动力是用户需求由无线语音服务向无线多媒体服务转变，从而激发运营商为了提高 ARPU、开拓新的频段支持用户数量的持续增长、更有效的频谱利用率以及更低的营运成本，不得不进行变革转型。

1.2 4G 有哪些标准？

2012 年 1 月 18 日，ITU 在 2012 年无线电通信全会全体会议上，正式审议通过了 IMT-Advanced 国际标准，接纳了 3GPP 的 LTE 和基于 IEEE

802.16m 的 WiMAX[1]这两种标准作为国际 4G 标准。

事实上，在 2006 年，迫于 LTE 和 WiMAX 的压力，代表 CDMA 阵营和受到拥有多项 CDMA 关键技术专利的高通公司支持的 3GPP2 标准组织制定了 cdma2000 的下一代演进标准 UMB[2]，与 LTE 及 WiMAX 都是 4G 的重要技术之一。UMB 是全球首个基于 IP 的移动宽带标准，可实现超百兆的下行峰值速率，延迟低于 16ms。遗憾的是，受到高通 CDMA 授权费用的阻碍，CDMA 的投资逐渐萎缩，全球主要的 CDMA 运营商纷纷表示将向 LTE 演进，最终高通公司在 2008 年宣布停止 UMB 的研发，UMB 正式退出了 4G 标准的竞争，3GPP2 转而支持 LTE，从而明确了 LTE 作为全球 CDMA 网络向 4G 演进的技术标准。

通过 LTE 的共同选择，使得 3GPP 和 3GPP2 两大标准阵营在向 4G 的演进上实现了标准的统一，体现了在经历 3G 的发展后产业界的理性和成熟，对全球通信产业的发展具有十分积极的意义。

1．3GPP 的 LTE 技术标准

3GPP 的会员包括 3 类：组织伙伴、市场代表伙伴和个体会员。3GPP 的组织伙伴包括欧洲的 ETSI、日本的 ARIB 和 TTC、韩国的 TTA、美国的 T1 和中国通信标准化协会 6 个标准化组织。3GPP 市场代表伙伴不是官方的标准化组织，它们是向 3GPP 提供市场建议和统一意见的机构组织。TD-SCDMA 技术论坛的加入使得 3GPP 市场代表伙伴的数量增加到 6 个，其他包括：GSM 协会、UMTS 论坛、IPv6 论坛、3G 美国、全球移动供应商协会（GSA）[3]。这些标准化组织和技术论坛基本代表了全球移动通信产业的主流，因此，3GPP 所主导的 LTE（长期演进技术）也是目前主流运营商明确要选择的 4G 标准。

---

[1] IMT-Advanced，International Mobile Telecommunications-Advanced，高级国际移动通信，俗称“4G”；3GPP，3rd Generation Partnership Project，第三代合作伙伴计划；LTE，Long Term Evolution，长期演进技术；IEEE，Institute for Electrical and Electronic Engineers，电气和电子工程师协会；WiMAX，World Interoperability for Microwave Access，全球微波接入互操作性。

[2] 3GPP2，3rd Generation Partnership Project 2，第三代合作伙伴计划 2；UMB，Ultra Mobile Broadband，超移动宽带。

[3] ETSI，European Telecommunicatio Standards Institute，欧洲电信标准协会；ARIB，Association of Radio Industries and Businesses，日本无线工业及商贸联合会；TTC，Telecommunication Technology Committee，日本电信技术委员会；TTA，Telecommunications Technology Association，韩国电信技术协会；UMTS，Universal Mobile Telecommunications System，通用移动通信系统；GSA，the Global mobile Suppliers Association。

3GPP 发布的规范包括了 3 种技术：LTE、LTE-Advanced 和 HSPA+，如图 1-1 所示。

图 1-1　3GPP 发布的技术规范

（1）LTE

LTE 是从 GSM/UMTS 的移动无线通信技术衍生而来，因此被称为长期演进技术。LTE 显著增加了频谱效率和数据传输速率，一般认为下行峰值速率为 100Mbit/s，上行为 50Mbit/s，被视作从 3G 向 4G 演进的主流技术。LTE 的研究，包含了一些普遍认为很重要的部分，具备等待时间更短、更高的用户数据速率、系统容量和覆盖的改善以及运营成本降低等特点。

（2）LTE-Advanced

LTE-Advanced（长期演进技术升级版）是 LTE 的增强，完全向后兼容 LTE，通常在 LTE 上通过软件升级即可。升级过程类似于从 WCDMA 升级到 HSPA。理论峰值速率为下行 1Gbit/s，上行 500Mbit/s。

ITU 在 3GPP LTE 技术中明确融合了 LTE 的两种模式：FDD（Frequency Division Duplexing，频分双工）和 TDD（Time Division Duplexing，时分双工）。从 LTE 产业链的 5 个要素——频谱资源、支持的终端芯片、支持的网络设备、采用的运营商和已发展用户数来看，LTE FDD 网络目前的全球商用发展较 LTE TDD 要迅速得多。截至 2014 年 5 月，全球 288 张 LTE 商用网络中只有 36 张 LTE TDD 网络，其中 13 家运营商的网络还是 FDD/TDD 兼容模式。中国第一批 4G 牌照所采用的模式是 LTE TDD 模式，在中国 LTE TDD 也称为 TD-LTE。

LTE FDD 模式的工作原理是“共同的时间，不同的频率”。FDD 在两个分离的、对称的频率信道上分别进行接收和发送，就好比双车道，两个车道上的汽车互不干扰，畅通无阻。而 LTE TDD 模式的工作原理是“共同的频率、不同的时间”。TDD 的接收和发送是使用同一频率的不同时隙来区分上、下行信道的，在时间上是不连续的，就好比“单行道”上跑双向“车流”，通过时间来控制交通，一会让下行的流量通过，一会又让上传的流量通过。LTE FDD 和 LTE TDD 制式工作原理的对比如图 1-2 所示。

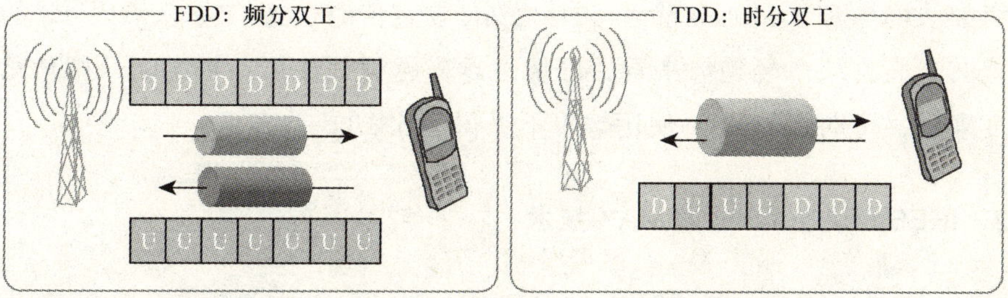

图 1-2　LTE FDD 和 LTE TDD 制式工作原理对比

LTE FDD 和 LTE TDD 两者优、缺点对比见表 1-1，作为 LTE 的两种不同制式，FDD 和 TDD 各有技术优势。FDD 可以提供相对大的覆盖，而 TDD 技术可以在热点地区、家庭基站等方面对容量和覆盖作一个补充，实现双网协同。

表 1-1　LTE FDD 和 LTE TDD 优缺点对比

	LTE FDD	LTE TDD
峰值对比	下行：150Mbit/s 上行：75Mbit/s （2×20MHz，MIMO：2T4R）	下行：110Mbit/s 上行：15Mbit/s （20MHz，3：1 时隙配比）
技术特点	① 上下行异频，抗干扰能力强； ② 支持更高的移动速度； ③ 支持更大的覆盖范围； ④ 不需要严格的同步； ⑤ 接收机灵敏度比 TDD 好	① 不需要成对的频率，能有效利用碎片频段； ② 支持使用智能天线； ③ 覆盖范围明显小于 FDD 基站； ④ 需要严格同步，需要保护区间

续表

	LTE FDD	LTE TDD
支持业务特点	在支持对称业务时，能充分利用上下行的频谱，上下行吞吐量比例固定	在支持不对称业务方面具有一定的灵活性。大部分互联网业务具有下行数据量明显大于上行数据量的特点，TDD 可以根据业务量来配置上下行帧，能够更好地支持不同类型的业务，不会造成资源的浪费

（3）HSPA+

HSPA+是 WCDMA 向后的技术演进，HSPA+移动网络的下行速率可以提升至 84Mbit/s 甚至更高，这一速率已经接近峰值达 100Mbit/s 的 4G LTE 的速率。以往业界把 HSPA+称作 3G 增强技术或者准 4G，但是美国运营商如 AT&T 和 T-Mobile 除了 LTE 之外，在宣传时也把 HSPA+纳入 4G 的范畴，而且从市场趋势来看，好像也越来越得到认可。事实上从用户角度来看，短期内 HSPA+使用效果不见得会比 LTE 差多少。

2．IEEE 802.16m 的 WiMAX 技术

WiMAX 是由 IEEE 提出的宽带无线接入技术，受到英特尔、思科等 IT 厂商的支持，WiMAX 成为新型运营商和 IT 厂商寄希望于抢占无线移动业务市场的砝码，但积极推动其发展的多是 3G 技术不发达的运营商。

IEEE 802.16m 标准包括了两种技术：WiMAX 和 WirelessMAN-Advanced，如图 1-3 所示。

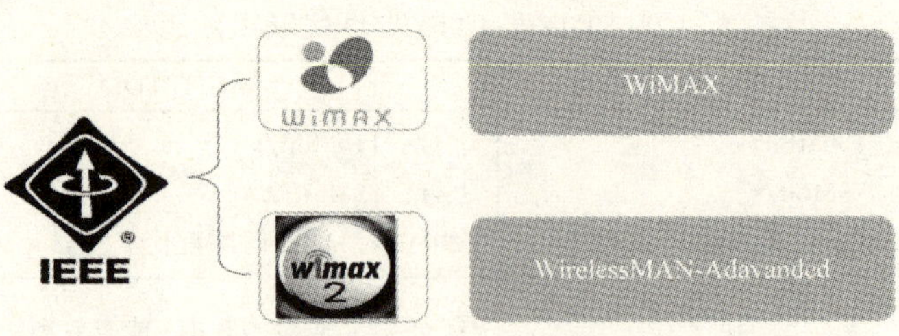

图 1-3　基于 IEEE 802.16m 的 WiMAX 技术

WiMAX 是 IEEE 802.16 定义的一种无线宽带城域网技术，属于 TDD（时分双工）方式，10MHz 下能够达到 30Mbit/s，数据传输距离最远可达

50km，能提供面向互联网的高速连接。WiMAX 还具有 QoS 保障、传输速率高、业务丰富多样等优点，较之 Wi-Fi 具有更好的可扩展性和安全性，从而能够实现电信级的多媒体通信服务。

WirelessMAN-Advanced 是 WiMAX 升级后的无线移动通信技术，其超高速多媒体达到了 30Mbit/s～1Gbit/s。

WiMAX 因其自身的技术缺陷和产业生态环境，难以与 LTE 技术相抗衡，导致前期选用的运营商（如美国 Sprint）也纷纷转向 LTE 阵营。

1.3　4G 的优势

4G 与传统 3G 通信技术相比，具有以下优势。

（1）通信效率高

据摩根斯坦利（Morgan Stanley）的预测，从 WCDMA 到 HSPA 能让每比特流量成本约下降 50%，从 HSPA 到 LTE 能让每比特流量成本下降远大于 50%，如图 1-4 所示。正因为 4G 将大幅降低数据流量的提供成本，所以才能让运营商有更多的降价空间来刺激用户使用流量。

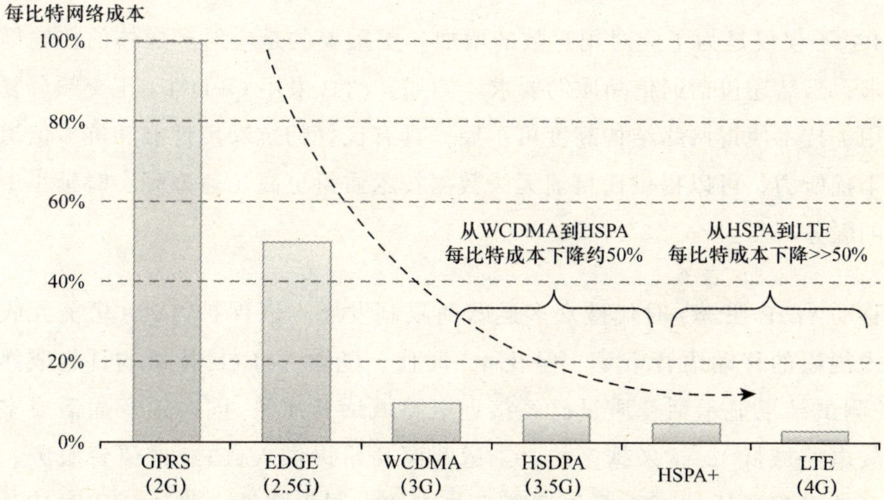

图 1-4　每一代移动通信技术移动互联网单位流量成本的下降趋势

（2）速度快

4G 研究的最初目的就是提高移动互联网的速率，因此 4G 通信给人印象最深刻的优势莫过于它具有更快的无线通信速度。以数据传输速率为比较，第一代模拟式仅提供语音服务；第二代数字式移动通信系统传输速率也只有 9.6kbit/s，最高可达 32kbit/s，如 PHS；第三代移动通信系统数据传输速率可达到 2Mbit/s；而第四代移动通信系统传输速率可达到 20Mbit/s，甚至最高可以达到 100Mbit/s。从目前全球范围 4G 网络测试和实际运行的结果看，4G 网络速度大致可比 3G 网络快 10 倍，意味着能够传输高质量视频图像。

（3）智能程度高

4G 是一个基于 IP 的移动网络，全 IP 的核心网可以与无线接入方式独立地发展。4G 系统将会采用 IPv6，能在 IP 网络上实现话音和多媒体业务。4G 系统将能实现不同 QoS 的业务，通过动态带宽分配和调节发射功率来提供不同质量的业务，并能提供用户定义的个性化服务，按服务级别进行收费。

（4）高质量通信

4G 不仅仅是为了应对用户数的增加，更重要的是应对多媒体的传输需求，当然还包括通信品质的要求。例如，LTE 采用 OFDM（正交频分复用）技术使得网络结构高度可扩展，具有良好的抗噪声性能和抗多信道干扰能力，可以提供比目前无线数据技术质量更高（速率高、时延小）的服务。

移动 VoIP 在 3G 时代被众多运营商限制发展，以保护 7 000 亿美元收入规模的移动语音市场。但在 4G 时代，随着 VoLTE 技术的日趋成熟（测试结果显示话音质量已经接近电路域话音质量，同时语音通话成本较电路域低），越来越多的 4G 运营商开始提供 VoLTE 的语音服务，可使视频通话的画质更加清晰，并能加入同声传译（将语音实时传送到云端服务器，进行语音识别、翻译和合成）和共享通信功能（可共享文档、程序、桌面、地图、音乐、视频、照片等），进一步丰富传统的通信方式。

从 2G 到 3G，虽然移动网络的传输速率得到了大幅的提高，但是手机发明之初最基本的功能——通话，在质量上提升却非常有限。VoLTE 的部署，便于运营商提供高清语音（HD Voice）业务，从而带来全新的话音业务体验。一般的人声带宽为 80 Hz ~14 kHz，但一般语音电话的带宽只有 300 Hz～3.4 kHz，高清语音采用了 W-AMR（Wideband-Adaptive Multi Rate，自适应多速率宽带；又称 AMR-WB，Adaptive Multi Rate-Wideband）编解码器，把语音电话支持的带宽提升到了 50 Hz～7 kHz 或更高，并可优化通信品质，减轻环境噪声的影响，使手机间的通话品质更加清晰。用户获得了全新的话音业务体验，一旦采用，将难以再回到过去的传统话音业务。

1.4　4G 对运营商的业务支持能力

与 3G 网络（以 CDMA 为例）对比，4G 网络（以 LTE 为例）对运营商的业务支持能力方面的差异主要体现在语音提供方式、数据业务、语音和数据业务并发以及 QoS 机制几个方面，具体见表 1-2。

表 1-2　4G 和 3G 的业务支持能力差异

	4G（以 LTE 为例）	3G（以 CDMA 为例）
语音提供方式	通过分组域来提供 VoIP 语音，即 VoLTE，支持高清语音	通过电路域提供语音
数据业务	速率较高，时延更小	速率较低
语音和数据的并发	支持	不支持（除了 SVDO 终端）
QoS 机制	QoS 机制和能力更灵活丰富； 支持网络侧发起的 QoS，对终端要求低，因此开展业务更快捷方便	QoS 机制不灵活

由于 4G 在高带宽、低时延、多模并发、用户统一认证、支持网络侧发起 QoS 机制等方面的优势，更适应移动互联网业务的发展趋势，因此对

于全球移动运营商的主流转型方向，如 OTT（Over The Top，过顶业务，意指通过不受运营商控制的公共互联网向用户提供服务）竞合、精细化流量经营、智能管道、综合平台和内容分发等，4G 网络能从技术上提供更强大的业务支持能力。

1.5 4G 的演进路径

1. 3 条 4G 技术演进路径

2007 年，ITU 在瑞士日内瓦的无线通信全体会议上确定了四大 3G 标准，分别是 WCDMA、cdma2000、TD-SCDMA 和 WiMAX（IEEE 802.16e）。根据 4G 最终的两类技术标准，四大 3G 网络的 4G 演进方向也不尽相同，主要演进路径有 3 条。

一是同属 3GPP 阵营的 WCDMA 和 TD-SCDMA，均从 HSPA 演进至 HSPA+，进而到 LTE。全世界大多数电信运营商，以及爱立信、诺基亚西门子、华为等主要电信设备生产商均坚定支持这一路线。

二是属于 3GPP2 阵营的 cdma2000 沿着 EV-DO Rev.0/Rev.A/Rev.B，最终到 LTE。CDMA 产业对未来的演进策略，曾一度在 LTE 与 UMB 之间徘徊。但在 2007 年和 2008 年，美国 Verizon、日本 KDDI、韩国 SK 电讯、韩国电信（KT）以及中国电信等全球最重要的 CDMA 运营商相继宣布选择 LTE 而不是 UMB 作为向 4G 演进的标准，使 LTE 的产业链在未来注定要比 UMB 更加成熟完备。2008 年 11 月高通宣布放弃 UMB，至此 CDMA 向 LTE 演进的路标完全明确。世界最大的 CDMA 设备商阿尔卡特朗讯和北电网络均已裁减了 CDMA 部门。

三是属于 IEEE 阵营的 WiMAX 则继续着自己的步伐，向着 802.16m 的路线演进。以英特尔、三星电子、阿尔卡特朗讯、奥维通等为代表的 WiMAX 厂商，以及一些新兴运营商在此路线探索。随着 WiMAX 运营商纷纷转向 LTE TDD，3 条演进路径逐步一统为 LTE。

3 条演进路径的简单示意如图 1-5 所示。

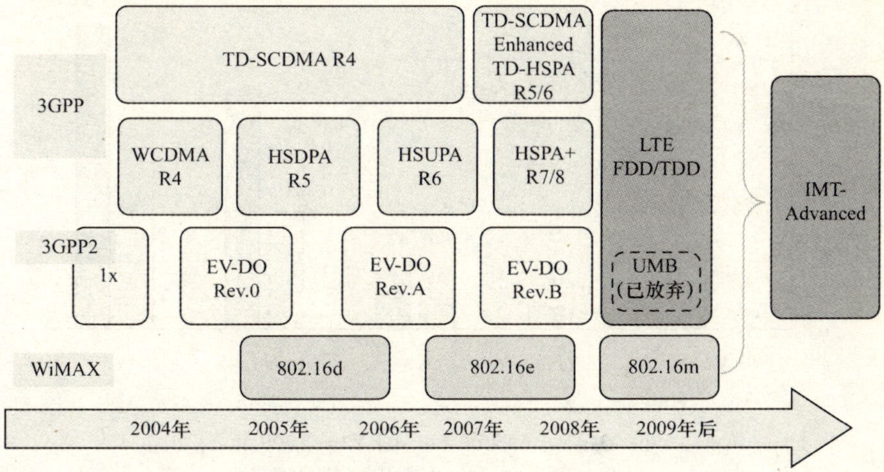

图 1-5　4G 演进路径示意图

2. 4G 的商用化历程比 3G 快

近年在移动用户数据流量需求激增、网络负荷超载、技术创新原动力不足和竞争形势严峻等多方面因素的驱动下，新兴运营商希望寻求突破，主流运营商希望保持竞争优势，各运营商对 4G LTE 的部署都相当积极。LTE 自 2005 年开始标准化，并进行商业炒作；2009～2010 年开始测试试验和早期商用，2009 年 12 月 TeliaSonera 在瑞典斯德哥尔摩和挪威奥斯陆开展全球最早的 LTE 商用化服务；2010 年 10 月 Verizon 宣布 LTE 商用化，真正拉开全球 LTE 商用化进程的序幕，美国、日本与韩国成为 LTE 商用化发展的主力，而欧洲由于当年拍卖 3G 牌照运营商付出了巨大成本，对 4G 的投资和商用则相对滞后。

对比 3G 和 4G 商用后 5 年的网络陆续商用数量，可以看出 4G 网络商用步伐快于 3G 初期发展水平，LTE 网络商用数量高于 3G 同期水平，如图 1-6 所示。

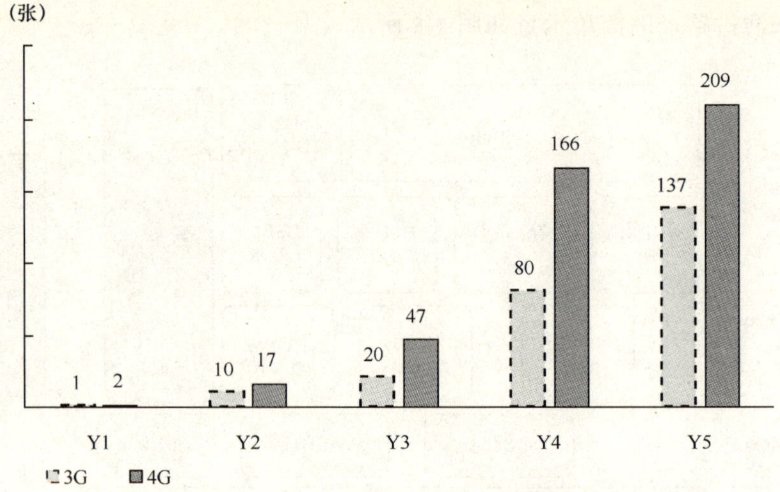

注：3G Y1—1999 年；4G Y1—2009 年

图 1-6　4G 与 3G 商用网络数量

同时，4G 用户增幅高于 3G 初期发展水平，对比 3G 和 4G 商用后 6 个季度的用户发展数量，可以看出 LTE 用户无论从增幅还是绝对值方面，都远高于 3G 发展同期水平，如图 1-7 所示。

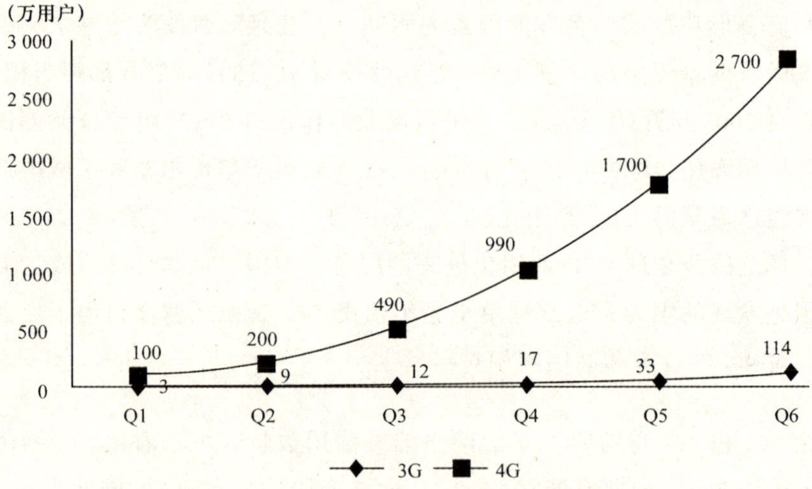

注：3G Q1—2001 年 4 季度；4G Q1—2010 年 4 季度

图 1-7　4G 与 3G 商用后的用户发展数量

3．4G 的业务发展历程

3G 时代，伴随着智能手机的普及，3G 业务经历了从语音业务为主到以数据业务为主的质变，移动应用也从通道类的通话和短信，向娱乐类业务的视频、音乐，以及工具类的定位导航、移动支付等方向发展。

相比3G而言，4G更像是为移动互联网而生的，对用户来说更像是一种量变而非质变，主要体现在速度提升上（从实际部署的结果来看4G网速是3G的10倍）。最常用的移动互联网业务可能还是原来的那些，高清视频及高端网游等业务将成为4G的特色应用，见表1-3。

表1-3　　2G、3G和4G的代表性业务对比

	GPRS/EDGE	WCDMA/CDMA	LTE
SMS	★	★	★
MMS	★	★	★
Web 浏览	★	★	★
E-mail	★	★	★
高速 Web 浏览		★	★
视频电话		★	★
普通网络游戏		★	★
企业 VPN		★	★
高清视频点播			★
基于 MBMS 的移动视频广告			★
Mobile Web 2.0			★
高端网络游戏			★

4. 5G将更关注可持续发展

虽然4G主流的LTE技术在全球很多市场上才刚刚商用，但业界已在开展探索5G网络基础技术的工作，英国萨里大学（University of Surrey）在2012年底就成立了5G技术研究中心。尽管到目前为止还无法确切了解什么是5G技术，但未来5G技术可能主要关注的是可持续发展，而不一定是性能。

目前4G运营商所面临的两大挑战是：由移动数据流量（尤其是视频）持续增长所造成的网络容量/频谱短缺和日益增加的网络能源需求。移动互联网流量几乎每年都在翻番增长，移动网络运营商如何能够控制猛增

的数据流量和努力降低网络能源消耗，或至少保证运营商能通过流量经营适当创收，将是未来 5G 所重点关注的技术方向。同时，电信早已不是一个独立的行业，它与媒体、消费电子产品和 IT 互联网行业的边界已经越来越模糊，随着这些行业的迅速发展，会日益增加对移动互联网接入的需求。如果 5G 不试图预测这些互补性行业的业务需求，电信行业将不可避免地被边缘化。

第2章　全球商用化发展

2009年以来，随着全球主要3G运营商均明确了选择LTE作为下一代网络演进的技术，以及LTE标准和产品的逐渐成熟，LTE的商用化进程开始逐步启动。经历了初期的发展缓慢阶段之后，至2013年，随着采用28nm芯片的LTE手机量产以及网络覆盖的改善，LTE技术和产品渐渐成熟，进入了大规模商用化发展阶段。在美、日、韩等国家和地区的推动下，LTE被普遍认为是史上发展最快的移动通信技术。

2.1　发展现状

2.1.1　全球LTE发展势头强劲

1. 网络建设

全球LTE的部署进程明显快于同期3G。截至2014年5月，全球已有288个LTE商用网络遍布于104个国家，其中有36个TDD网络分布在24个国家，包括13个TDD/FDD混合网络；全球161个国家的550家运营商正在对LTE技术进行投资，其中包括150个国家497家运营商的LTE部署承诺和53家运营商在11个国家进行的LTE试验。GSA预测，到2014年底全球LTE商用网络数量将超过350个。

2. 终端设备

截至2014年3月，包括数据卡、平板电脑和笔记本电脑、CPE、手机等，已上市的 LTE 终端设备达 1 563 款（其中 387 款支持 LTE TDD），来自 154 个制造商；其中智能手机 636 款（98 款支持 LTE TDD）。其种类分布如图 2-1 所示。

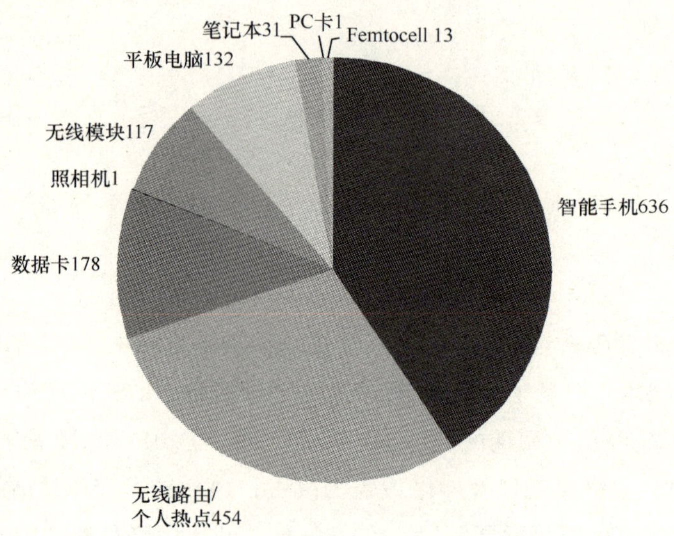

数据来源：GSA，2014 年 3 月

图 2-1　全球 LTE 终端设备种类

3. 用户发展

在经历了初期覆盖欠佳、手机产品不能满足商用化要求等问题导致的发展缓慢阶段之后，至 2013 年，随着采用 28nm 芯片的 LTE 手机量产以及网络覆盖的改善，LTE 技术和产品渐渐成熟，LTE 进入了大规模商用化发展阶段。如图 2-2 所示，全球 LTE 用户数在 2013 年底达到了 2 亿，年增 1.25 亿，增长率为 166%；而 2013 年 4 季度的增长数更是达到了 4 000 万。

全球 LTE 用户发展达到 1 亿历时 40 个月，而 3G 用户达到 1 亿历时超过 55 个月。在移动用户中的渗透率达到 1%，LTE 比 3G 所需要的时间缩短了超过 1 年。从运营商的发展看，Verizon、DoCoMo 等用户占比达到相同水平时，LTE 比 3G 普遍快 6～12 个月。

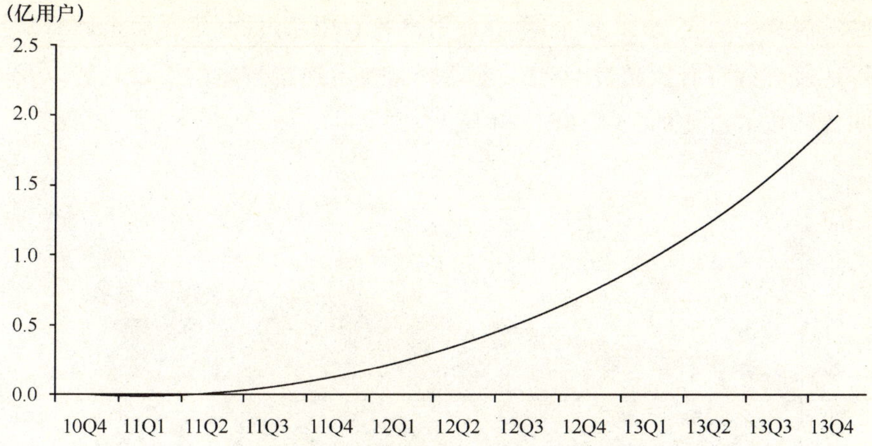

来源：Informa Telecom & Media，2014 年 3 月

图 2-2　全球 LTE 用户数增长趋势

在区域市场方面，2010 年底美国 Verizon 的 LTE 商用化真正拉开全球 LTE 的商用化进程的序幕，美国、日本、韩国成为 LTE 商用化发展的主力；如图 2-3 所示，全球 LTE 用户中近 90%集中在美日韩 3 国。此外，自 2013 年下半年起，欧洲市场的 LTE 发展明显加速；2013 年末，欧洲 LTE 用户数从一年前的 300 万增长到了 1 640 万。

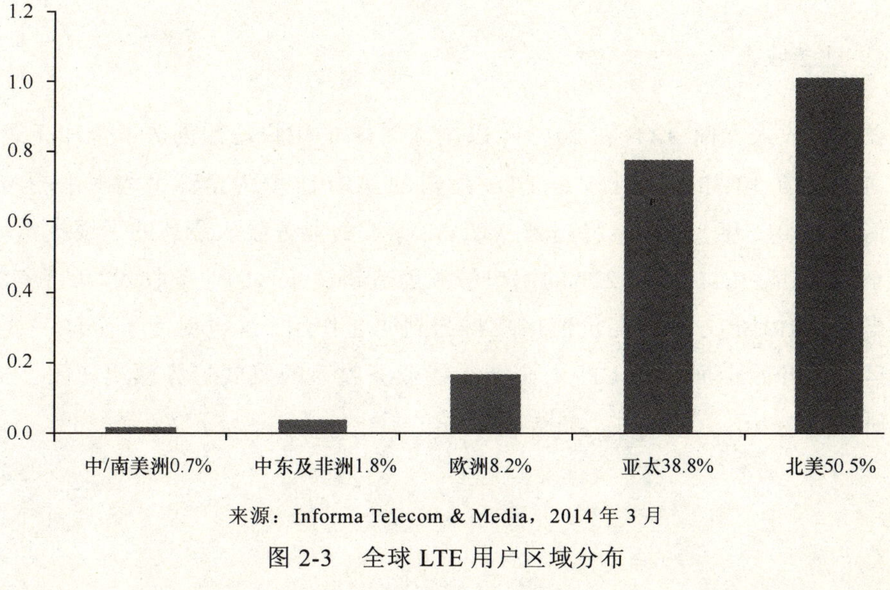

来源：Informa Telecom & Media，2014 年 3 月

图 2-3　全球 LTE 用户区域分布

市场分析公司 Strategy Analytics 预计，在未来几年内 LTE 仍将保持迅猛

的发展势头，至 2018 年全球 LTE 用户数有望超过 20 亿，而全球蜂窝技术连接总数将有望超过 90 亿。全球蜂窝技术连接数量的发展趋势以及不同代际技术占比的预测如图 2-4 所示。

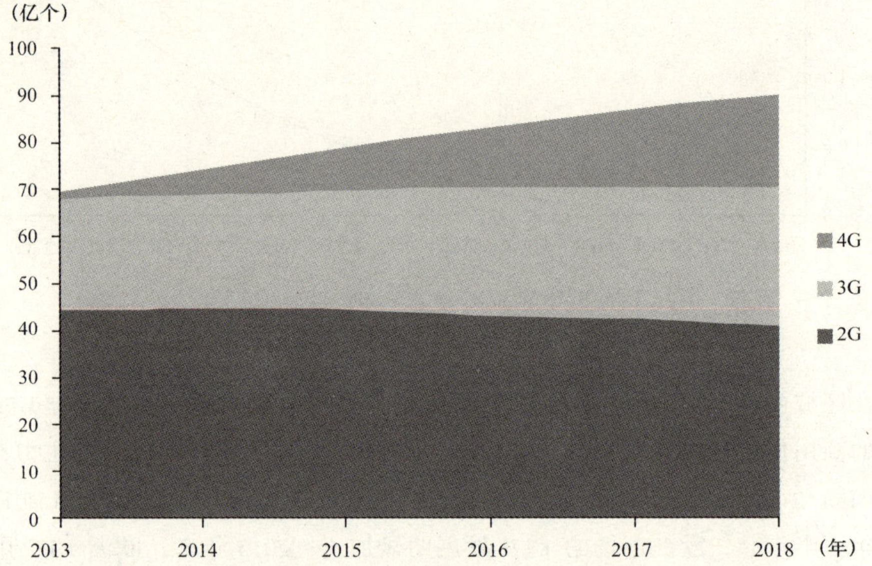

数据来源：Strategy Analytics，2014 年 4 月

图 2-4　全球蜂窝技术连接数量预测

4. 业务收入

在业务收入方面，LTE 在 2013 年以全球 3.4%的用户份额创造了全球无线通信市场 10%的业务收入。LTE 用户的 ARPU 值为全球平均水平的 4 倍。至 2016 年，LTE 就将超越 WCDMA，成为业务收入最高的无线技术。至 2018 年，LTE 将以 22%的用户份额创造超过 46%的业务收入。LTE 对提升 ARPU 值、保有高价值用户将起到明显作用，这也促使了全球一线运营商开始全面转向 LTE。全球无线业务收入的发展趋势预测如图 2-5 所示。

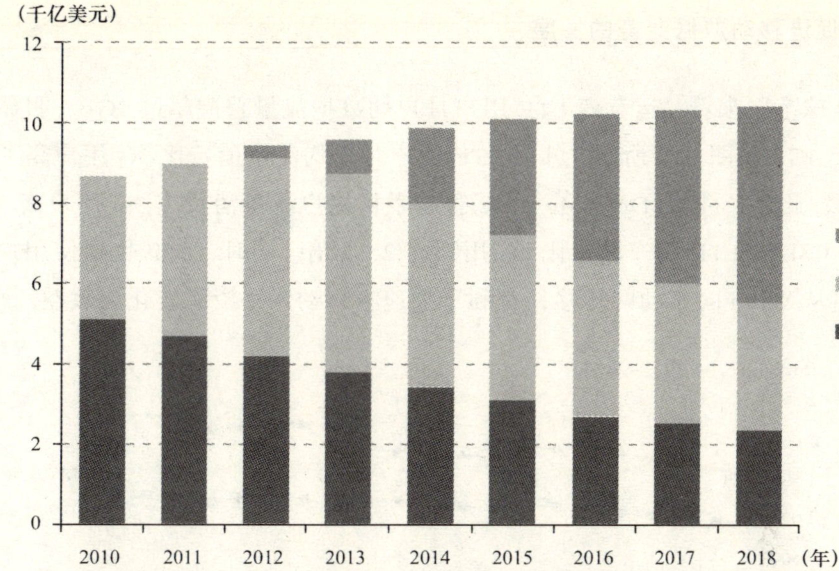

数据来源：Strategy Analytics

图 2-5　全球无线业务收入预测

2.1.2　对运营市场的影响

1．更丰富的业务应用与体验

从国际 LTE 运营商实际运营效果来看，LTE 高速率、高带宽、低延迟的显著特性，对提升视频、游戏等持续性高带宽需求类应用（Data Hungry App）的用户体验效果明显。同时，由于 LTE 更加灵活的 QoS 保障能力，运营商可对部分自有产品及战略合作型产品提供更加优质的用户体验。

从业务发展趋势来看，视频成为流量业务发展的主要推动力。以 Verizon 为例，UpLynk、HBO Go 和 NetFlix 3 种视频流媒体的流量合起来达到了 75%。

此外，基于 LTE、PCC、IMS 等，部分运营商已开始向用户提供高清语音（HD Voice）、富通信（RCS）、现实增强导航等 LTE 特色业务。LTE 对运营商提升用户体验、刺激流量消费、丰富产品体系带来了机遇。

2．促进移动数据业务的发展

从全球范围来看，运营商LTE用户月户均数据流量普遍超过1GB，明显高于3G。如图 2-6所示，韩国LTE用户月户均流量消费比3G用户高了1倍；此外，NTT DoCoMo LTE智能手机用户流量消费比3G用户高9倍，CSL的LTE用户流量比3G用户高2～5倍。同时，LTE也促使用户流量从Wi-Fi向移动网转移，有利于加速将移动网络资源转化为效益。

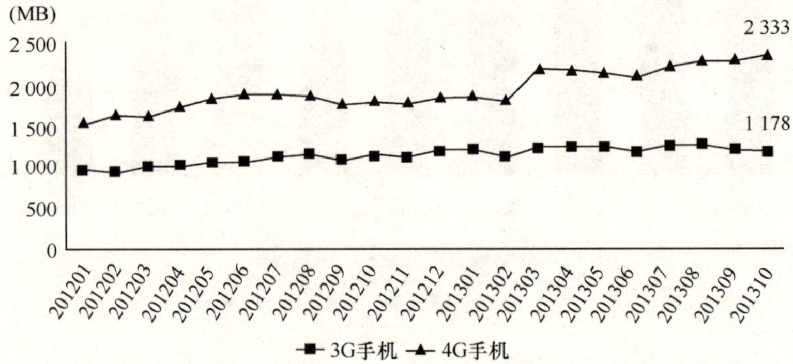

来源：韩国MSIP（Ministry of Science，ICT and Future Planning）

图 2-6　韩国手机用户月户均数据流量

手机用户的数据流量也正逐步向LTE网络迁移。2013年1月，Verizon网络上LTE流量占比超过50%；而到了2013年9月底，占比为38%的LTE用户，数据流量消费占了Verizon总流量的64%，在某些市场这一数值甚至远高于64%。

3．引发运营商业务结构重大调整

LTE的商用化极大地促进了移动数据业务的发展，用户每月数据使用量的大幅增加，使得数据流量已经变成主导业务。这种变化引起了运营商业务结构的重大调整。

由于数据业务已经变成首要业务和发展竞争的重点，美国和韩国运营商均纷纷在2013年对资费做出重大改变，将包月资费套餐改变为“流量包+免费话音短信”的新模式。对智能手机用户，完全根据每月的数据使用量分档制定包月资费，而话音和短信则在包月套餐内无限量使用（作为稳定话音业务收入的手段）。

同时，2012 年 6 月底，美国运营商 Verizon 率先推出数据共享套餐（Share Everything Plans），允许多达 10 个的手机或平板电脑等终端设备共享一个套餐的流量（每个终端设备每月需另付固定费用），开启了数据业务计费的新模式。

在 Verizon 的带动下，全球不少运营商纷纷加入“数据共享”阵营。AT&T 紧随其后，2012 年 8 月推出数据共享套餐；2013 年，北欧运营商 TeliaSonera、西班牙电信、比利时的 Mobistar、英国的 EE、日本软银和 NTT、香港 CSL 以及澳大利亚的 Telstra 等陆续推出数据共享套餐，在全球范围内掀起了一股“数据共享套餐潮”。

4．LTE 上的领先或已成为运营商在竞争中取得优势的一个关键因素

从美韩两国的情况看，LTE 对市场发展的推动作用极为明显，表现在促进了新用户的增加和移动宽带业务使用量的增加，以及用户 ARPU 值的提高，网络流量逐渐向 LTE 转移。LTE 上的领先或已成为运营商在竞争中取得优势的一个关键因素。

（1）Verizon：巩固市场优势

为了保持在移动领域的领先地位，摆脱 CDMA 产业劣势，Verizon 采用了激进的运营战略：整网尽快演进到 LTE 网络，通过终端更新将现有用户尽快转移至 LTE 网络以缓解 3G 扩容压力，同时停止 3G 网络投资。

Verizon 依靠快速部署、资费套餐和终端策略获取市场竞争优势。首先，Verizon 采用快速部署策略，依靠 700MHz 频段优异的无线传播特性，快速实现 LTE 网络覆盖，领先 AT&T 一年左右；在 4G 流量套餐价格上，Verizon 通过多终端流量共享计划、LTE 不限流量套餐以及同资费双倍 3G 流量等策略引导用户迁移至 4G 网络；在终端方面，Verizon 与主要终端及芯片厂商合作不断丰富 LTE 终端，使自身成为全球 LTE 终端款式最多

的运营商。

受益于 LTE 驱动，Verizon 市场领先地位得到进一步巩固。截至 2013 年 12 月，Verizon 后付费用户达 9 675.4 万，市场份额为 43.4%，较 2010 年提升 2.3 个百分点，LTE 渗透率近 1/3。

（2）LG U+：借 4G 缩小差距

LTE 商用之前，LG U+仅有 CDMA 网络，而竞争对手 SK 电讯和韩国电信都部署了产业链相对成熟的 WCDMA 网络，其市场发展处于劣势。于是，LG U+确立了跨越式发展战略，寄希望于 LTE 打个翻身仗，力图成为 4G 时代的领导者。

LG U+成功抓住 4G 带来的战略机遇，依靠快速的建网速度、丰富 4G 应用和价格战等手段，获取竞争优势，市场份额小幅提升。首先，LG U+采用更加激进的网络部署策略，不断加大对 LTE 网络建设的投入，用不到一年的时间内完成了韩国 9 万个 LTE 基站的部署；其次，LG U+率先发起 4G 价格战，为用户提供大量补贴抢夺存量用户转成 4G；再者，LG U+围绕 LTE 推出了一系列的应用，如 HD TV、HD Music、U+ Box、云共享应用 U+ Share、导航应用 U+ Navi LTE、游戏平台 C Games 等。

目前，LG U+在韩国移动通信市场份额已经比 4G 商用前提升 2.2 个百分点至 19.9%，LTE 用户市场份额近 25%。

5. 盈利：阵痛之后开始好转

与 3G 时代相似，4G 不仅为运营商带来了益处，同时也蕴藏着巨大的运营风险。在 4G 发展的初期，一方面 4G 用户还没有快速发展起来，另一方面运营商要承担巨额的牌照和网络投资；以美国的 Verizon 为例，为建设 LTE 网络，Verizon 在 2008 年 FCC 的 700MHz 频段拍卖中投入了 96.3 亿美元，2012 年 8 月出资 39 亿美元收购全美四大有线电视运营商的 AWS 频谱，2013 年 4 月又出资 15 亿美元收购 Clearwire 的无线频谱；再加上每年数十亿美元的建网成本，这些都将使得运营商背上沉重的投资负担。

在欧洲，受投资能力所限，部分运营商只能通过并购重组、成立合资公司等形式联合投资建设 LTE。

对于国际上很多运营商来说，经历了较长时间的等待，才在 3G 业务获得盈利。但是在 4G 上，运营商也许不需要等待如此长的时间。从美、韩运营商的情况来看，经历了初期一两年的煎熬后，目前的财务状况开始好转。

如图 2-7 所示，2010 年末就启动 LTE 商用的 Verizon 无线公司，在 2011～2012 年遇到了业绩增长的巨大压力，连续两个年度的第四季度都出现亏损。但是到了 2013 年，盈利大幅增长，交出了亮丽的报表。

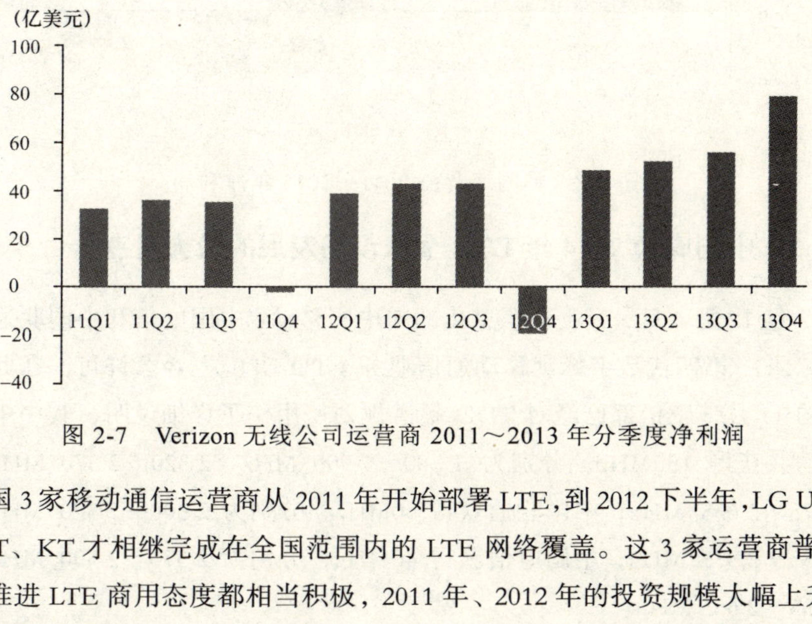

图 2-7　Verizon 无线公司运营商 2011～2013 年分季度净利润

韩国 3 家移动通信运营商从 2011 年开始部署 LTE，到 2012 下半年，LG U+、SKT、KT 才相继完成在全国范围内的 LTE 网络覆盖。这 3 家运营商普遍对推进 LTE 商用态度都相当积极，2011 年、2012 年的投资规模大幅上升。韩国通信委员会（KCC）的数据显示，在 2011 年这 3 家的总投资达到 7.67 万亿韩元，用于改善各自的基础设施，投资较 2010 年增长了 20%。而在 2012 年，3 家运营商用于 LTE 网络建设的投资仍高达 6 万亿韩元。

2011～2012 年这两年是韩国运营商的艰难时光。韩国最大的移动通信运营商 SKT 2012 年净利润同比下滑 29.5%，韩国电信 KT 的净利润下滑 26.9%，LG U+净利润则下滑 170.3%出现亏损。但是形势在 2013 年开始发生变化，

SKT 以及 LG U+的净利润都出现了明显的反弹，如图 2-8 所示。

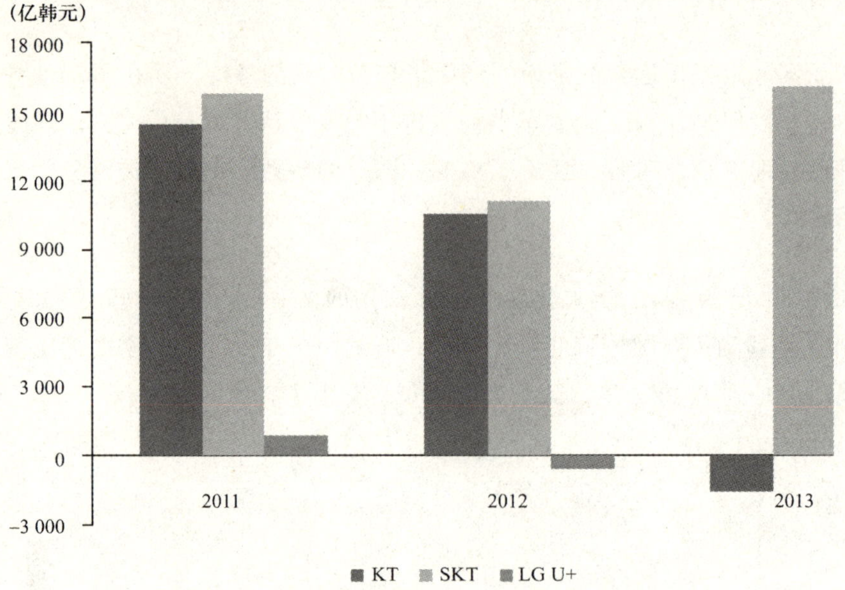

图 2-8　韩国运营商 2011～2013 年净利润

2.1.3　中国成为 2014 年 LTE 全球市场发展的最大看点

2013 年 12 月 4 日，工业和信息化部向中国移动、中国电信和中国联通颁发“LTE/第四代数字蜂窝移动通信业务（TD-LTE）”经营许可。在此之前的 11 月，工信部已经对 TDD 频谱规划使用作了详细说明，其中中国移动共获得 130MHz，分别为 1 880～1 900 MHz、2 320～2 370 MHz、2 575～2 635 MHz；中国联通获得 40MHz，分别为 2 300～2 320 MHz、2 555～2 575 MHz；中国电信获得 40MHz，分别为 2 370～2 390 MHz、2 635～2 655 MHz。

频谱分配的完成以及牌照的正式发放，标志着中国 4G 业务正式进入商用元年，使中国市场一跃成为国际 LTE 产业关注的焦点。巨大的用户基数、快速攀升的智能手机普及率以及蓬勃发展的移动互联网市场，都为 LTE 在中国的发展描绘了美好的前景。如图 2-9 所示，Strategy Analytics 预测，中国的 LTE 用户数将在 2017 年超过西欧市场 LTE 用户数的总和，使中国成为继美国之后的第二大 LTE 区域市场。

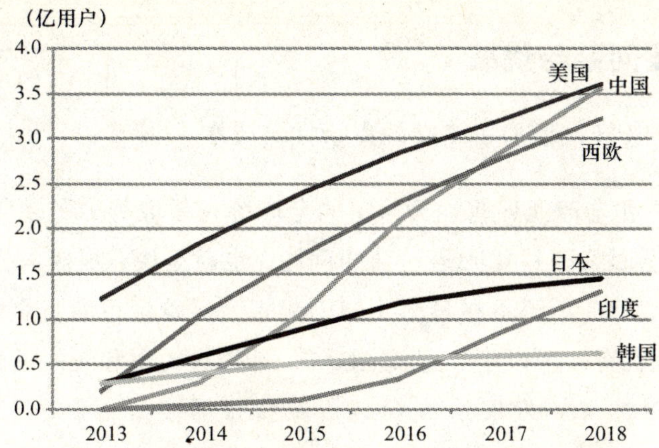

数据来源：Strategy Analytics

图 2-9　全球主要区域市场用户预测

目前中国三大运营商均已提供 4G 商用服务，表 2-1 显示了三大运营商的 4G 布局情况。

表 2-1　　三大运营商 4G 布局

	中国移动	中国电信	中国联通
制式	TD-LTE	TD-LTE LTE FDD	TD-LTE LTE FDD
频谱（TD-LTE）	130MHz： 1 880～1 900MHz 2 320～2 370MHz 2 575～2 635MHz	40MHz： 2 300～2 320MHz 2 555～2 575MHz	40MHz： 2 370～2 390MHz 2 635～2 655MHz
商用时间	2013 年 12 月 18 日	2014 年 2 月 14 日	2014 年 3 月 18 日
建设招标	2013 年 8 月完成 TD-LTE 设备招标，共采购基站 20.7 万个，涉及金额约 200 亿元； 2014 年 3 月启动 26.6 万基站的 TD-LTE 二期集采，其中 16.5 万个新建基站，10.1 万个升级基站	2013 年 1 月完成首次 LTE 集采，采用 TDD/FDD 混合组网，其中 30%基站为 TD-LTE 制式，集采规模低于预期的 6 万个基站	2013 年 11 月开始首轮 4G 招标，招标规模 5.2 万个基站，其中 TD-LTE 基站 1 万个，LTE FDD 基站 3.4 万个，LTE FDD 室内站 8 000 个
资金投入	2013 年 TD-LTE 投资达 417 亿元，2014 年投资将超过 600 亿元	2013～2014 年在 4G 上的总投资将超过 550 亿元	预计 2014 年 4G 投资 100 多亿元
发展规划	2014 年底将建设 50 万 TD-LTE 基站，并在 340 个城市推出 4G 商用服务，2014 年 4G 终端销售达 1 亿部	2014 年中在 100 个城市推出 4G 服务；未来 4 年建设的基站总数将达到 60 万个	2014 年 3 月 18 日起在全国 25 个城市率先开展 4G 网络服务，并期望到年底可增至 300 个

2.2 主要问题与挑战

1. 4G 频谱多样，增加了终端的复杂性与成本

尽管 ITU-T 和全球业界曾经为 4G 的全球统一频谱努力了多年，但最终 4G 仍不得不面临碎片化频谱运营的问题，也就是说，根据世界各地频谱资源的情况，4G 不得不在各个不同的频率上运营。目前，全球 4G 主要运行的频段就有 7 个以上，远比 2G/3G 时相对集中和统一的情况复杂，而且未来随着 4G 发展造成频谱资源紧张需要开辟新的频谱或现有 2G/3G 频谱资源转移给 4G 使用，不排除将有新的 4G 频谱加入运营。4G 分散多样的频谱安排已经成为其后续发展中最突出的问题，并对 4G 的网络设备与终端研发、国际漫游实现等造成了现实的困难，其中对手机终端的影响最为明显。目前全球 4G 频谱发布可参考图 2-10。

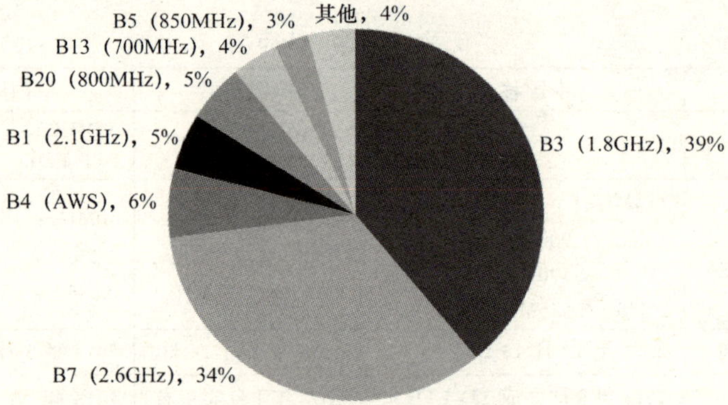

数据来源：wiki

图 2-10　全球 4G 频谱发布

由于 4G 频段的分散性，手机终端上射频、天线、芯片的设计复杂度大大上升，由此引发的成本和耗电问题已经制约到手机产品的成熟及大规模普及速度。终端厂商现阶段采取的策略是推出针对不同国家甚至不同运营商的手机版本，通过只支持对应的 4G 频段来降低手机的研发难度和成本，例如，苹果公司的 iPhone 手机和三星公司的 Galaxy 系列手机，就分为不同国家和不同运营商的版本，其中苹果公司 iPhone 5S 在国内就分为中国移动版、中国联通版、中国电信版以及行货版等。当然，这样所带来的最大问题就是降低了手机的通用性并一定程度上影响了用户使用 4G 国际漫

游服务（因为用户的手机不一定支持漫游目的地 4G 网络的频段）。

2．4G 普遍部署在高频段，增加了建网成本，影响普及速度

从前述内容可以看出，除了美国等少数国家及地区外，目前全球 4G 主要部署在 1.8GHz 及以上的高频段，国内已经商用的 4G 室外频谱主要集中在 1.9GHz/2.6GHz 频段，而高频段带来的主要问题和挑战是每个基站的覆盖范围减小造成需要更多的基站和站址。根据 4G 建网仿真分析并结合实践可以发现，同一片面积约 63km² 的覆盖区域，属于高频段的 1 900MHz 频段需要 230 个站点才能达到 95%的覆盖率水平，2 600MHz 频段更需要 302 个站点；而属于低频段的 700MHz 频段只需要 62 个站点就可以达到 99.8%的覆盖率，在站点需求方面远少于其他两个频段，且覆盖水平更高。4G 建网仿真分析结果可参考表 2-2。更多的基站和站址必然会增加建网成本，并影响到 4G 的服务开展和普及速度。

表 2-2　　4G 频谱仿真对比

对比项	700MHz	1 900MHz	2 600MHz
仿真区域面积（km²）	63		
规划站点数	62	230	302
站点密度	1	3.7	4.79
小区半径（m）	722	375	327
平均站距（m）	1 083	562	491
RSRP>−110dBm 的比例（%）	99.80	94.70	94.60

3．4G 网络和 3G/2G 网络的互操作需要完善

全球 2G 和 3G 网络已经发展多年，大部分运营商已建成非常完善的网络，并拥有数量庞大的用户基础，4G 网络和 3G/2G 网络之间实现互操作可以让 4G 网络分步建设、显著降低建网成本。同时，多模终端的成熟和应用有利于 4G 运营商充分利用现有 2G/3G 网络的良好基础以及提供全球漫游的便利，有效降低运营商尽快开展 4G 业务的门槛。然而，由于 4G 网络成熟度以及现有 3G/2G 网络复杂性等因素，全球运营商在实现 4G 网络和 3G/2G 网络之间互操作的过程中，都曾或仍面临不同程度的问题，例如，中国移动 2013 年 4G 商用测试过程中，4G 切换到 3G/2G

的时间经常超过8s，用户体验较差，2014年初经过网络、终端等多环节优化后，切换时间仍然经常达到约5s。未来，各运营商将继续立足于自身的4G制式、网络结构、终端产品等持续对4G网络和3G/2G网络的互操作效果进行优化，争取实现切换时间缩短到500ms以提升用户体验。

4. 消费者对4G的接受需要渐进过程

4G对3G的优势是网速的提升，但如果这种网速的提升无法转化为实在的用户体验，必将影响到消费者对4G的接受程度。据Strategy Analytics在2014年第一季度针对国内消费者做的调查发现，虽然国内已经发放4G牌照而且将迎来4G时代，但用户对4G的反应却并不如通信制造厂商和运营商所预期的那么理想；调查结果显示虽然80%智能手机用户对当前的移动网络速度并不满意，但愿意为4G付费（指更高的资费或更贵的终端）的用户比例却不到10%。造成消费者对4G接受程度不高的原因主要有以下几个方面。

（1）消费者对运营商的不信任。多年来各种原因造成的争议及投诉，使消费者对运营商的宣传尤其是对新服务、新产品都保持了一定警惕，除了那些喜欢并敢于尝新的消费者外，许多消费者对新服务、新产品都会先保持观望的态度，等到这些新服务、新产品建立起足够的口碑后才会真正加入使用。

（2）4G服务自身完善需要相当长的过程。4G服务是一个涉及网络、终端、资费、应用等多环节的系统工程，就以网络为例，中国3G网络从2009年商用至今仍有大量的覆盖完善问题，由于4G某些商用频段比现有3G还高，覆盖难度和成本更高，4G网络预计完善的时间将更长。

（3）需要高速网络的应用应进一步丰富。目前消费者使用的移动应用中，实际上如QQ文字聊天等对网速是相对不敏感的，即使微信等消耗流量较大的应用在现有3G网络上也已能获得较流畅的使用体验；而在线高清视频直播、高清视频通话等应用在4G网络上将获得较明显的体验提升，有望吸引消费者使用4G，但如果仅有这些有限的应用，是不足以说服消费者快速从3G升级到4G的。因此，未来还需要进一步丰富依赖高速网络的各种新应用。

2 第二篇 运营 4G

第 3 章　国际运营商典型案例

美日韩 LTE 商用服务推出较早，而且发展速度快于其他地区，其 LTE 用户规模占全球总量的近 90%。通过对这些国家市场格局及典型运营商的分析，可以看到，典型运营商普遍采用快速的网络部署、积极的终端策略和灵活的资费策略发展 4G，以获取市场发展优势。

3.1　美国：Verizon 成为全球商用化的最大推动者

美国是全球通信行业最发达的国家之一，其国内主要运营商都推出了自己的 4G 网络；除了 LTE 之外，AT&T 和 T-Mobile 在宣传时均把 HSPA+ 命名为“4G”[1]。经过了两年多的发展，目前美国的 4G 普及率已经较高。在本节介绍 Verizon 的 4G 发展策略之前，先简要介绍美国主要运营商 4G 发展概况。

3.1.1　美国主要运营商 4G 发展概况

总体来看，Verizon Wireless 在 LTE 人口覆盖和网络承载数据流量方面继续引领市场。Verizon 正享受着 4G 市场的领先地位。但是这并不意味着 Verizon 的竞争对手坐以待毙。进入 2013 年以来，AT&T Mobility 一直在疯狂扩大其 LTE 覆盖范围，并且计划到 2013 年底实现与 Verizon 不相上

[1] T-Mobile USA 最初推出 HSPA+时称该网络为“提供 4G 速度”的网络，但很快就改称为“4G 网络”。

下的 LTE 覆盖。Sprint 的部署已经落后于其竞争对手，但是由于获得了来自母公司软银的资金，Sprint 计划在全国范围内部署 Clearwire 的 2.5 GHz 频谱用于 TD-LTE 服务，希望借此增加网络容量。而在 2013 年 3 月才开始商用 LTE 服务的 T-Mobile USA，计划在 2013 年底完成两亿人口的覆盖目标。

1．Verizon

Verizon 是美国最大的电信运营商，也是目前 4G LTE 网络覆盖最好的运营商。如图 3-1 所示，截至 2014 年 5 月，Verizon 4G LTE 网络在美国的人口覆盖率已经达到 97%，并宣传自己是 100%的 4G LTE 网络，并非混合组网。由于 Verizon 此前运营的是 CDMA EVDO 网络，因此除了 LTE 外，很多设备还兼容 CDMA 网络，我们看到国内的一些宣称“3 网”的水货手机很多都来自 Verizon。

Verizon Wireless 作为全美最大的移动运营商，采用的是比较激进的 LTE 建设商用策略。在 2008 年 Verizon Wireless 就投入重金购买了覆盖全美的高质量 700MHz 频段。目前它已经停止继续投资扩容 3G 网络，同时采用资费和补贴的手段把用户全部转移到 LTE 网络上。因此从 2010 年开始 Verizon Wireless 逐步商用 LTE，在不到一年半的时间里，其 LTE 网络和服务已经覆盖了全美 371 个城市 75%的人口，是 Verizon Wireless 有史以来建设最快的网络。

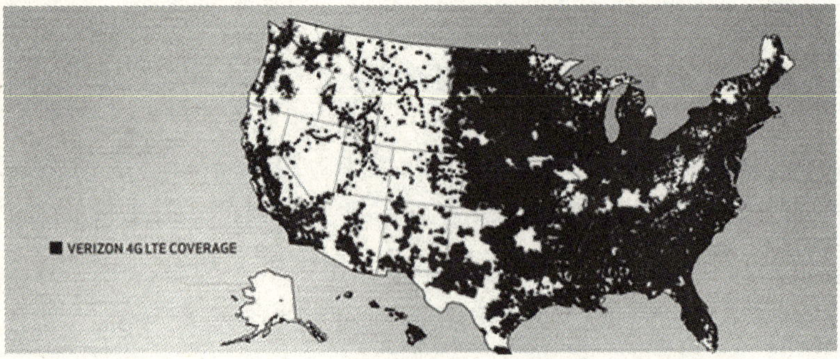

图片来源：Verizon 官网

图 3-1　Verizon 4G 覆盖图

2．AT&T

AT&T 是美国另外一家非常有实力的运营商。AT&T 的“4G”包括了 HSPA+和 LTE 两种技术。AT&T 的 4G LTE 网络已在美国国内 424 个市场布局；其支持 4G 网络的手机、平板等终端都是定制的。

AT&T 的 3G 网络在技术上可以平滑演进到 LTE，所以它在 LTE 网络商用的步伐要小于 Verizon Wireless。但由于受到 Verizon 激进建设 LTE 网络的刺激，其 LTE 网络建设速度也大大加快，不过从规模上来看还是远远不如 Verizon。AT&T 虽然宣布将在 2017 年之前关闭其 2G 网络，但继续 3G 网络向 HSPA+的升级，在市场宣传上也是坚持 HSPA+与 LTE 并重，将 HSPA+和 LTE 并称 4G，并不像 Verizon Wireless 那样鲜明地突出 LTE。其 4G 网络覆盖参见图 3-2。

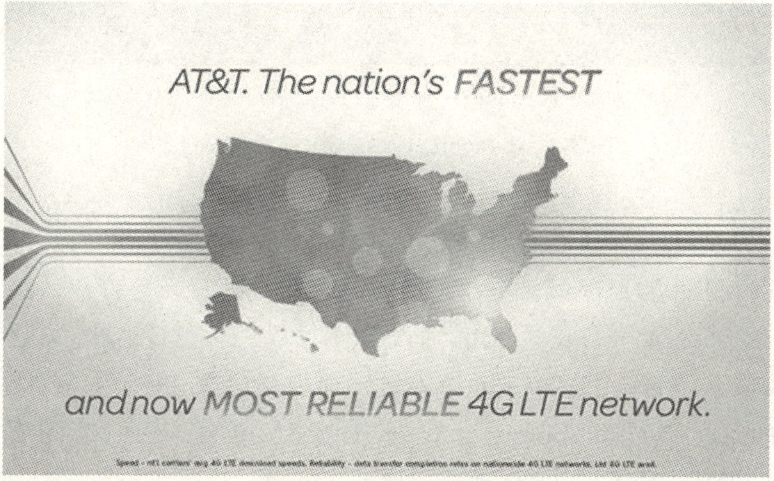

图片来源：AT&T 官网

图 3-2　AT&T——“最快最值得信赖的 4G LTE 网络”

3．T-Mobile USA

T-Mobile USA 在 LTE 的发展步伐上，相对其他运营商较为落后。可能是因为 2011 年底的时候，AT&T 表示要收购它，所以它也就没再考虑自己去发展。最终由于各种各样的原因，这个收购案没有被批准。但这个事情也让 T-Mobile 从 AT&T 手里获得了许多补偿比如 30 亿美元的现金、128 个市场的 AWS 频段，等等。后来 T-Mobile 开始发力追赶，建设自己的 LTE 网络。到 2013 年底，其 4G 的覆盖率达到了 96%，有 1.8 亿用户在享有高速网络带来的便利。和 AT&T 一样，T-Mobile USA 也采用的是 HSPA/HSPA+和 LTE 的混合网络，同样拥有众多的终端支持。其 4G 网络覆盖宣传参见图 3-3。

图片来源：T-Mobile USA 官网

图 3-3　T-Mobile USA 4G LTE 宣传海报

4．Sprint

Sprint 由于并购原因成为美国拥有最丰富制式的移动运营商，其 LTE FDD 在 2012 年 7 月正式商用，同时又有 TD-LTE 的计划并已经正式和 Clearwire 签了合同；另外 Sprint 早在 2010 年底就在美国开始了 4G WiMAX 网络的发展。所以，Sprint 在 4G 制式上的不够专注，导致其付出的代价很大却在用户发展上很难迅速成规模。

Sprint 受制于有限的 FDD 频谱资源，一直无法在 LTE 的覆盖和速率方面与领先的 Verizon Wireless 和 AT&T 进行有效竞争，只能采取跟随建网策略。由于面临多重传输系统困扰，效率低下，在竞争中处于极为不利的地位。

2011 年，Sprint 宣布了“网络愿景（Network Vision）”计划，要在最新开发的基站上，能够全面适应 CDMA、WiMAX、FDD LTE 和 TD-LTE 等

传输方式。计划到 2017 年完成该目标，计划总的投资金额为 100 亿～110 亿美元。

为了扭转劣势局面，Sprint 在 2012 年 12 月完全收购 WiMAX 运营商 Clearwire 之后，利用 Clearwire 拥有的 2.5GHz 频段 TDD 频谱资源，推出了名为 Sprint Spark 的网络提速计划；通过综合利用 800MHz、1 900MHz 和 2.5GHz 的频谱资源，集成 LTE FDD 和 TDD 两种工作模式，向用户提供高达 50～60Mbit/s 的峰值速率。

从美国用户对 LTE 的接受状况来看，目前市场上各类广告用语非常混乱：3G，3.5G，4G，WCDMA，LTE，HSPA，HSPA+，等等。普通用户对此比较困惑，也不了解 LTE 这个技术。但用户不会太在意运营商到底是提供 WCDMA、HSPA+还是 LTE。对他们而言，LTE 比 3G 网速更快，套餐容量一样，终端价格也一样甚至更便宜，那么当合约到期的时候，就没有理由不成为 LTE 用户。Verizon Wireless 现在不再补贴不支持 LTE 的终端，包括智能手机和 USB 卡、上网本，等等；也就是说 Verizon Wireless 不提供别的选择，所以可以说用户是“被动”地被运营商推动着去接受 LTE，当然正如前文所言，用户没有任何理由不愿意升级为 LTE 用户。

从全球 4G 的商用化过程与发展状况来看，美国最大的移动通信运营商 Verizon 可以说是 4G 全球商用化的最大推动者，同时，也是发展最快的运营商。Verizon 于 2010 年 12 月正式商用 LTE FDD 网络，至 2013 年底其 LTE 用户总数已达 4 270 万，占其零售后付费用户的 44.1%。

回首成绩的背后，Verizon 在决定 LTE 建设初期遇到的挑战，以及迎接这些挑战的举措值得借鉴。作为美国第一家规模部署 LTE 系统的移动运营商，Verizon 在决定上马 LTE 之前，面临着诸多运营和竞争方面的问题。首先，在运营 LTE 网络之前，Verizon 已有的 CDMA EVDO 网络已不堪重负，截至 2010 年 12 月，其 CDMA 网络承载 9 400 万用户，随着移动视频业务的普及，网络流量居高不下。其次，由于某厂家在系统专利和芯片技术上的长期垄断，导致 CDMA 生态系统逐渐失去活力。第三，Verizon 面临 AT&T 的挑战和竞争。当时 AT&T 是苹果在美国的独家合作伙伴，Verizon 的高端用户直接面临流失威胁。第四，WiMAX 运营商的刺激和威胁，在 2008～2009 年间，Clearwire 的 WiMAX 商用，Sprint Nextel 建设“4G WiMAX”项目，给 Verizon 带来了很大的压力。

因此，Verizon 商用 LTE 的战略考虑是：缓解 3G 网络的流量压力；通过技术演进，取得对竞争对手的技术优势；创造更好的用户体验，将 CDMA 高价值用户快速迁移到 LTE 网络。总结分析 Verizon 的成功经验，其在 LTE 网络部署、终端多元化、LTE 产业链和生态系统打造，以及流量业务价值提升 3 个方面的主动出击，为 Verizon 打赢 LTE 时代第一仗奠定了基础。

3.1.2 迅速部署网络，着力网络优势宣传

首先，积极进取的建网方案，迅速快捷的网络部署。早在 2010 年中期，Verizon 便制定了网络的 3 年覆盖方案，计划在 2010 年底覆盖全美 25～30 个市场的 1 亿人口，到 2012 年覆美两亿人口，2013 年底覆盖 2.85 亿人口，达到和 CDMA 网络相同覆盖水平，通过明确预期和愿景，吸引了产业链上的利益相关方注意，达到资源集聚的目的。

Verizon 信奉“在游泳中学会游泳”，2010 年 6 月在波士顿和西雅图完成 LTE 技术测试后，便在 5 个城市开始友好用户测试，同期在其他城市正式宣布商用 LTE FDD。在建设 LTE 商用网络的同时，利用友好测试取得的经验对网络进行优化，达到通过市场检验，快速部署网络的目的，2010 年 12 月 5 日即完成 38 个市场 1.1 亿人口的覆盖。

其次，在网络优势宣传方面，Verizon 也不遗余力。在 Verizon 商用 LTE 之前，美国的 T-Mobile 和 Sprint 公司也在宣称其采用 DC-HSPA+技术和 WiMAX 技术组织的网络为 4G 网络，这在一定程度上导致了公众的认知混乱，大家对运营商网络的技术先进性并没有明确的认知。Verizon 在采用爱立信和阿朗设备组网后，便开始着手网络优化，收集网络在高负荷下的性能表现。如在爱立信网络中，Verizon 对 LTE 智能手机用户流量观测中得出，在忙时 10%的高负荷小区，依然能保证 2～10Mbit/s 的小区平均吞吐速率，性能表现优于其他运营商的“4G”网络。

网络性能的优秀表现给了 Verizon 足够的信心，其将自己的 LTE 网络定位为“全美最快的 4G 网络”，一方面通过各种媒体强化公众对其网络先进性的认知；另一方面，在某些市场推出可承诺的最低速率，以区别于其他运营商。此外，在多家第三方网络质量评估机构对运营商的网络对比测试中，Verizon 的表现没有辜负其“全美最快 4G 网络”的称号。

3.1.3 iPhone 5 带来 LTE 终端销售额大幅增长

Verizon 大力发展 LTE 终端产品，依托 3G 时代芯片合作伙伴，率先以智能手机引领市场，目前来看 Verizon 的 LTE 终端款式在全球是最多的，这也是其能够迅速引领全球 LTE 发展的原因。

LTE 智能手机由于对基带芯片、射频芯片和天线布放的高精度要求，成为当时 LTE 生态系统的短板。日本的 NTTDocomo 和北欧 TeliaSonera 的 LTE 网络商用近一年依然没有推出商用智能终端。Verizon 依托 3G 时代的芯片合作伙伴，积极寻找技术解决方案。

得益于支持 LTE 的 iPhone 5 和 Android 智能手机、平板电脑和 Wi-Fi 路由器，Verizon 的 LTE 终端销售额出现大幅增长。2012 年 9 月，iPhone 5 上市；2012 年第四季度，Verizon 智能手机激活用户达到 980 万部，达到历史最高（截至 2014 年 Q1），其中苹果手机占比 63%。

3.1.4 多层次、全方位合作，打造具有强大丰富应用的生态系统

Verizon 成功的第三个因素就是在繁荣 LTE 业务和应用上不遗余力，积极引领推动产业链的成熟，在 LTE 网络商用半年后，分别在波士顿和旧金山成立了 LTE 的创新中心和应用创新中心，向开发 LTE 产品、业务和应用的第三方公司提供技术、人员、商用化以及资本支持。此外 Verizon 跟风险投资合作，募集了 13 亿美元资金，支持孵化企业的成长，同时给这些企业提供设备开发和测试环境。这是 Verizon 能够快速发展 LTE 的主要原因之一。

创新中心是这些初创企业的“孵化器”，初创企业可以使用 Verizon 的多

厂家 LTE 测试设备和专用的“孵化器”工作空间，在接近于现网环境下进行业务和应用的研发、验证和优化，并可得到 Verizon 无线通信专家技术团队的支持。在波士顿的创新中心里，Verizon 开辟了 2000m² 的体验中心，展示从概念设计到商用产品不同阶段的 LTE 创新应用，以激发新进入初创企业的灵感，向外界宣传 LTE 业务和应用的成果。

Verizon 在打造 LTE 生态系统时依靠强大的团队合作，在创新中心运营上，和设备厂家、芯片厂家、业务和应用厂家以合作伙伴的方式共同加速企业的“孵化”和应用推广，如今已经有近 70 家系统、芯片、终端、业务和应用厂家加入合作伙伴计划，共同做大做强 LTE 的生态系统。

LTE 的业务和应用除了技术驱动外，资金的支持也很重要，初创企业普遍缺乏产品商业化所需的资金。2010 年 12 月，Verizon 联合爱立信、阿朗以及一批国际知名的创业投资公司发起成立了 4G 创投论坛（4G Venture Forum，4GVF），募集资金达 13 亿美元，以支持孵化器中的初创企业。4G 创投论坛对初创企业的注资完全采用市场化的运作方式，初创企业需要递交清晰明确的商业计划书，通过严格审查后 4G 创投论坛通过股权方式注入资金，由于有国际知名运营商、设备商和风险资本的背书，这些初创企业产品商业化后，易于得到资本市场的青睐，这也为企业创新提供了动力。

通过这样多层次、全方位的合作，以及技术、设备、人员、管理和资金的支持，仅仅一年时间，Verizon 打造的 LTE FDD 业务和应用的生态系统已经初具规模，在 2012 年的 CES 国际消费电子展上，Verizon 携合作伙伴展示了消费者、零售、健康医疗、企业、公用事业、公共安全、汽车七大行业近 80 种设备和应用。

3.1.5 流量价值提升，加速用户向 4G 迁移

在 Verizon LTE 网络商用之前，LTE 运营商 TeliaSonera 和 NTT DoCoMo 在 LTE 定价上采用“撇脂定价”的方法，拉开和原有 3G 网络数据资费的差距，这也是新产品在生命周期导入阶段通常采用的策略，但 Verizon

在定价上采用的是“渗透定价策略”，其 LTE 的资费包和 3G 的资费包完全相同。尽管在 2010 年新增 13 亿美元资本开支在 LTE 网络建设上，但 Verizon 并不急于实现在 LTE 投资上的回报，通过相对低价刺激市场需求，培育 LTE 市场的增长。2012 年年初，Verizon 推出了同款数据包，双倍流量的促销政策，在价格不变的基础上加大流量的赠送力度，进一步吸引老用户向 4G 网络迁移。

2013 年 7 月，Verizon 宣布旗下使用 3G 不限流量资费的用户可以直接升级到 4G LTE 网络，同样享受无限流量套餐内容。也正是基于此，Verizon LTE 流量被充分利用，使用率迅速提升，Verizon 网络上 LTE 流量占比迅速达到 60%，用户达到 33%，拥有 1 165 万 LTE 后付费用户。Verizon 发展 3G CDMA 实现 35%的占比用了 8 年时间，而 LTE 仅仅用了两年。这说明，LTE 对网络使用和用户增长的拉动吸引作用显著；同时也表明，至少在 Verizon 网络，LTE 流量已逐渐成为主流。

通过网络、终端、应用以及商业模式的推陈出新，Verizon 打造了欣欣向荣、活力蓬勃的 LTE 生态系统。Verizon 也得到了相应的回报——资本市场的认可，2011 年 5 月到 2014 年 5 月的 3 年里，Verizon 的股价涨幅比竞争对手 AT&T 高了一倍。

3.1.6 流量之殇，视频流量的大幅上升导致网络性能下降

2013 年，随着视频流量的大幅上升，Verizon 无线 LTE 网络的性能和网速出现下降，这引起了许多用户不满。为此，Verizon 无线已经启动了网络升级。

1. 网速下降

4G 用户的持续增长给 Verizon 带来了可观的营业收入，但这些高流量用户数据流量的大幅上升也给 Verizon 带来了极大的网络压力。在纽约、芝加哥和旧金山等关键城市，其网络性能出现下降。而根据研究机构 RootMetrics 的数据，自 2012 年底以来，某些地区 Verizon 的 4G 网络下载速度已下降了超过 20%。网络拥堵导致许多用户无法注册至 4G 网络，

而只能使用 3G 服务。

2. 增加投资吸引用户

由于在线视频流量的大幅上升，Verizon 在 2013 年比以往多投入了数百万美元，用于升级网络。以往，Verizon 在美国各大移动运营商中以网络性能强大而著称，而竞争对手 AT&T 则常常遭遇通话质量的投诉。

其实早在 2012 年第二季度，Verizon 表示，2013 年将增加约 5 亿美元支出，用于改进无线网络。并且 Verizon 已经开始在美国约 50 座城市启用新的无线频谱，以提升网速并解决拥堵问题；并于 2012 年第三季度完成了在美国全国范围内拓展 4G LTE 网络的工作，而竞争对手仍在进行类似的网络建设。这为 Verizon 吸引了更多高流量用户。

随着越来越多用户使用 4G LTE 网络，用户也越来越多地通过智能手机观看高清视频。对运营商来说，这样的趋势有利有弊。移动视频服务的火爆不仅给运营商带来了更高收入，也造成了更严重的网络拥堵。过去几年中，AT&T 和 Verizon 已对套餐进行调整，取消了不限流量的套餐，当用户使用更多数据流量时将向用户收取更多费用。

3.2 韩国：普及率过半

3.2.1 4G 革命下的韩国整体通信市场

1. 激进的网络策略使韩国 4G 渗透率居全球之首

韩国从 2011 年开始提供 LTE 服务，主要由 SK 电讯（SKT）、韩国电信（KT）、LG U+（LG 旗下 3 个电信公司合并而成）3 家运营商承担，均采用 LTE FDD 制式。据测试显示，韩国 LTE 网络白天室外速率平均值约 28Mbit/s，晚间室内速率平均值约 17Mbit/s，白天开车行驶中速率平均值约 20Mbit/s。就在 LTE 推出不到两年之后，韩国三大运营商又于 2013 年引入载波聚合（Carrier Aggregation，CA）技术，将下载速度提高一倍至最高 150Mbit/s。

LTE 的规模商用促使了韩国智能手机的快速普及，SKT 和 LG U+在 2011 年 9 月就开始向用户提供 LTE 智能手机。截至 2013 年 11 月，韩国智能手机普及率已接近 70%，其中 LTE 手机超过 50%，韩国已经成为全球发展最快的 LTE 市场，远超位列其后的新加坡、日本和美国。

2．4G 积极部署来自用户需求的驱动力

随着从 3G 向 4G 的网络升级，韩国电信市场的变化也悄然开始。是什么力量推动韩国运营商如此积极地部署 4G 网络，又着急地从 LTE 升级到 LTE-A？答案就是：移动数据流量的爆发式增长。

根据 Strategy Analytics 的预测，韩国手机用户 2013 年月均消费数据流量达 500MB，这一数字不仅远高于中国市场的 185MB，也高于西欧平均水平的 400MB。另据了解，在韩国首尔，年轻的手机用户每月至少要消耗 2～3GB 的手机上网流量，主要用来看视频，而不少用户会选择每月 6 万韩元（合 300 多元人民币）包 5GB 流量的套餐。这组数据，在一定程度上反映了韩国手机用户对数据流量的需求。韩国的年轻用户对新事物非常敏感，对手机上网的流量和速度都有很高的需求，所以对于韩国的运营商来说，仅仅停留在 LTE 上是不可能有竞争优势的。

用户对数据流量的需求，加上运营商之间的竞争，促使韩国的三大运营商很快就在全国范围内完成了 LTE 网络的部署，又在短时间内从 LTE 升级到了 LTE-A。当然，韩国能够实现 4G 网络的快速部署、用户的快速渗透，有着不同于其他市场的特殊性。一方面，韩国国土空间有限，人口集中度很高，全国近一半的人口集中于首都圈地区，这使得韩国运营商有条件较快地实现对全国绝大部分人口的 4G 网络覆盖；另一方面，韩国市场的宽带基础设施完善，不仅为 4G 网络的部署提供了良好基础，也使韩国的移动互联网市场得到了充分的发展培育。

3．运营商格局改变

韩国的通信市场目前同国内一样呈现三足鼎立的态势，4G 不仅呈现全面替代 3G 之势，更有借鉴意义的是，韩国三大运营商的竞争格局也因 4G

的到来发生了很大变化，如图 3-4 所示。

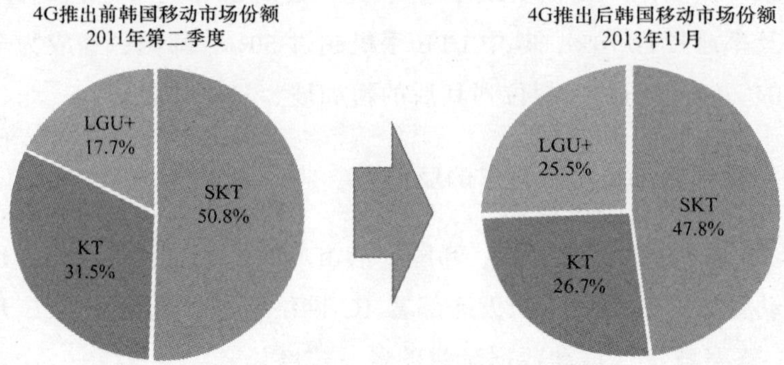

图 3-4　4G 推出前后韩国移动市场格局的变化

在 2011 年第二季度，也就是韩国开始推出 LTE 4G 网络服务之前，SKT 市场份额为 50.8%，KT 占据着 31.5%的市场份额，而 LG U+以 17.7%排在两家竞争对手之后。在 4G 推出后截至 2013 年 11 月，SKT 市场份额降到 47.8%，KT 降到 26.7%，LG U+增加到 25.5%。

部署 4G 网络的步伐，是改变这 3 家运营商竞争格局的主要原因。从 2011 年 7 月开始，LG U+作为非主导运营商以惊人的速度，在短短 9 个月内就实现了 LTE 在韩国的全境覆盖，大大超过 SKT 和 KT 的网络覆盖水平，取得了竞争的先动优势。韩国三大运营商的 4G 网络覆盖对比如图 3-5 所示。优于竞争对手的网络覆盖，有利于 LG U+进行市场推广工作，发展更多的用户。

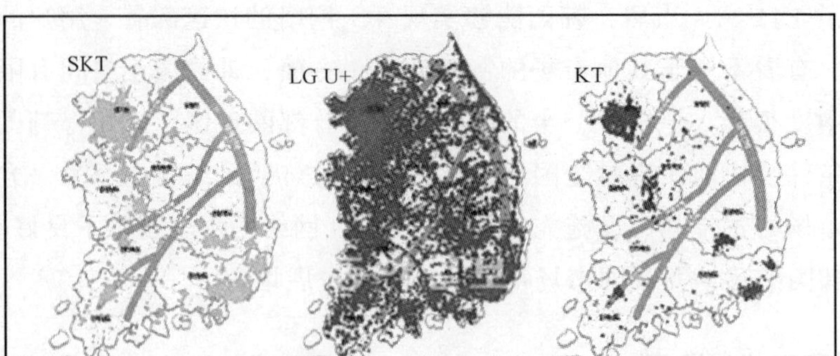

图 3-5　韩国三大运营商 4G 网络覆盖

另外，在全国范围内完成 LTE 网络覆盖的同时，LG U+投入了大量资源发展 4G 应用，比如高清视频、高清音乐、3D 地图导航，等等。LG U+还克服重重困难，以最快的速度推出 CDMA/LTE 双频终端。终端没有制约 LG U+的市场发展。

网络、应用和终端的多管齐下，LG U+终于实现逆袭。截至 2013 年 11 月，虽然 LG U+在总用户数上依然在韩国排名第三，但其 LTE 用户数已经超过了 KT，上升到第二位，韩国 LG U+及 KT 的 LTE 用户发展走势如图 3-6 所示。从号码携带用户转入情况来看，LG U+一直是净转入，而 KT 一直是净转出。不仅如此，LG U+的 4G 用户占比已经高达 61%，在韩国三大运营商中处于首位。4G 业务的开展，对于运营商业绩的提振也十分明显。Strategy Analytics 的数据显示，韩国三大运营商的 ARPU 值均出现了明显回升，尤以 LG U+表现最为突出。以 2013 年三季度为例，SKT 的 ARPU 约为 38.50 美元，同比提高 6.2%；KT 为 31.12 美元，同比提高 3.1%；LG U+的提升幅度最大，同比提升了 8.1%，为 35.11 美元。运营市场的成功在股市上带给 LG U+最直观的体现，一年时间里 LG U+的股票价格随着韩国 4G 网络的成功商用增长了 110%，大大领先于 SKT 和 KT。

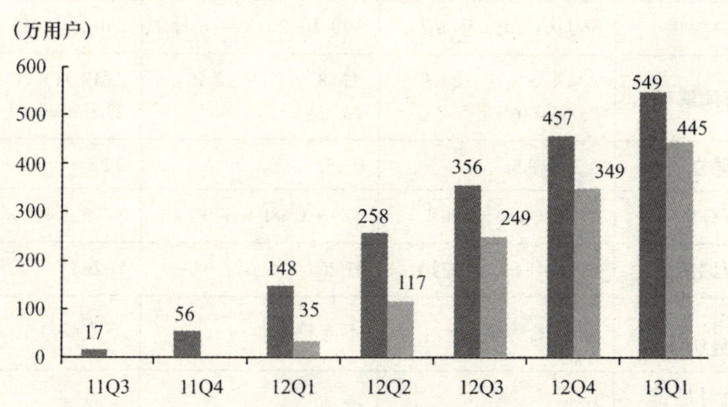

图 3-6 韩国 LG U+及 KT 的 LTE 用户发展走势

4. 4G 资费设计有助于 ARPU 提升

韩国运营商 ARPU 值的回升，与 4G 资费设计策略有密切关系。韩国运营商普遍采用了优质优价的 4G 资费策略。凭借 LTE 提供的良好用户体验，韩国运营商成功吸引用户接受了资费的提升。

4G 资费策略在全球有两个流派。一类是以韩国和部分欧洲运营商为代表，利用 4G 良好的用户体验，提高 4G 资费起步门槛，达到提升 ARPU 值、提振业绩表现的目的；另一类是以美国运营商为代表，采用与 3G 基本相同的资费结构并辅以大规模的终端补贴，推动用户由 3G 向 4G 快速过渡。

5. HD Voice 业务成为业界公认亮点

2012 年，韩国三大运营商率先在全球推出 VoLTE 服务，所提供的话音业务均为高清语音（HD Voice）。高清语音业务资费与 3G 相同，但通话质量更优。表 3-1 对韩国三大运营商的高清语音业务进行了对比。

表 3-1　韩国三大运营商高清语音业务对比

	SKT	KT	LG U+
服务名称	HD Voice	HD Voice	Jieum
推出时间	2012 年 8 月	2012 年 10 月	2012 年 8 月
用户规模	560 万（2013 年 6 月）	300 万（2013 年 6 月）	250 万（2013 年 6 月）
语音编解码	AMR-WB（12.65 ～ 23.85kbit/s）	AMR-WB（12.65 ～ 23.85kbit/s）	AMR-WB（12.65 ～ 23.85kbit/s）
呼叫建立时间	0.25～2.5s	0.25～2.5s	0.25～2.5s
图像分辨率	VGA（480 × 640）	VGA（480 × 640）	VGA（480 × 640）
视频编解码	H.264（512kbit/s）	H.264	H.264
2G/3G/LTE 无缝切换	SRVCC 方案	不支持	不支持（100%LTE）
通话时是否需切换屏幕	需要	需要	不需要

6. 手机厂商进入新战场

网络的迭代更新，影响到的不仅仅是运营商，也让手机厂商们重新站在了起跑线上。

在 2011 年 LTE 网络商用之前，三星大约占据了韩国智能手机市场 50% 的份额，其次是 LG 和泛泰，这两家公司的市场份额分别为 18%和 17%，排在其后的是苹果公司，当时在韩国的市场份额约为 7%，其他品牌加起来的份额约为 8%。

在 2012 年 LTE 网络在韩国商用普及之后，三星在当地智能手机市场的份额上升至 62%，而苹果的份额则下降到 3%。出现这一变化的原因非常明显——三星公司与运营商合作密切，在第一时间配合运营商推出了供消费者购买使用的 LTE 手机，相比而言，苹果推出 LTE 手机的时间太晚。等到苹果推出 LTE 手机的时候，韩国市场已经开始普及 LTE-A 网络了，而这时，市面上也有了支持 LTE-A 网络的三星、泛泰等厂商的手机。能否在第一时间响应，配合运营商推出高质量的 4G 手机，将在很大程度上决定手机厂商未来的竞争格局。

7. 应用开发商面临新机遇

有了覆盖全国的网络、相对丰富的终端，这些都还不够，运营商要想真正吸引用户使用 4G，就必须提供极具特色的应用。内容以及新型商业模式也将决定运营商在 4G 市场的竞争走向。

什么样的应用会在 4G 时代爆发？在韩国的使用现状告诉我们：高清视频是目前最具推动力的 4G 应用。韩国年轻手机用户每月 3GB 左右的数据流量，有很大一部分消耗在看视频上。除了高清视频之外，高清音乐、3D 地图导航、在线游戏等都是韩国运营商重点开发的应用。

LTE 的差异化服务能力，使运营商得以开拓已筹划多年的后向商业模式。韩国 4G 市场上，已经逐渐出现了运营商与互联网内容提供商合作，进行业务绑定和收入分成的新模式，纷纷将内容捆绑作为 4G 推广的重要策略，通过与互联网公司的合作，开发出后向收费的新型商业模式。

3.2.2 SKT的4G策略

SKT作为韩国第一大移动运营商，是CDMA/WCDMA的双网运营商，CDMA的技术瓶颈和面对KT和LG U+的挑战，要求SKT必须迫切推出LTE。

1. 网络技术举措

SKT选择在800MHz低频段部署LTE，与CDMA同频但不同频段，而WCDMA采用2.1GHz。SKT的无线网络采用WCDMA/LTE双制式共存，相当于抛弃原有的CDMA制式，核心网新建EPC（Evolved Packet Core，分组核心演进）网络。语音方面，大力推广VoLTE。

2. 业务策略

SKT借助LTE网络优势发展各种多媒体业务，尤其是视频类业务，典型的LTE业务包括视频通话、T Freemium和T棒球等。T Freemium是SKT推出的免费多媒体内容服务，LTE 62套餐以上的用户可以直接选用这一服务，随后就可利用获得的两万积分购买包括最新电影、电视剧、游戏、电子书等在内的多媒体内容。从2012年4月2日推出以来，这一业务的用户已经突破了200万，节目播放超过了1 500万次。T棒球则是SKT推出的免费实时专业棒球比赛广播业务，用户可以自行选定想看的节目，手机到时候会自动提醒用户收看，从而不会错过任何精彩的比赛。这一应用推出两个月来的下载已经超过55万次，越来越多的人开始用LTE手机收看棒球比赛。

其次，SKT以“平台提供商”的身份启动SK Planet平台计划，如图3-7所示，为LTE用户提供包括内容应用、交流平台、个人媒体、电子商务等一系列业务，业务平台对营收驱动力日趋增强。而这些特色业务不断驱动平台收入增长。

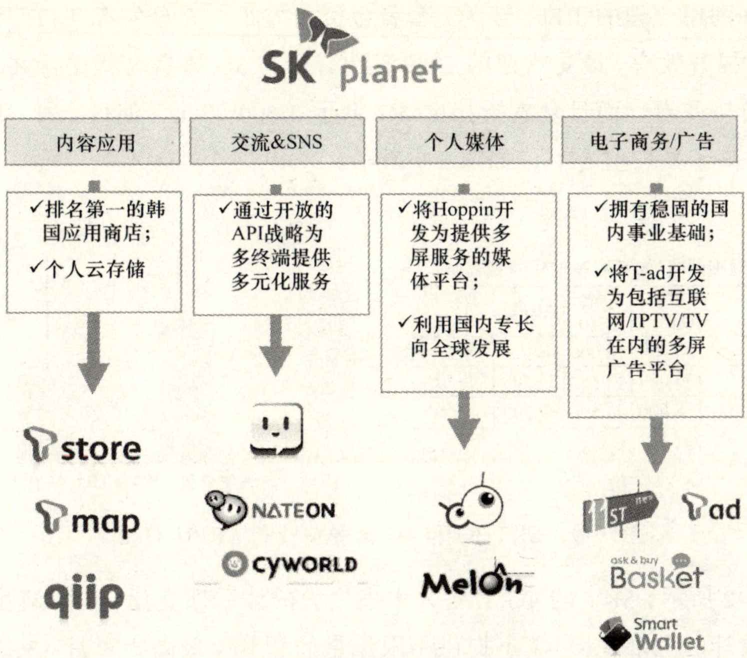

图 3-7　SK Planet 平台驱动策略

SKT 面向企业客户提供多元化的 LTE 行业应用，聚焦高清视频、医疗、娱乐等诸多方面，以 LTE 网络为承载行业应用，拓展 B2B 应用。图 3-8 是 SKT 基于 LTE 的 Health-On 医疗服务解决方案。

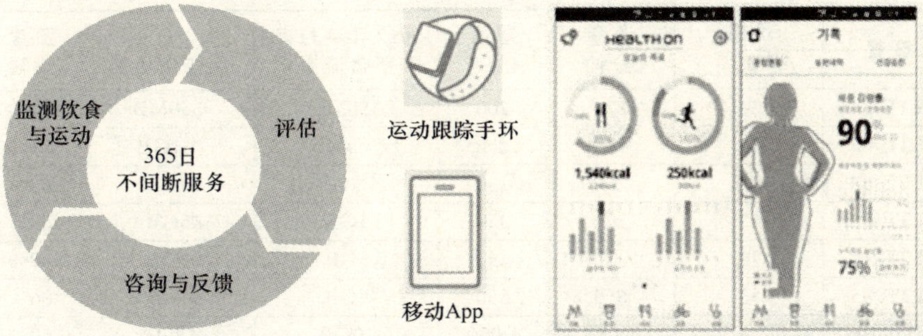

图 3-8　SKT 基于 LTE 的在线医疗解决方案

3．营销策略

在资费上，SKT 推出 4G 的专用套餐，个人客户以“T LTE Pack”统领业务，并利用合理的 LTE 与 3G 套餐包资费差距，充分发挥 LTE 用户的 ARPU 提升效应。最受欢迎的 LTE 资费套餐与 3G 资费套餐保持 8 000 韩元的价格差异，而且套餐折扣比 3G 低了 1 500 韩元，使得 LTE 用户的 ARPU 高于平均值 57%，如图 3-9 所示。

最受欢迎的LTE资费套餐与3G资费套餐

	价格（韩元）	套餐折扣	ARPU	新用户占比
≥LTE-62	62 000	16 000	46 000	>80%
≥3G-54	54 000	17 500	36 500	>70%
价格差异	+8 000	-1 500	+9 500	

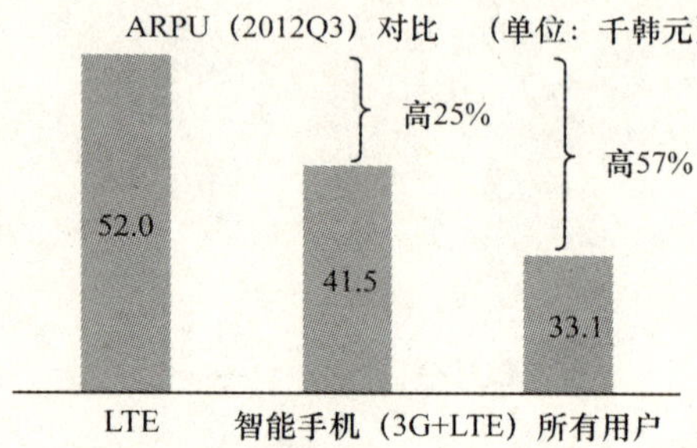

图 3-9 SKT 3G 和 4G 套餐资费和 ARPU 对比

如表 3-2 所示，SKT 的 4G 套餐并未发生大的体系性变化，仍以流量作为套餐设计的主维度，4G 不提供不限流量的套餐（最高为每月 18GB，约为 614MB 每天，较 3G 不限流量套餐的每日 700MB 流量上限要低）。语音价格与 3G 一致，从流量单价来看，2012 年 4 月提升了所有 LTE 套餐所含的流量，4G 流量的套外单价较 3G 下降幅度超过一半，4G 套餐的包内流量较 3G 增幅也超过了 50%，引导 3G 用户迁移和升级。

表 3-2 SKT 的 4G 基本资费

套餐	价格（千韩元）	语音（分钟）	短信（条）	2012 年 4 月前所含流量	2012 年 4 月后所含流量	流量增幅
LTE 34	34	120	200	350MB	550MB	57%
LTE 42	42	180	200	700MB	1.1GB	57%
LTE 52	52	250	250	1.2GB	2GB	67%
LTE 62	62	350	350	3GB	5GB	67%
LTE 72	72	450	450	5GB	9GB	80%
LTE 85	85	650	650	7GB	13GB	86%
LTE 100	100	1 050	1 050	10GB	18GB	80%

另外，SKT 还针对细分市场推出专门的套餐资费。针对 18 岁以下学生推出两档“LTE Ting 34/42”套餐，捆绑教育、安全及其他合适的信息服务，与 SmarT、Ting 等合作伙伴开展合作，教育视频流量按 50%折扣，和基本资费相比最大优惠可达 1 万韩元（约合 56 元人民币）。针对 60 岁以上

的老年人推出“LTE Golden Life 15/34”套餐，降低套餐门槛，每月提供最长 150min 的免费通话共享和最长 50min 的免费高清可视通话（与子女沟通），并免费为用户提供一年的电话诈骗保险。针对喜爱音乐、电视、游戏和电影的多媒体用户推出“Free T Life Pack”产品，将信息内容费用与数据流量费捆绑，资费优惠最高可达 70%，其中音乐和电视重播首先问世。针对喜好音乐的用户推出“MelOn Extrimming”产品，用户每月仅需支付 6 千韩元（约合 34 元人民币），便可无限量地通过 LTE 享受“T-MelOn”音乐服务。针对喜好视频的用户推出“Hoppin TV 10 Free”产品，仅为 9 千韩元（约合 51 元人民币），比现有资费优惠 72%，用户可通过连续播放功能观看 10 集电视节目。

4．终端策略

SKT 推出的 LTE 终端包括智能手机、平板电脑、上网卡（USB Dongle）、CPE 等。其中智能手机以三星 Galaxy 和 LG Optimus 系列产品为代表，要求支持多模 2G、3G（cdma2000/WCDMA）、4G（LTE），还有 Wi-Fi/WiBro，甚至还支持 LTE TDD，其目的是解决和中国移动（获 LTE TDD 牌照）的漫游问题。

3.2.3 LG U+的 4G 策略

LG U+在 4G 发牌之前深受低效网络之苦，糟糕的体验使用户都转向 SKT 和 KT，SKT 和 KT 占据了绝大多数的市场份额，LG U+只能在两个强者之间的夹缝中求生存。作为挑战突破者，LG U+采取了更为激进的 4G 策略，对非主导运营商如何追赶领先者具有很大的借鉴意义。

1．网络技术策略

在赢得 4G 频谱后，LG U+通过激进的“从点到面”的广覆盖叠加建网策略，2011 年 7 月起先在首尔地区，光州、釜山等城市覆盖 LTE 服务，2011 年底为韩国 82 个城市提供 LTE 服务，2012 年已完成全国网络的建设，可覆盖韩国 99.9%的人口。在频谱策略上，LG U+在 800MHz 上进行网络覆盖和语音服务，在 2.1GHz 上进行容量扩充，在 1 800MHz 上从3G网络频谱重整（Refarming）到LTE。在语音方案上，LG U+率先上线VoLTE，并结合富通信（RCS）业务。LG U+努力打造一个更可靠更高流量的LTE网络，LG U+ LTE网络速度是以前的3G网络速度的5倍。

2．业务策略

在拥有良好的网络覆盖后，LG U+围绕LTE推出了一系列的应用，如U+ HDTV、U+ Box、HD Music、云共享应用U+ Share、导航应用U+ Navi LTE、游戏平台C Games、U+ VoLTE等，这些LTE的特色业务带动了用户ARPU的提升。LG U+提供各类高质高清的多媒体服务，包括高清720p直播电视和点播视频的U+ HDTV、音视频存储的U+ Share和多屏点播的U+ Box、可下载录音室音质高清原声的U+ HD Music。U+ Navi LTE是在线导航服务，用户能随时得到最近的全3D地图、实时导航，还能最多邀请5个好友一起，随时看到对方的位置路径等信息。C Games云游戏，用户只需通过IPTV、个人计算机、智能手机、平板电脑等智能终端登录LG U+网络，便可尽享各款过去专属于游戏机的游戏，云游戏服务的所有数据都在中央服务器上处理，因此用户只需拥有可连接至网络的终端机即可。LG U+ VoLTE则提供更多的富通信业务，如语音无缝切换视频通话、音视频等内容分享等。LG U+商用LTE一年半后，LG U+用户每月的平均流量为3GB左右，而竞争对手的用户流量大概为2GB，ARPU较之商用前提升22%。

3．营销策略

和SKT走高端化路线不同，LG U+的LTE定位为平民化和年轻化，通过广泛覆盖，并推出低廉实惠的资费套餐迅速吸引用户，LG U+的用户群很广，国外留学生、打工仔都能入网。LG U+加强品牌包装，与最红的歌手PSY（金泫雅，江南Style主唱）签约代言，如图3-10所示，打造前卫潮流的品牌形象，在宣传上突出“唯一一家可以在全国范围内向所有用户提供LTE服务的电信运营商”。

图 3-10　LG U+ LTE 年轻平民化的品牌形象

在资费上，LG U+采取竞争定价，同档套餐比竞争对手更多，见表 3-3，低中高档套餐均包含更多流量，低档和较高档套餐包含更多语音，套餐设计突出流量价格优势，对低端及高端用户均具有较强吸引力。针对不同档位套餐，用户追加少量包月费，可享受低速不限流量或额外流量赠送。例如中档套餐（LTE52/62/72）：每月加 3 千韩元，超套餐后，享受低速不限流量；高档套餐（LTE 85/100/120）：每月追加 1 万韩元，超套餐后可获 3GB/日流量赠送。

表 3-3　LG U+与 SKT 同档套餐对比

套餐价格（千韩元）	LG U+套餐		SKT 套餐		LG U+比 SKT 套餐多包含（%）	
	通话时长（分钟）	流量（GB）	通话时长（分钟）	流量（GB）	通话时长（分钟）	流量（GB）
100	1 200	24	1 050	18	14.3%	33.3%
85	750	14	650	13	15.4%	7.7%
72	500	10	400	9	25.0%	11.1%
62	350	6	350	5	0.0%	20.0%
52	250	2.5	250	2	0.0%	25.0%
42	200	1.5	180	1.1	11.1%	36.4%
34	160	0.75	120	0.5	33.3%	50.0%

4．终端策略

LG U+基于 LTE 网络优势打造新的价值链，推广多类型终端，LTE 初期以热点覆盖为主，主要面向数据卡、平板电脑等移动宽带数据应用。随着 LTE 智能手机的大量出现，为了寻求 LTE 手机差异化优势，LG U+通过激进策略快速发展，首先启动 VoLTE，其次是通过定制终端推动产业链发展，例如深度定制支持 LTE 网络的 Galaxy S Ⅱ、Optimus G 和 Optimus Vu2。通过不断推广明星终端，LG U+LTE 智能机每月销量占比已超 95%，LTE 渗透率超 60%。

3.2.4 KT 的 4G 策略

韩国第二大移动运营商 KT 在 2013 年 9 月开始提供 LTE-A 服务，并成为该国最后一个提供此项服务的运营商，在 LTE 时代 KT 成为最大的输家，市场份额被 LG U+赶超。2012 年 KT 整体营业利润和净利润分别下滑了 30%和 23%。

1. 网络策略

由于 KT 属于全业务运营商，拥有强大的固定网络基础设施，因此 3W+L（Wi-Fi/WiMAX/WCMDA+LTE）是 KT 的移动整体网络。KT 还利用云计算技术，把基站里面的数字单元（DU）进行虚拟化来进行管理，也就是 LTE WARP，与原有的 LTE 相比较，容量是其 1.8 倍。由于网络覆盖的落后，KT 在扩大 LTE-Advanced（LTE-A）无线服务覆盖范围外，还计划到 2020 年停止 3G 服务，将 3G 用户都转移到 4G 网络。

2. 营销策略

KT 在 LTE 的资费套餐方面作了跟 3G 不一样的调整，3G 时代 KT 推出了无限制套餐，这对网络实际上是一个挑战。在 4G 服务推出后 KT 取消了无限制的套餐，LTE 整体收入有一定的上升。同时，KT 在套餐设置里面给用户提供了包括流量转下月等其他措施，让客户得到了受惠。

3. 业务与终端策略

KT 在 LTE 高速数据网上提供像网络游戏、高清视频等服务。另外，2012

年 KT 一共上市了 17 款手机终端，这 17 款手机终端当中有 12 款是 LTE 的手机终端。另外值得一提的是，KT 升级 4G 网络无需更换用户手机，智能手机用户只要使用他们手中现有的手机就可以使用其网络，而且 LTE 网络服务只使用一个频率。这与 KT 的其他竞争对手提供的服务有所区别，因为其他的竞争对手需要更换手机。

3.3　日本：积极而理性务实

日本是全球部署 4G 最快的国家之一，自 2009 年日本电信监管机构——互联网及通信总务省（MIC）向 4 个运营商颁发 LTE 频谱许可后，该国最早部署的 4G 网络已经运营 5 年之久。在这 5 年中，日本运营商在网络覆盖、用户迁移、业务体系搭建方面都采取了积极而又务实的 4G 运营部署态度，在充分竞争的过程中稳步实施技术升级与用户覆盖，勾画出一幅别具日本特色的 4G 发展图谱。

3.3.1　3 运营商争夺 4G 频谱资源，稳步推进覆盖与提速

日本 4G 运营采取频谱审查制度，移动通信频谱分配和牌照发放由互联网及通信总务省（MIC）负责，运营商提交频谱申请，无线电管理委员会进行审查，在接收到来自委员会的通过报告后，MIC 发放频谱分配许可。运营商要向 MIC 支付无线频谱使用费（200 日元/基站，9 500 万日元/MHz/年）。

2009 年 5 月，MIC 分别向 NTT DoCoMo、KDDI、软银（Softbank）、E-Mobile 批准了 4 个涉及 LTE 技术的频谱许可，集中在 1.5GHz 和 1.7GHz 两个频段。1.5GHz 频段上划分的频谱有 3 个：软银和 KDDI 各自获得了一个 2×10MHz 的频谱许可，DoCoMo 获得了一个 2×15MHz 的频谱许可。1.7GHz 频段上划分的频谱有 1 个：E-Mobile 获得了一个 2×10MHz 的频谱许可。在 3G 时代，DoCoMo、软银、E-Mobile 采用 WCDMA 标准，而 KDDI 采用 cdma2000 标准，LTE 频谱的发放，标志着日本的无线宽带开始向 LTE 统一标准迈进。

2012 年 2 月，MIC 将 900MHz 无线电频段分配给软银，新分配的 900MHz 频段具有较好的绕射性能，价格为每年 100 万日元/MHz。同年 7 月，MIC 将 700MHz 频段的无线电频谱块分配给 DoCoMo、KDDI 和 E-Mobile，用于其提供移动宽带服务。新频段的分配降低了用户的迁移成本，对日本 LTE 容量与覆盖均具有重要意义。

截至 2014 年，各运营商分配到的频谱资源如表 3-4 所示。

表 3-4　日本运营商移动频谱分配情况

频段	700 MHz	800 MHz	900 MHz	1.5 GHz	1.7 GHz	2 GHz	2.5 GHz	
运营商	FDD 30MHz ×2	FDD 30MHz ×2	FDD 15MHz ×2	FDD 35MHz ×2	FDD 35MHz ×2	FDD 60MHz×2 TDD 31.2MHz	TDD 100MHz	总计
DoCoMo	LTE 20MHz	3G/LTE 30MHz	—	LTE 30MHz	3G 40MHz	3G/LTE 40MHz	—	160 MHz
KDDI	LTE 20MHz	3G/LTE 30MHz	—	LTE 20MHz	—	3G/LTE 40MHz	—	110 MHz
软银	—	—	3G/LTE 30MHz	LTE 20MHz	—	3G/LTE 40MHz	—	90 MHz
E-Mobile	LTE 20MHz	—	—	—	3G/LTE 30MHz	—	—	50 MHz
UQ	—	—	—	—	—	—	WiMAX 50MHz	50 MHz
Wireless City Planning	—	—	—	—	—	—	AXGP 30MHz	30 MHz
Willcom	—	—	—	—	—	PHS 31.2MHz	—	31.2 MHz

无线频谱是运营商实现覆盖优势以及争夺用户的重要资源之一，日本运营商通过多种方式争取能使自身效益最大化的频谱资源。DoCoMo 凭借雄厚的财力及主导优势，获得了相对充足的频谱带宽，且全部都是 FDD 频段；KDDI 除了通过本集团申请的 FDD 频谱资源以外，还通过合资公司 UQ Communications 获得了用于 WiMAX 的 2.5 GHz 资源，此频段频谱可与 LTE TDD 兼容；软银曾经在频谱申请上落后于前两个运营商，但后期通过投资、并购与租赁等多样化的方式，获得了 Wireless City Planning、E-Mobile、Willcom 的可兼容 TDD 的频谱资源开展运营，成为开展 FDD/TDD 双网运营的运营商。从频谱容量上看，日本 DoCoMo、KDDI、

软银 3 运营商所拥有的资源相对均衡，这也导致 3 运营商在网络覆盖及业务体系方面的竞争不相上下。

在逐步完善网络覆盖的同时，各运营商也开始通过营销、资费、终端等手段将用户向 4G 迁移。在 2010 年 4G 启动之时，日本的 3G 用户数已达到 1.09 亿，约占移动用户的 97.2%，国内移动市场基本饱和；在此背景之下，日本运营商的 4G 运营更多面向存量用户展开，截至 2013 年 9 月，日本的 4G 用户数为 3200 万，约占移动用户数的 22%，分流了相当一部分 3G 用户。

3.3.2 DoCoMo 稳健部署网络覆盖与升级，以资费及业务引导用户迁移

DoCoMo 于 2010 年 12 月正式推出品牌为“Xi”的 LTE 移动通信服务，4G 进入启动发展期。目前，DoCoMo 分别在 800MHz、1.7GHz、1.5GHz、2GHz 4 个 LTE 频段内商用，同时将于 2015 年 1 月推出基于 700MHz 的 LTE 网络服务。

DoCoMo 采取稳健推进的方式部署 4G 网络覆盖与升级。自 2010 年开始，DoCoMo 共投入 1 430 亿日元对 4G 网络进行升级，启动初期仅在日本 3 个主要城市部署 LTE 基站，2011 年部署扩展至大中型城市，2012 年覆盖日本主要城市，2013 年则进入偏远地区。截至 2014 年 1 季度，DoCoMo 的 LTE 基站数已达 5 万，98%的 POP 点已经实现覆盖。速率方面也在逐步提升，2010 年启动期时提供 25～75 Mbit/s 上下行的接入能力，两年后的 2012 年 11 月升级到 37.5～100 Mbit/s。2013 年 10 月已提升至 50～150 Mbit/s。

如图 3-11 所示，DoCoMo 的 4G 用户增长伴随其网络覆盖的扩展而不断实现扩大。正式商用 1 年后（2011 年 12 月），DoCoMo 的 4G 用户越过百万关口；其后 4G 用户出现跨越式增长，2013 年 2 月用户规模突破千万关口，截至 2014 年 2 月，DoCoMo 的 4G 用户再次翻番达到 2 055 万。

在不断提升网络覆盖范围的同时， DoCoMo 利用资费手段将用户向 4G

主动迁移。首先是语音资费性价比优于 3G，DoCoMo 为 4G 品牌“Xi”用户制定了两款语音套餐：Type Xi Plan、Type Xi Plan Ninen。Type Xi Plan 每月基本费用 1 560 日元，通话 21 日元/30s；对于 Type Xi Plan Ninen 合约用户，每月只需支付 780 日元。同时推出了“Xi talk 24”套餐，合约用户每月支付 1 480 日元，即可享受网内语音随意打。其次是数据套餐，DoCoMo 的 4G 套餐仍然延续 3G 时代的分层计费模式但有所改进，3GB/5GB/7GB 3 档套餐月租水平由 4 700 日元起，超过套餐的流量用户可选择降速至 128kbit/s 或以 2GB 一档为单位叠加流量包，这是 DoCoMo 在综合考虑了 4G 用户对速率与流量需求的基础上的定价策略，既增加了单个用户的 ARPU，又实现了对重度流量用户的控制与约束。按照 DoCoMo 披露的数据显示，4G 用户的 ARPU 相对 3G 而言，有 3.5%～5% 的提升。

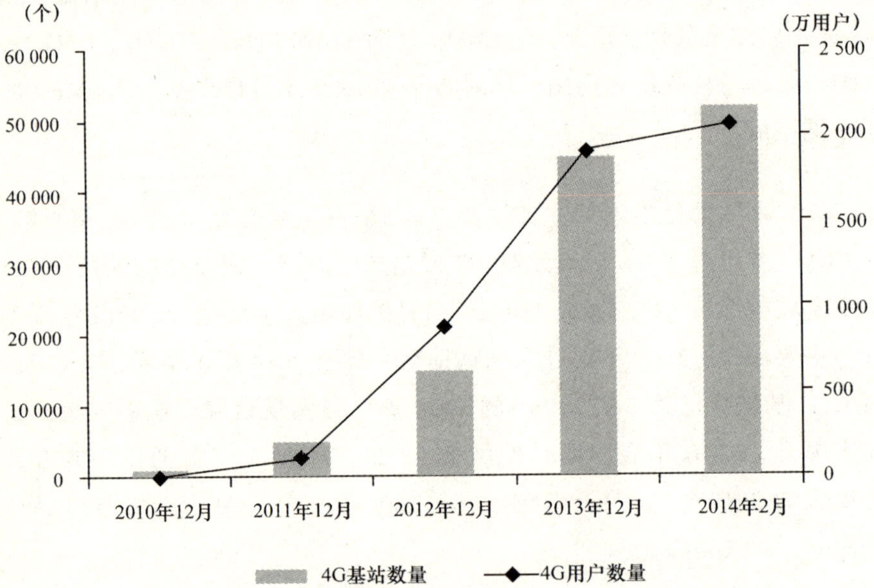

图 3-11　DoCoMo 的 4G 基站与 4G 用户增长情况

综合而言，无论是语音套餐还是数据套餐，DoCoMo 的 4G 的月租门槛均低于 3G，平均单价相当，再加上 4G 的速率优势，吸引了不少 3G 到期的合约用户向 4G 迁移。

在业务体系搭建方面，DoCoMo 也利用 LTE 的高速化、大容量与低时延的特点对原有的移动业务进行提升与完善。DoCoMo 从 2G 时代的视频、音乐、游戏的内容业务，到 3G 时代向位置、安全、移动支持为代表的个人助理服务转变；进入 4G 时代，DoCoMo 提出围绕用户生活需求，全方位提升用户智能生活体验，包括"dmenu"门户网站、"dmarket"应用内容商店、"i-concier"位置信息服务、数据安全中心、语音代理业务、记忆收集、医疗健康保健服务等，从多个需求层面推动用户使用数据业务；另外，基于高速的 LTE 网络，推出 NOTTV 流媒体电视服务，推动 LTE 时代多媒体服务体验的提升。

3.3.3 KDDI 利用组合服务谋求竞争优势

原 CDMA 运营商 KDDI 选择了一条与 DoCoMo 略有差异的 4G 升级途径。2008 年，KDDI、英特尔等 6 家公司共同出资成立基于 WiMAX 标准的 UQ Communications，UQ WiMAX 网络定位于 LTE FDD/3G 的"纯数据补充网"；2009 年 7 月 UQ 开始商用服务，提供 WiMAX 高速数据服务。2012 年 10 月，WiMAX Forum 推出"WiMAX Release 2.1"，其最受瞩目的改变即是增加对 TD-LTE 的支持。日本 MIC 于 2013 年 7 月将 2.5GHz 频段追加释出的 20MHz 频谱全部分配给 UQ WiMAX，10 月 UQ 在东京等部分地区启动 110Mbit/s 的 WiMAX 2+（TD-LTE）服务，发布了 Wi-Fi WALKER WiMAX2+（HWD14）便捷式路由器，凭借速率优势，在无线宽带市场占据一席之地。在 FDD 频段方面 ，KDDI 的 4G LTE 服务采用以 800MHz 为主、1.5GHz 及 2.1GHz 为辅的频段，同样通过以主要城市与商业区为中心向外扩展的策略，逐步实现 4G 网络的覆盖与升级。截至 2013 年 6 月初，其 800MHz 频段的 4G 网络（提供 75Mbit/s 最高速度）已覆盖 97%的人口；达到 37.5Mbit/s 速度的 2 100MHz 频段 LTE 网络已覆盖 71%的人口，而峰值速率为 75Mbit/s 的 2 100MHz 频段 LTE 网络则已覆盖 20%的人口。

捆绑服务及组合服务是 KDDI 凸显其综合业务运营商优势的杀手锏之一。KDDI 自 2012 年 3 月推出的捆绑服务"au Smart Value"在 4G 商用后延续，通过与固网及有线电视等指定的固定通信服务组合，来实现 au 智能手机使用费用的折扣，用户可以自行选择智能手机、iPad、家庭宽带、固定电话之间的组合，月租门槛从 0 元起计。截至 2014 年 3 月，通过移动网络方面新增的“au Smart Value”用户达 690 万，而且 Smart Value 对合约新用户的增长具有重要推动作用，其中移动网络新合约用户的 36%均为 Smart Value 用户。如图 3-12 所示，KDDI 的 au Smart Value 用户与 au 智能手机用户呈现同步增长态势。

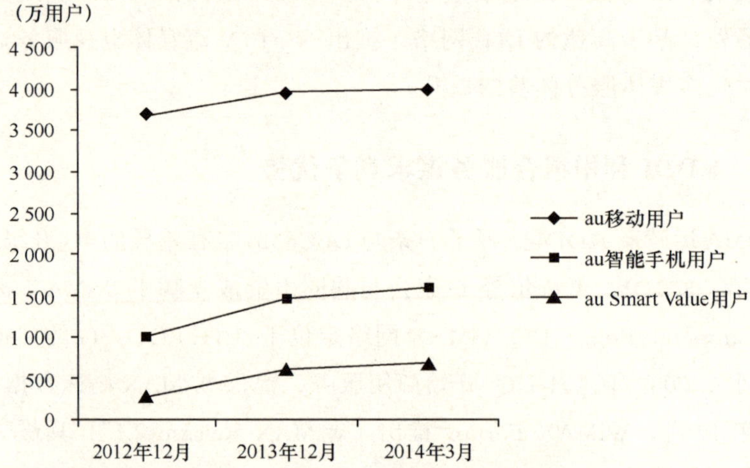

图 3-12　KDDI 移动用户发展情况

数据捆绑服务也是 KDDI 的突出优势之一。KDDI 从 2012 年 3 月开始提供“au Smart Pass”应用合集服务，此服务给用户提供优惠折扣、安全应用、多应用下载、图书下载、视频下载在内多达 500 款应用内容组合，并被预装在 KDDI 的 Android 手机中，每月月租 399 日元。“au Smart Pass”采取运营商向开发商购买应用，然后按月租方式提供给客户的商业模式，扣除购买成本及手续费用以外，KDDI 利润率高达 30%～40%。截至 2014 年 1 月，“au Smart Pass”的用户总数已达到 1 000 万户，且采纳此项业务的用户 ARPU 相对普通移动用户 ARPU，足足提升了 25%，成为 KDDI 的最大业务亮点。

“au Smart Value”和“au Smart Pass”相结合，构成了一个以 au ID 为中心的服务体系，即只要成为 KDDI 的 au 用户，就可以通过 au ID 接入到各类服务应用中去，也为 KDDI 拓展家庭综合服务、移动互联网服务组合提供了无限延伸的可能。

3.3.4 软银以挑战者姿态不断分流市场份额

并购是软银快速渗透日本移动市场份额的手段之一。软银自 2006 年收购 Vodafone KK 进入日本移动市场后，并购行为不断。2010 年注资 PHS 运营商 Willcom，2012 年收购第四大运营商 E-Mobile，跃升成为日本第三大运营商，也获得了相应的频谱资源及网络用户资源。如果合并旗下几家公司的用户规模，软银的市场份额甚至超过 KDDI，直接挑战市场第二位置，如图 3-13 所示。

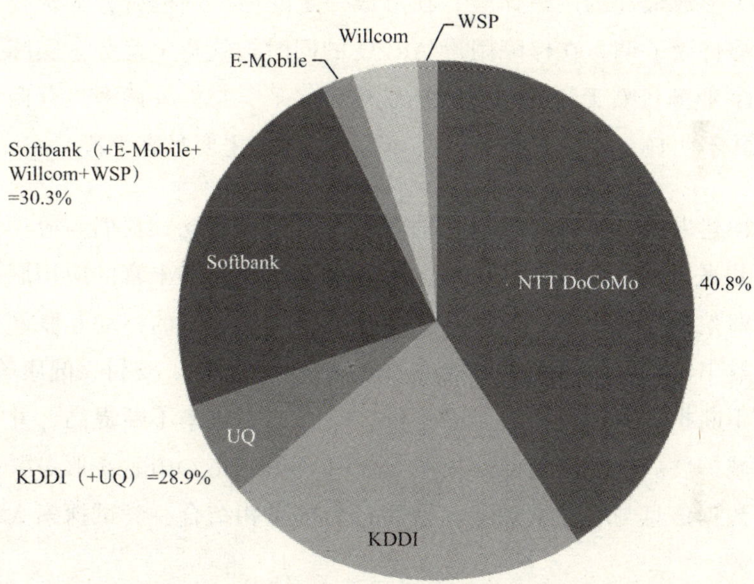

图 3-13　日本移动市场用户份额（2014 年 2 月）

由于并购企业所运营网络制式的差异，软银同时运营 LTE FDD 与 AXGP（兼容 TD-LTE）两张网络，并分别命名为 SoftBank 4G LTE 与 SoftBank 4G。SoftBank 4G LTE 主要面向 iPhone 与 iPad 用户提供 LTE FDD 服务，SoftBank 4G 则主要为 Android 用户提供 AXGP 服务（AXGP 是一种与 TD-LTE 兼容的准 4G 技术）。2013 年 12 月后软银发售的 Android 手机将会同时支持上述两种网络。

4G 是当前软银渗透日本移动市场的重要手段。软银目前已经停止在 3G 方面的大规模投资，将业务重点完全投注在 4G 上。目前其频谱规划是：

除将 1.5GHz 频段上频谱资源用于 3G 网络，其余频谱资源都投入 LTE 网络中，其中将 700MHz、900MHz、1.7GHz、2.1GHz 频段上频谱资源用于 LTE FDD，2.5GHz 频段上频谱资源用于 LTE TDD，而在 3.5GHz 上则进行了基于 LTE TDD 技术应用研究，争取在 2015 年的 3.5GHz 频段频谱资源分配上获取先发优势。

软银认为 4G 启动初期，网络建设与优化会对用户体验产生巨大影响，运营商只有通过持续扩大网络覆盖规模，大幅提升接入速率，才能在用户群中形成最优的用户体验，在形成一定的用户规模后，资费会根据市场形势持续下调，在保障用户 ARPU 的同时构筑竞争优势。实际上软银的 4G 业务资费无论月租门槛还是单价水平，与另外两个运营商相比，差异并不明显，资费不是软银在 4G 运营中的主要吸客手段。

业务构建方面，软银延续 3G 时代的“管道”理念，提倡与应用开发商实现共赢，运营商负责提供最优的 4G 网络，众多丰富的应用服务留给开发商挖掘实现。由于开放合作的理念引导，软银的移动互联网生态体系日益丰富，全面涵盖用户社交、信息获取、娱乐、支付、健康等方面，并且不断扩大形成其内容生态系统，平台成本效率不断提高，并且向新的领域扩展。软银已经开始拓展 O2O（Online-to-Offline）服务，把自有店面数据信息与客户移动通信使用行为信息相结合，尝试探索大数据商业服务。

终端引领策略也是软银主要营销策略之一。在 3G 时代，软银是日本首家引入 iPhone 的运营商，并且是从 iPhone 获益最多的运营商，凭借 iPhone 的明星优势，其新增用户数多次超越 DoCoMo 和 KDDI；进入 4G 时代，软银采取多频次发布中高端机型的方式配合高性价比的组合方案，吸引用户转网。对于业界大热的可穿戴设备，软银比其他运营商先行一步，率先发布配合智能手环 Fitbit Flex 和智能手机的健康管理服务。通过这些明星终端的营销活动，软银在日本消费者心目中形成了移动先锐、潮流先锋的企业与业务形象，对其拓展高价值 4G 目标用户群起到有效促进作用。

第 4 章　4G 运营关键发展策略

从全球 4G 市场发展的情况来看，4G 虽然处于发展初期，但已经具备一定的商用市场基础：3G 用户渗透率超过 40%，数据业务 ARPU 占比超过 30%；用户对移动互联网和视频业务接受度较高。因此，主流运营商 4G 网络部署逐渐加快，用户也开始慢慢接受 4G 的相关概念和业务，但是支持 LTE 的终端仍是 4G 市场发展的瓶颈。

业务、资费、终端是 3G 时代发展的 3 驾马车。4G 时代也不例外。这 3 驾马车要找准方向，则需要品牌的引领及准确的用户定位，并且需要强有力的服务支持和渠道服务能力。当然，网络性能会给所有以上这些运营要素加分。

目前，国内的 4G 发展刚刚起步。厘清 4G 发展较早的运营商在这些关键运营要素上的策略及具体做法，无疑可以在一定程度上为国内运营商的 4G 运营提供借鉴，以期少走弯路。本章就分别从用户聚焦、品牌引领、业务促进、资费优化、终端拉动、渠道提升、服务加强、网络协同这 8 个方面来阐述国际主流运营商在这些关键运营要素上的成功经验。

4.1　用户聚焦

4.1.1　4G 用户聚焦与拓展

从欧美日韩等国家和地区 4G 商用较早的国际主流运营商来看，LTE 商用初期，国际上大部分运营商将 4G 目标用户定位于重度流量用户，即原 3G 用户中的大流量偏好用户；商用 1 年左右后，目标客户群从高流量用户转移至中高端甚至大众用户，具体如图 4-1 所示。

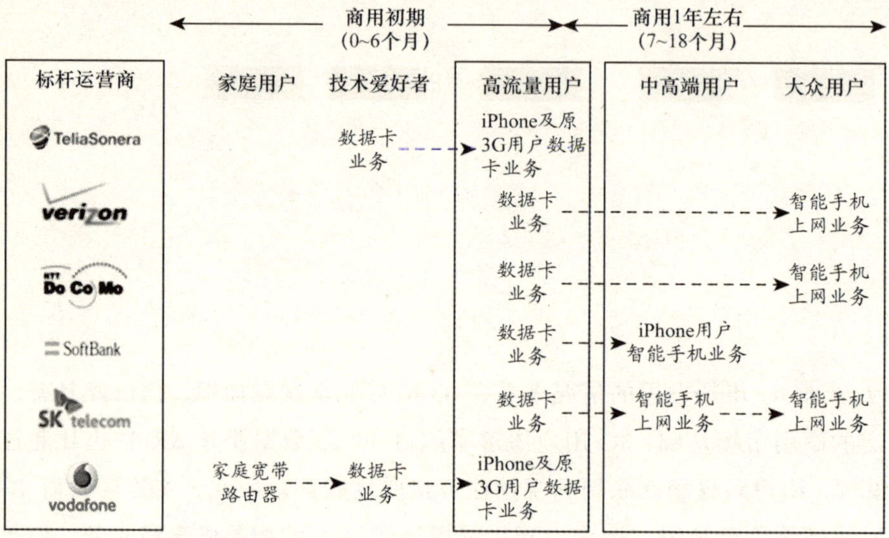

图 4-1　4G 用户迁移路径

比较特殊的是北欧运营商 TeliaSonera 和沃达丰。TeliaSonera 商用初期把目标用户聚焦在移动通信的“技术爱好者”群体；而沃达丰则选择家庭用户和技术爱好者作为其目标用户。

从 4G 启动初期的主推业务来看，由于 4G 的初期目标用户主要是原 3G 用户中的大流量偏好用户，因此，4G 商用初期，国际大部分运营商的主打业务基本都是面向高流量用户的数据卡业务，再逐渐扩展到面向中高端用户和大众用户的智能手机上网业务。沃达丰的目标用户是家庭用户，所以将家庭宽带路由器作为其 4G 业务推广的切入口。

4.1.2　4G 初期用户聚焦与 3G 初期差异对比

4G 发展初期的目标用户聚焦与 3G 初期有很大的不同。总体来说，3G 初期的用户定位更为多样化，而 4G 目标用户则相对较为单一和一致。

国外运营商启动 3G 时，有两个启动方向：一是从企业用户启动，再扩大到个人用户市场；二是从个人用户启动，再推广到企业用户市场。以沃达丰、AT&T 为代表的欧美运营商，均从企业用户市场先启动 3G，启动业务是移动数据卡业务；3G 移动增值业务市场主要侧重对企业用户市场的开发，固移融合业务、移动 E-mail 业务是主要的增值业务。而以 KDDI、SKT 为代表的日韩运营商启动 3G 的切入点与欧美运营商正好相反，是从个人用户开始，将导入阶段的目标客户定位在年轻群体，瞄准原来客户中经常使用互联网增值业务的年轻时尚人群，将他们在互联网（有线宽带）上的消费习惯延伸到 3G 手机上，从而启动整个 3G 市场；启动的业务是音乐下载、定位导航、电子商务、移动游戏、移动搜索等增值业务。

韩国 SKT 是在导入阶段将目标客户定位于年轻群体的典型代表。在 3G 的导入阶段，SKT 将目标客户定位于 20～29 岁的年轻群体，随着业务的发展，不断精耕细作，同时将目标客户群向年长（30～39 岁）、年轻（13～18 岁）的两端年龄段延伸，并逐步进入高端企业商旅客户市场。在发展阶段，SKT 将早期的核心定位在 30～39 岁的次年轻人群，并针对其业务偏好，推出理财、旅游、家庭生活等方面的业务，以配合业务拓展。

表 4-1　　4G 与 3G 启动初期用户聚焦对比

	启动人群	启动业务	拓展人群
4G 初期	原 3G 用户中高流量用户	数据卡业务	中高端用户、大众用户
3G 初期	日韩：年轻时尚人群； 欧美：企业用户	日韩：音乐、导航、手游等； 欧美：固移融合、移动 E-mail	日韩：向高低年龄段两个方向延伸、企业用户； 欧美：个人用户

4.2 品牌引领

4.2.1 国内外主流运营商架构品牌体系的 3 种方式

从国内外主流运营商品牌体系架构方式来看，目前存在 3 种架构方式：一是高度集约的单一品牌体系，即企业品牌和各细分子品牌均使用同一个品牌名称和品牌标识；二是以细分用户群体架构品牌体系，即在企业品牌下，面向不同用户群体采用不同的品牌名称和品牌标识；三是以细分技术架构品牌体系，即在企业品牌下，以移动通信技术演进来划分子品牌，对不同演进阶段的技术冠以不同的品牌名称和品牌标识。其中，高度集约的单一品牌体系是全球领先运营商品牌构建的主流趋势。

1．高度集约的单一品牌体系

撇开 4G 不谈，国际运营商的品牌体系相对比较简单。高度集约的单一品牌体系是全球领先运营商品牌构建的主流趋势。如美国运营商 Verizon，其企业品牌是 Verizon，面向个人用户、企业用户的子品牌均与企业品牌保持一致；而其移动业务也只是在企业品牌后加上 Wireless 的标识，以与固定业务进行区分，这就是我们所熟知的 Verizon Wireless（Verizon 无线）。还有一些知名运营商也采用与 Verizon 同样的品牌结构，如美国 AT&T、德国电信 T-Mobile、西班牙电信 Telefonica、国际运营商沃达丰、日本 KDDI 等。

这种品牌架构有利于整合企业资源并集中投入品牌宣传与推广，能够迅速达成统一的用户认知，品牌运营成本降低。其劣势在于一个品牌面向所有用户群，不易区分细分市场，从而导致细分市场的营销推广缺乏针对性，较难产生细分群体强烈的情感共鸣。

2．以细分用户群体架构品牌体系

把细分用户群体品牌架构体系做到极致的是韩国 SKT。SKT 根据用户年龄和性别将用户划分为 5 个用户群，并且面向不同年龄段的用户推出了各自专属的品牌。针对 13～17 岁的中学生用户推出 ting 品牌、针对 18～24 岁的大学生或刚踏入社会的年轻用户推出 TTL 品牌，针对 25～35 岁的职业人士用户推出 UTO 品牌、针对商务人士推出 Leader Club 俱乐部、针对已婚女性推出 CARA 品牌等，如图 4-2 所示。

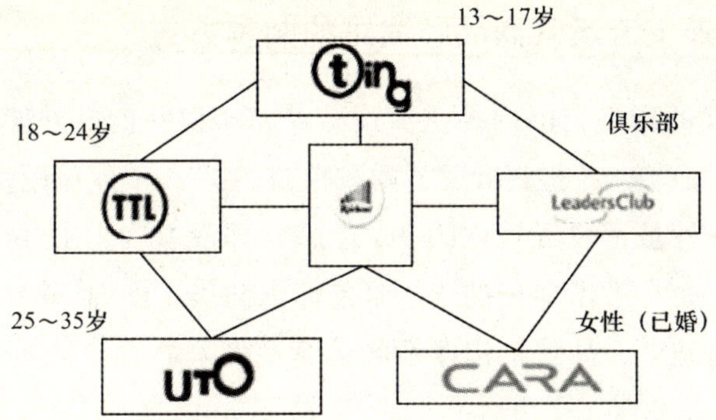

图 4-2　SKT 细分用户群体的品牌架构

后来其细分用户群品牌在此基础上向高、低年龄段延伸，针对 13 岁以下的儿童推出了 Ikids 品牌，针对中老年人推出了 SPEED001 品牌，从而进一步扩大了其以年龄段划分为基础的细分用户群覆盖。

以细分用户群体来架构品牌体系除了年龄段细分方式外，有的运营商还根据用户价值观念和通信消费价值来细分。典型的如国内最大的移动运营商中国移动。中国移动按用户价值的高低以及消费观念，把个人用户分为 3 个细分用户群，并分别以 3 个独立的品牌来覆盖。其中，“全球通”品牌覆盖高端商务型个人用户，“动感地带”覆盖年轻、时尚的年轻用户和学生群体，“神州行”品牌面向价格敏感、通信消费能力较低的大众用户。这种品牌细分方式与 SKT 异曲同工，以消费观念为主要维度进行用户群细分，同时结合了用户的通信消费能力，从而可以基本覆盖较大规模的用户群体。

细分用户群体架构品牌体系的方式除了以上两种之外，还有根据技术演进来搭建品牌架构的方式。具体在本书下面一节 4G 品牌演进的时候会详细分析。

总的来说，以细分用户群体架构品牌体系的方式有其一定的优势，表现在有利于根据细分市场的不同需求来提供差异化服务；并且由于能够清晰且明显地区隔不同用户群，可以对不同品牌下的用户提供差异化的资费方案。这种品牌架构方式不足之处在于品牌间容易相互侵蚀，企业从总体上会付出较高的运营成本。

4.2.2 国内外主流运营商品牌演进的两种方式

随着 4G 时代的到来，国内外主流运营商基于以往的品牌架构体系，在从 3G 到 4G 品牌的演进上出现了两种演进方式：一种是设置独立的 4G 品牌；另外一种是不设置独立的 4G 品牌，并没有因为 LTE 而改变原有的品牌架构，而是推出单独的 4G 业务标识凸显 LTE 业务差异化。大部分运营商尤其是单一品牌架构体系的运营商多采取后一种演进方式。

1．独立 4G 品牌的演进方式

针对 4G 设置独立 4G 品牌的运营商，典型的有：以技术细分来架构品牌体系的 NTT DoCoMo，设置了独立的 4G 品牌“Xi”；国内的运营商是中国移动，中国移动以细分用户群体架构品牌体系，3G 时代推出了独立的 3G 品牌 G3，在 4G 运营伊始，则推出了独立的 4G 品牌“and（和）”。

日本运营商 NTT DoCoMo 针对 2G、3G、4G 业务分别推出了 MOVA、FOMA 和 Xi 3 个子品牌。“Xi”（读作 Crossy）就是 NTT DoCoMo LTE 服务的品牌名称，已经成为和 3G 的“FOMA”同等重要的品牌。“X”意味着“人、物、信息的交融”或“无限可能”，“i”则代表“变革”以及“我”的服务用户的主体；品牌标志“Xi”连接在一起会让人感到将从此诞生的无限可能。其技术演进的品牌架构如图 4-3 所示。

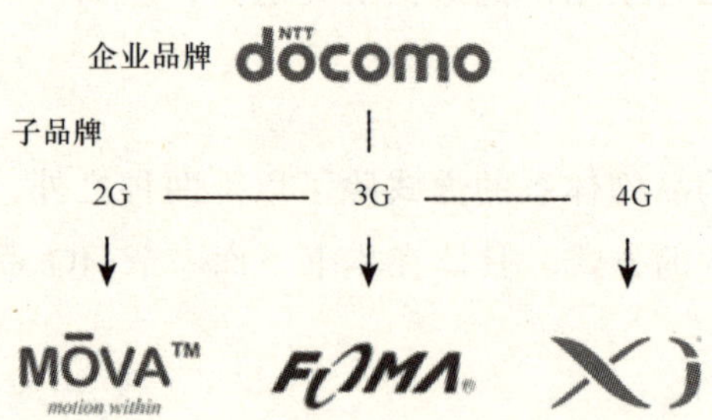

图 4-3 NTT DoCoMo 基于技术的 4G 品牌演进方式

国内运营商中国移动分别针对 3G 和 4G 推出独立品牌，也属于独立品牌的演进方式。中国移动的 4G 品牌名为“和”，品牌整体标识由草绿色的英文词“and”、草绿色的中文字“和”，以及一个玫红色感叹号组成，绿色

部分与之前中国移动企业新 LOGO 中央线条颜色一致。“and 和”的中文“和”，意在相应、相谐，是沟通传意的理想状态，也是移动通信行业发展的源头和存在的基础，还寓意着人与人、人与世界、物与物之间无限的连接。中国移动的“和”，希望呈现一种平等的沟通关系和开放的沟通心态，寓意中国移动将与社会、与用户建立友好、亲密、互信、和谐的关系。

与 NTT DoCoMo 不同的是，中国移动的 2G 品牌是按照细分用户群体来搭建；到 3G 时代推出了独立的 3G 品牌“G3”，4G 时代则推出独立的 4G 品牌“和”。其 4G 品牌演进如图 4-4 所示。

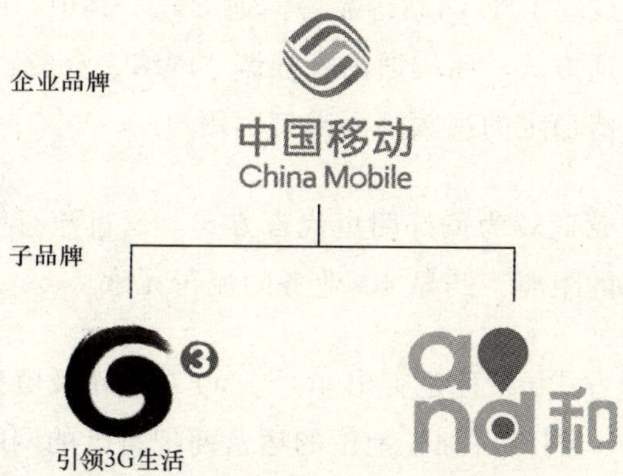

图 4-4　中国移动 4G 品牌演进图示

这种品牌架构方式在品牌发布之初能够突出网络的先进性，尤其是运营商在国内最早推出 4G 品牌时其网络先进性的优势就更为明显；同时以技术区分品牌也使得品牌间的区隔较为明显，方便运营商针对不同品牌下的用户和业务制定不同的资费策略和推广策略，从而利于不同技术间的平滑演进及品牌平稳过渡。但相对于单一品牌架构而言，多品牌运营要付出更大的运营成本。

2．4G 业务标识的演进方式

4G 时代到来，许多运营商并没有因为 LTE 而改变原有的品牌架构，而是推出单独的业务标识来凸显 LTE 业务的差异化。国外运营商如韩国 SKT，美国的 Verizon、AT&T 等；国内运营商中国联通和中国电信也是采取这种 4G 业务标识的方式。国外主流运营商 4G 业务标识如图 4-5 所示。

图 4-5　国外主流运营商 4G 业务标识

虽然大部分主流运营商 4G 没有推出独立品牌而是采取业务标识的方式，但在 4G 宣传与推广方面却丝毫没有放松。总的来说，主要采取明星代言、对比宣传、设立 LTE 网站等品牌沟通方式。其中，明星代言和对比宣传是主要的沟通方式。而沟通内容强调“网络、资费、业务”，用高速流畅的上网及高清稳定的视频画面来打动用户。

韩国和日本的运营商较为偏好明星代言方式。通过流行明星代言来拉近品牌与用户之间的距离，凸显 4G 业务的流行元素。

对比宣传有两种方式，一种是突出 4G 与 3G 在速率及资费方面的对比优势；另一种是 4G 网络占领先地位的运营商把自己的网络覆盖和竞争对手的网络覆盖、网络速度进行对比并广而告之。典型如美国 Verizon，在自己的门户网站把自己的 4G 网络覆盖和主要竞争对手 AT&T、Sprint 进行对比，并毫不隐晦地在电视广告宣传中也突出自己在网络方面的领先优势。

4.3　业务促进

4.3.1　4G 业务的主要特点

从 2G 到 3G，再到现在的 4G，每一次的技术升级都为移动通信产业的发展注入新的活力。2G 时代，主流业务是话音和短信；3G 时代，移动互联网爆发式发展，手机浏览网页、收发邮件、社交、娱乐、金融支付等各类 App 大行其道。那么，得益于 4G 的技术升级，移动通信业务市场又会有怎样的新变化、4G 业务将展现出什么样的新特点呢？

目前来看，LTE 主要特色业务有 4 大类：VoLTE 业务、移动 IPTV 业务、富媒体业务，以及与物联网、云计算相结合的融合性业务。

（1）由于近乎免费的 OTT 语音对用户产生了强大的吸引力，在价格难以比拼 OTT 语音的情况下，电信运营商唯有在语音质量上创新。VoLTE 为新型话音业务如高清语音提供了条件。市场研究公司 Infonetics Research 的数据显示，2012 年到 2017 年 VoLTE 用户数的年均复合增长率预计为 145%；2013 年年底，全球已有 12 张商用 VoLTE 网络和 800 万 VoLTE 用户，其中约 3/4 是在亚太地区，部署 VoLTE 的运营商包括韩国 KT、SKT、LG U+以及美国 MetroPCS、香港电讯盈科（PCCW）等。另外 Verizon、AT&T、NTT DoCoMo 等多家运营商也都制定了明确的 VoLTE 部署时间表，于 2014 年陆续推出商用 VoLTE 服务。

（2）在 4G 时代，移动 IPTV 更加个性化，并提供多元视听体验；比如韩国 SKT，联合韩国最有教育意义和娱乐性的内容提供商向固网和移动用户提供实时直播、点播等内容。

（3）富媒体业务。韩国三大运营商合作提供“joyn.T”富通信服务，期望用以抗衡 OTT。韩国电信 KT 以“T Baseball”应用提供高品质的视频体验，“Mobile B TV”具有 40 个流行频道的高画质内容。

（4）与物联网、云计算结合的融合性业务。随着 4G 网络的建设，用手机在任何地方、任何时间参加视频会议成为可能。进入 4G 时代后，用户可在飞驰的汽车上开高清视频会议；可迅速传输大文件（如 X 光片），为医生远程会诊提供支持，农村社区也将更加容易地建设远程医疗中心，医生可通过视频会议为病患“看”病……丰富的 4G 应用服务让人们的生活更精彩。

从以上 4G 特色业务可以看出，4G 时代是以不同的技术实现基本与 3G 相似的业务形式，但用户体验会更加流畅、更为丰富。那么 4G 时代，这些业务的发展对于整个移动通信产业来说，会表现出什么样的特点及发展趋势呢？

首先，4G 时代，数据业务将成为移动通信业务发展的主要动力。有几项指标很能说明问题：一是 2013 年全球智能手机的出货量终于超越了功能手机，这意味着不出几年，全球大多数用户都将成为智能手机的使用者；相比功能手机，智能手机最主要的特点是具备强大的数据通信能力，智能手机用户规模的飞速扩张将催生出巨大数据流量使用需求；二是 4G 用户对于移动数据流量资源的需求十分惊人；根据 2013 年思科公司的统计，通过 4G 网络产生的流量是非 4G 网络的 14.5 倍；三是数据业务将取代语音、短信业务成为运营商的主要收入来源；根据 Informa 公司的统计，截至 2013 年第三季度，数据业务收入在全球运营商的收入比例已经达到了 36.2%，有 23 家运营商的数据业务收入在总收入中所占的比例已经超过了 50%，详见图 4-6。

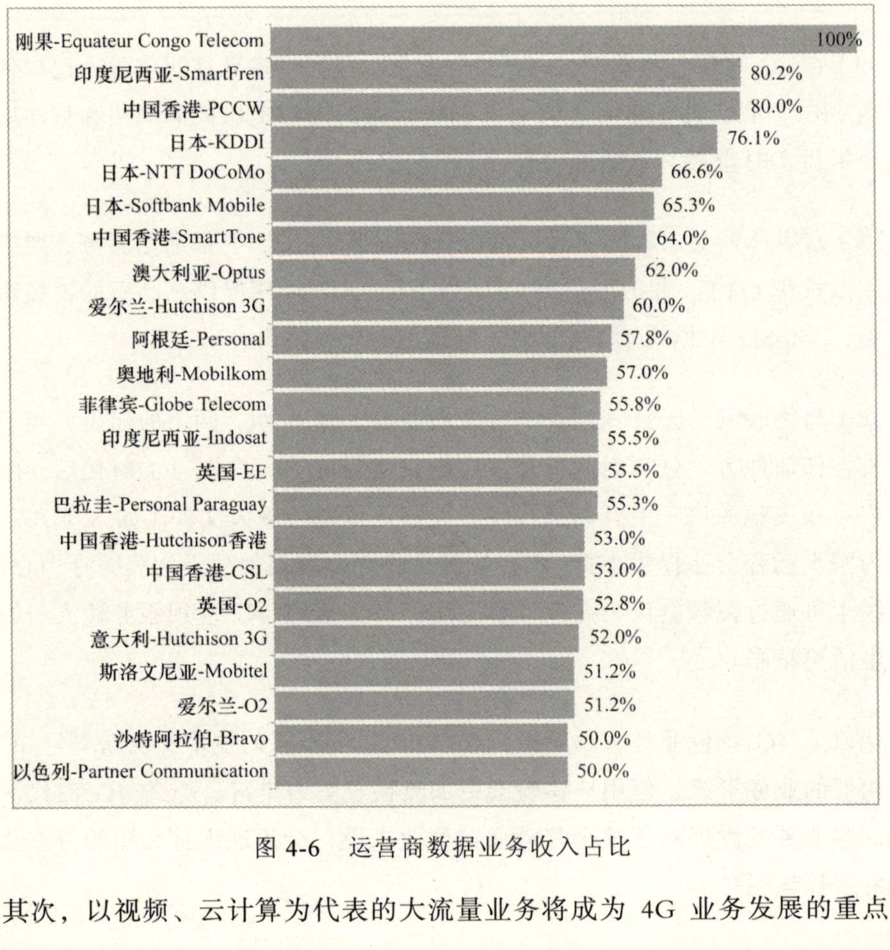

图 4-6 运营商数据业务收入占比

其次，以视频、云计算为代表的大流量业务将成为 4G 业务发展的重点突破口。相比以往的文字、图片、音乐等形式，视频业务的多媒体属性更强、用户体验更为丰富。截至 2013 年底，全球移动视频产生的流量已达到移动数据流量总额的 53%，这反映出移动视频业务巨大的市场空间。而从用户对 4G 业务的期望来看，约 60%的用户认为 4G 业务就代表着大量的高清视频；有高达 80%的 4G 用户会希望在 4G 上使用视频/电视这类大流量业务，如图 4-7 所示。

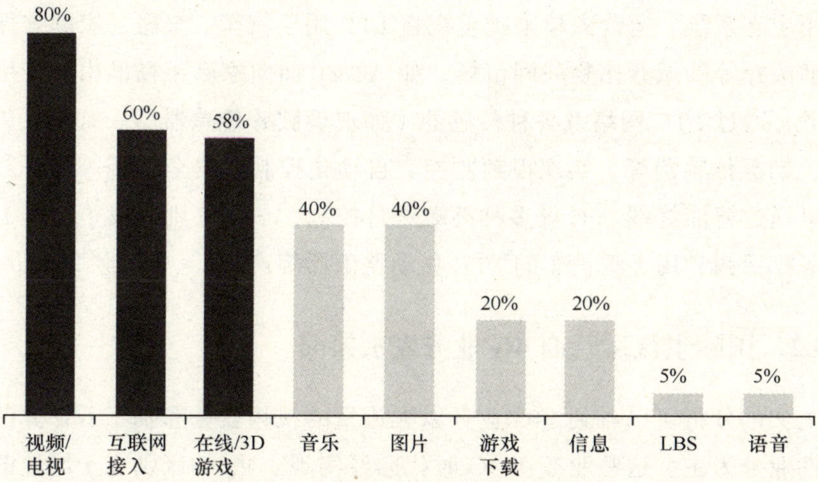

图 4-7　4G 用户对 4G 业务的期望

4G 移动视频业务发展将呈现 3 个重要趋势：一是高清化，在 4G 最为发达的韩国市场，SKT 的移动电视服务的分辨率已高达 1 920 × 1 080P；二是视频内容的极大丰富，在全球范围内，移动视频服务提供商均受到了传统传媒巨头的有意压制，这反而推动了移动互联网原创视频的发展，移动视频企业自制剧市场正在以惊人的速度发展，并涌现出以《纸牌屋》为代表的高质量作品；三是平台化，视频功能在移动购物、移动教育、移动社交等领域的作用正在不断提升，这使得企业可以在未来基于视频业务建立起一种全新的综合信息服务平台；以率先发力的移动社交领域为例，Instagram、Vine 等社交产品的短视频功能，鼓励用户自己拍摄、剪辑、分享 15～30 秒的短视频，获得了强烈的市场反响。

相比于视频业务是将 3G 时代的已有产品发扬光大，云计算业务则更多地代表了业务创新的可能。基于海量图像数据分析的增强现实服务和基于自然语言分析的在线云翻译、语音助手等业务，得益于 4G 网络出色的数据处理能力，将步入实质性发展阶段，成为 O2O 市场重要的发展动力。

最后，4G 业务将与物联网结合，深刻影响未来物联网产业的发展。目前，全球领先运营商纷纷借 LTE 开发新应用新市场，尝试打造自己的物联网应用生态系统。运营商越来越重视将 LTE 用于汽车、金融、家庭安保和移动医疗等领域开拓物联网市场，如 AT&T 面向家庭市场推出数字生活服务，通过 LTE 网络及各种传感器（如玻璃破碎传感器、一氧化碳传感器、烟雾传感器等）实现视频监控、自动化控制及安全告警等服务，用户可通过智能终端、PC 等多种终端进行控制；Verizon 则开发了基于 LTE 的医疗手镯、用于救护车的 LTE 移动路由器等产品。

4.3.2 国际主流运营商 4G 业务发展策略

从上文的分析可以看到，4G 业务以大流量的视频业务和基于云计算的融合性业务为主。这些业务在 3G 时代已经实现。4G 的区别在于网速的提升使得这些业务的用户体验更为丰富、更为流畅。因此，国际主流运营商在 4G 业务的发展上主要是对原有 3G 业务体验的改进和提升，除了基本的连接型业务（手机上网、数据卡业务等），还没有“杀手级”的创新业务出现。

以 4G 发展领先的美国运营商 Verizon 为例，4G 业务依然是基于 3G 业务的 VCAST 多媒体平台提供，聚焦于视频类业务；但在具体业务的用户体验上则有了很大的改进与增强。应用类业务方面，聚焦视频、电视、音乐、游戏业务，对原 3G 业务增强高清性能。例如，在线游戏从单人在线游戏发展到多人实时在线游戏；在线音乐从在线/下载音乐发展到高品质音乐/MV；在线影视从在线影视/特定影视内容订阅发展到高清影视内容订阅；手机电视从热门体育赛事直播发展到提供所有家庭电视节目。接入类业务方面，在原有 3G 数据卡/热点和 3G 手机上网的基础上，增加 4G 数据卡/热点、4G 手机上网，如图 4-8 所示。

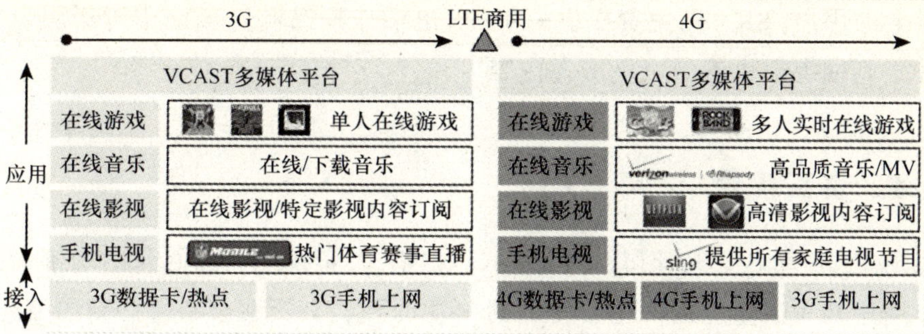

图 4-8 Verizon 4G 业务与 3G 业务对比

在亚洲，运营商所提供的 4G 业务体系相对于 3G 来说更为丰富。以韩国主导运营商 SKT 为例，不仅原 3G 业务在 4G 网络的体验增强，而且提供的 4G 业务种类较之 3G 也有较大的创新。接入类业务方面，与 Verizon 类似，在原有 3G 数据卡/热点和 3G 手机上网的基础上，增加 4G 数据卡/热点、4G 手机上网。语音类业务上，提供基于 LTE 的语音服务即 VoLTE。应用类业务方面，则不仅增强原 3G 游戏、视频、导航业务功能，并且推出 LTE 特有高清电视直播、云服务业务等。如游戏类业务，从 3G 的单人游戏发展到多人高清网络游戏；原 3G 视频通话业务在 4G 网络上则发展为高清视频通话；原 T Map 地图及导航服务在 4G 网络则发展为 T Map 高清地图及导航，具体如图 4-9 所示。

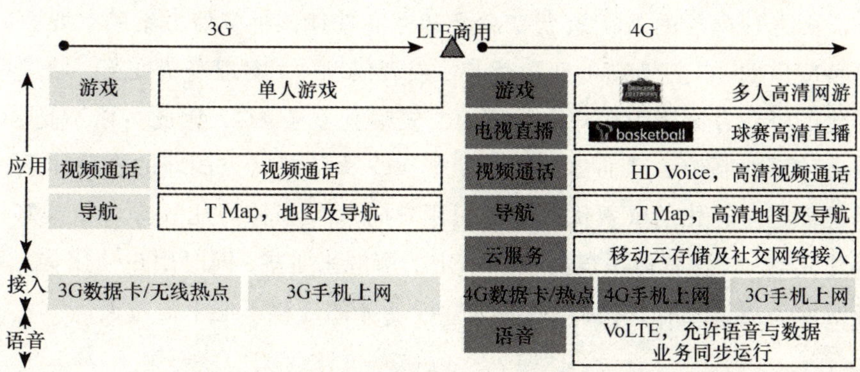

图 4-9 SKT 4G 业务与 3G 业务对比

另外值得一提的是，在 4G 业务方面，SKT 还针对不同年龄的用户群推出差异化服务。面向 18 岁以下用户，SKT 提供 LTE 远程教育服务，使用户免费使用 T Smart 英语学习多媒体内容和其他教育视频。面向 65 岁以上的用户，SKT 则免费提供一年的“电话诈骗保险”。面向中青年用户，SKT 则捆绑提供网游、电影等内容。

4.4 资费优化

无论是 2G 时代、3G 时代，还是 4G 时代，资费都是业务起飞的助推器。以速率和大流量应用为主要特点的 4G 时代，其资费会有哪些新的变化和特点呢？本书将从 4G 资费与 3G 资费的关系、4G 资费设计新特点，以及国际标杆运营商具体 4G 资费策略这 3 个方面来进行分析。

4.4.1 4G 资费与 3G 资费关系

从 4G 资费与 3G 资费的关系来看，目前主要存在两种 4G 资费方案：一是完全独立于 3G 的 4G 资费体系；二是与 3G 采用统一资费体系。选取何种资费模式主要取决于运营商对 4G 的定位、3G 的发展程度、用户迁移迫切性等因素。

4G 资费体系完全独立于 3G 的资费方案在国际主流运营商中较为普遍，其典型的运营商有：日本 DoCoMo、软银，韩国 SKT、KT、LG U+，英国 EE，沃达丰，新加坡电信，PCCW 等。具体表现为用户要使用 4G 业务需要办理单独的 4G 资费套餐。运营商选择该种资费方案的主要原因是希望借助 4G 打造新的竞争优势，或者借助 4G 实现资费变革，通过差异化的资费方案吸引用户。由于 4G 资费独立于 3G，因此可以不受 3G 资费体系的制约，从而建立起适用于 4G 大流量特点的新的资费体系；并且通过差异化的资费优惠，吸引用户向 4G 迁移。凡事有利必有弊。新建立的 4G 资费体系需要投入一定的资源来维护；同时用户使用 4G 业务时需要更换套餐，使得从 3G 向 4G 业务的迁移不能平滑过渡。

4G 与 3G 采用统一资费体系的做法在美国运营商中较为普遍。具体做法是不区分网络制式，语音和数据流量资费基本相同；资费设计一般以终端为导向，根据不同终端来设计不同资费套餐。这主要是由于美国的 3G 市场发展成熟，通过终端合约即可实现 3G 到 4G 的顺利过渡；可以用等同于 3G 价格的 4G 体验，吸引用户迁移。这种资费方案的优点在于资费体系比较精简，且用户使用 4G 服务时不需要更换套餐，可以实现 3G 到 4G 的平滑过渡。但因为要兼顾 3G 资费的延续性，所以很难针对 4G 特点来灵活设计套餐。

独立的 4G 资费体系特点将在下一节进行详细分析，这里以美国 Verizon 为例介绍 4G 与 3G 采用统一资费体系的具体情况及其演变。

（1）Verizon 于 2010 年 12 月正式商用 LTE FDD 服务。当时 CDMA 产业基本上已经停止演进，网络负载重，流量居高不下；同时其高端客户被 AT&T 分流严重；Verizon 亟待将用户迁移到其 4G 网络。于是其 4G 采取了与 3G 相同的资费体系，沿用"语音+流量+短彩信"自由组合的方式。

（2）2011 年 7 月，Verizon 调整数据流量资费，变相提高 4G 手机上网流量资费，使得资费与其高网络质量保持一致。具体来讲：取消了所有不限流量的套餐；智能手机档次按"是否捆绑邮件"改为按"流量多少"进行区隔；智能手机数据流量门槛增高，月费从原来的 29.99 美元提高到 50 美元，套餐内限 5GB 的数据流量；智能手机流量超出部分的计量单位由之前的 MB 改为 GB。

（3）2012 年初，加大 4G 流量的赠送力度。Verizon 推出同样资费下 4G 是 3G 双倍流量的促销政策，进一步吸引老用户向 4G 迁移。

（4）2012 年 6 月，推出新的自由组合套餐模式。将终端、流量、语音以及短彩信打包组合提供给用户，突出语音和短彩信无限量以及多终端共享概念。Verizon 希望通过资费改革创新资费模式，从而吸引新老用户使用 4G。

4.4.2　4G 资费设计新特点

资费设计与用户的消费需求、移动通信市场发展阶段有直接关系。4G 时代，用户需求及其手机使用习惯与行为相对于 3G 和 2G 时代已经发生了很大的变化，因此 4G 的资费设计也呈现出一些不同于 3G 和 2G 的新特点，最根本的变化是：流量和终端成为 4G 资费设计的核心元素，且更加突出对流量价值的保护。

2G 时代，用户的主要消费诉求是通话分钟数，短彩信也使用较多，而流量的使用较少，运营商一般侧重用户手机上网习惯培养，因此资费设计的驱动元素是语音。资费结构上以捆绑套餐为主，语音分钟数为套餐档次的主要区隔，赠送一定的数据流量和短彩信等内容。资费设计的主要特点是语音共享，且该模式较为普遍。

3G 时代，语音和流量都是用户的刚性需求，但不同用户对语音和流量的需求程度有较大差异，且用户终端多样化，固定的套餐很难匹配用户多样化的个性需求，因此资费设计的驱动元素是语音、流量并行。资费结构上，出现话音、流量、短彩信相分离的自由组合方式，给用户更多的选择权；同时捆绑套餐与自由组合套餐并存。这一时期，流量资费经历了不限量封顶到限量封顶的过程；流量资费模式由单一封顶费率向双阶费率转变；流量资费由简单向用户细分转变；"语音封顶随意打"崭露头角；"定向流量包"不断出新；"随意玩"，即闲时上网优惠一度成为竞争热点。

4G 时代，话音需求饱和，流量成为用户的刚性需求，不同终端的流量消耗能力和用户使用行为差异大，流量成为资费设计的核心驱动元素。从资费结构看，套餐主角由话音变成流量；流量大小成为套餐档次的主要区隔，语音和短彩信等成为套餐辅料；终端成套餐分档定价的第一维度；自由组合套餐与捆绑套餐并存。4G 发展初期，由于不同运营商对 4G 的定位、市场地位等方面的影响，针对手机终端形成 4G 独立资费和与 3G 相同资费两种方案，而针对数据卡类终端则均推出独立于 3G 的资费套餐。除此之外，4G 时代的资费设计还具有以下特点：4G 商用初期流量套餐门槛多数略高于 3G；基于不同终端类型、不同速率的流量差异定价模式越发普遍；数据流量多终端共享套餐不断涌现；超额流量普遍采用限速、大颗粒计费、叠加包等；语音"封顶随意打"成趋势，但多数有条件限制；等等。

综上所述，4G 资费相对 3G 和 2G 特征明显，具体参见表 4-2。

表 4-2　　4G、3G、2G 资费设计对比

时期	用户消费诉求	驱动因素	资费设计特点
2G	用户的主要消费诉求是通话分钟数，短彩信也使用较多，而流量的使用较少，运营商一般侧重用户手机上网习惯培养	语音驱动	（1）以捆绑套餐为主； （2）语音分钟数为套餐档次的主要区隔，赠送一定的数据流量和短彩信等内容； （3）语音共享模式较普遍
3G	语音和流量都是用户的刚性需求，但不同用户对语音和流量的需求程度有较大差异，且用户终端多样化，固定的套餐很难匹配用户多样化的个性需求	语音、流量双驱动	（1）出现话音、流量、短彩信相分离的自由组合方式，给用户更多的选择权； （2）捆绑套餐与自由组合套餐并存； （3）“语音封顶随意打”崭露头角； （4）“定向流量包”不断出新； （5）“随意玩”，即闲时上网优惠一度成为竞争热点
4G	话音需求饱和，流量成为用户的刚性需求，不同终端的流量消耗能力和用户使用行为差异大	流量驱动	（1）套餐主角由话音变成流量； （2）流量大小成为套餐档次的主要区隔，语音和短彩信等成为套餐辅料； （3）终端成套餐定价第一维度； （4）超额流量普遍采用限速、大颗粒计费、叠加包等； （5）语音“封顶随意打”成趋势

整体来看，运营商对于 4G 业务资费出现了两个明显的变化。

一是取消无限量流量资费方式。在 3G 时代，为了刺激用户的使用，很多运营商都为用户提供不封顶、无限量的数据流量套餐，尤其是针对高端用户，但是随着移动互联网流量的爆炸式增长，这种资费对网络的压力越来越大，因此在 LTE 时代，运营商纷纷取消这种资费方式，Verizon、DoCoMo 都抛弃了原来不封顶的资费套餐，改为设置上限、超出按量计费的方式，更符合新形势下的移动数据业务发展。

二是淡化话音资费，强化数据优惠。LTE 时代，运营商均有意淡化 LTE 业务组合套餐的话音资费。语音资费部分相对 3G 或没有变化，如美国运营商的话音包月套餐多年没有改变；或组合套餐竞争的焦点完全是 LTE 数据业务，不涉及话音。

4.4.3　国际标杆运营商 4G 资费策略

本节主要介绍日韩主导移动运营商 DoCoMo、SKT 的 4G 资费策略。

1．DoCoMo：以区别于 3G 的单一费率封顶包月、语音不限量等差异资费模式，重塑移动市场竞争优势

DoCoMo 于 2010 年底正式商用 LTE。LTE 商用前日本 3G 业务早已进入成熟期；尤其 2006 年 10 月携号转网政策出台后，DoCoMo 在 3G 市场的地位不断下降，用户份额 3 年下降 5%，跌至 50.8%。因此，DoCoMo 迫切需要借助 4G 来打造新的竞争优势，保持其在移动市场的领先地位。

2010 年 12 月，DoCoMo 推出 LTE FDD 业务“Xi”，采取独立 4G 资费方案。该资费方案沿用单业务自由组合的资费模式，语音、流量打包无限量使用；所不同的是，由 3G 时代双层包月制的数据业务资费模式改为更为优惠的单一包月计费模式，且打折推广期内不限制使用流量，用户每月仅需支付 4 410 日元。该资费方案一直持续到 2012 年 4 月。

2012 年 5 月，DoCoMo 上调流量资费，设置流量超出限速或叠加包；用户需每月支付 5 985 日元，可以不限量上网（不限终端），但超过 7GB 流量后，用户可以选择限速或者叠加包的方式；同时 4G 语音网内不限量。

以这种 4G 语音不限量，数据流量超限后限速的方式，DoCoMo 重塑了在移动市场的竞争优势。截至 2013 年 2 月，其 LTE 用户总量突破 1 000 万，较 2012 年 8 月的 500 多万用户翻了一番。

2．SKT：推出独立的 4G 资费体系，并辅以多种促销政策吸引 3G 中高端用户快速迁移

SKT 于 2011 年 7 月商用 LTE FDD。当时面临的形势与日本 DoCoMo 类似，国内 3G 业务发展成熟，但移动用户 ARPU 在逐步下滑。因此，SKT 将 4G 定位于中高端用户，强调目标用户快速迁移到 4G 网络。

在这种背景下，SKT 的 4G 采取独立资费体系，并沿用 3G 时代的“数据+话音”捆绑销售方式。其 4G 基本资费包括：一个通用系列；两个针对细分市场的系列，一种是根据通信对象（如情侣）划分，另一种是根据用户年龄划分。同时，SKT 持续推出各种优惠政策，如入网费用优

惠、视频通话费优惠、数据容量赠送等。其 4G 资费与 3G 相比，语音价格与 3G 保持一致，4G 流量设限，具体参见图 4-10。

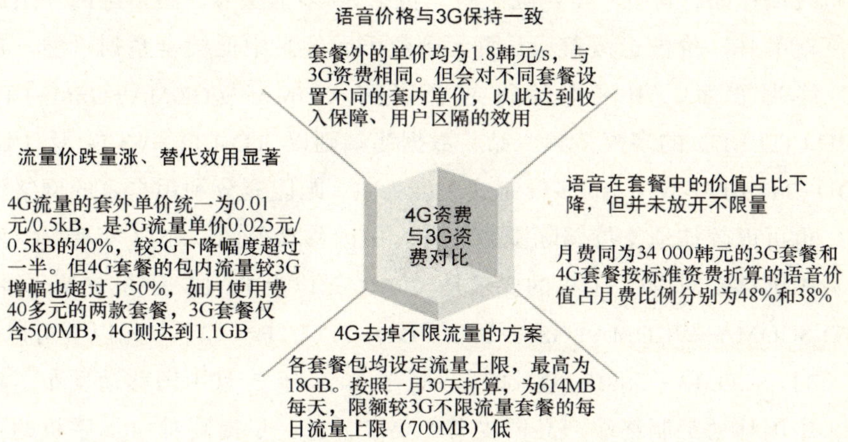

图 4-10　SKT 4G 资费与 3G 资费比较

经过 4G 的资费策略调整，SKT 取得了显著的市场成绩：新增市场份额保持领先，2012 年 Q3 为 50.2%；2012 年 Q2 实现 ARPU 转降为升；2012 年 Q3 的收入同比增长 2%；80%以上的 LTE 新增用户使用 62 000 韩元及以上档位的套餐，高于 3G 高端套餐用户的占比。

4.5　终端拉动

1. 加强 4G 终端多模多频多制式能力

全球 2G 和 3G 网络已经发展多年，大部分运营商已建成非常完善的网络，并拥有数量庞大的用户基础，如何通过多模方式增加终端覆盖范围并获得更多的用户群和更优的体验，成为 4G 运营商必须长期面对的现实课题，运营商的 4G 终端战略由此也会更加突出多模多频多制式的支持能力。

在国外，4G 运营商从一开始就强调移动终端尤其手机的多模多频多制式支持能力，据 GSA 的统计，截至 2014 年 3 月已经上市的 636 款 4G 手机中，100%兼容 2G 网络，99%兼容 3G 网络，其中 36%更可支持 HSPA+等 3G+技术。在国内，三大电信运营商借鉴了国外 4G 经验，并通过实际资源投入加强4G手机的多模多频多制式支持能力。2014年4月中国电信推出“全网通手机”系列，在国内运营商中率先以品牌化经营多模手机终端产品，首批“全网通手机”包括80多个型号，涵盖国内外主流的终端品牌，价位也覆盖从几百元到数千元的高中低档全系列机型。在4G终端方面，中国电信将部署诸如CDMA+WCDMA+GSM+LTE FDD+TD-LTE的多模多频产品，数据终端则以TD-LTE+Wi-Fi及LTE FDD+TD-LTE+Wi-Fi的多模制式组合为主，既能充分利用自家的网络资源，也可以较佳地支持国际漫游业务。中国移动方面，2013年底4G发牌后中国移动对4G手机的要求是2 000元以上的4G手机支持5模（TD-SCDMA+WCDMA+GSM+LTE FDD+TD-LTE）、2 000元以下可以3模（TD-SCDMA+GSM+TD-LTE），而在2014年3月中国移动发布了新的《中国移动定制终端产品白皮书》要求，进一步提高对4G手机的要求，未来4G手机要进入中国移动的终端采购库至少需要兼容GSM/WCDMA/TD-SCDMA/TD-LTE/LTE FDD 5种网络制式。中国联通方面，2014年3月中国联通公布了4G/3G一体化终端策略，其4G手机至少将支持TD-LTE/LTE FDD/WCDMA/GSM 4种制式，并会投入资源组织更多芯片厂商发布4模解决方案，引导终端厂商首选4模终端产品。

2．丰富手机终端品种，不断提升产品性价比

由于终端越来越成为用户选择移动通信服务的第一产品，4G终端的丰富性将直接影响用户对4G业务成熟度的判断和最终的购买选择。国外4G商用初期，4G手机曾面临待机时间短、价格高、款式少等问题，影响了用户的发展。根据GSA的统计，在2011年2月，全球4G终端仅有63款，而且其中没有手机；2012年1月4G终端增加到269款，但可以商用的4G手机仍仅有数款。经过数年运营商和终端厂商的共同努力，目前4G手机技术已经成熟，价格也稳步下降并可以进入到200美元以下。根据GSA的统计，2012年11月4G终端增加到83个厂商的560款，其中手机151款；2013年7月4G终端增加到100个厂商的948款，其中手机316款，比2012年11月翻了一番；到2014年3月4G终端进一步增加到154个厂商的1 563款，其中手机636款，比2012年11月又翻了一

番，并占全部 4G 终端型号的 40%。可以预计，随着全球 4G 市场进一步提速，4G 手机将更加丰富，未来新上市的 4G 终端中，手机有望占主流。

在国内，由于 4G 牌照 2013 年 12 月才发放，而且仅发放了 TD-LTE 牌照，目前国际上主流的 4G 制式 LTE FDD 牌照发放则尚缺乏明确的时间表，因此，无论是终端厂商还是运营商，4G 终端尤其手机的准备和供应仍处于起步阶段，其品种和款式跟 3G 相比差距较大。图 4-11 显示了 2013 年国内 3G 智能机市场各价格段的机型数量及销量分布。

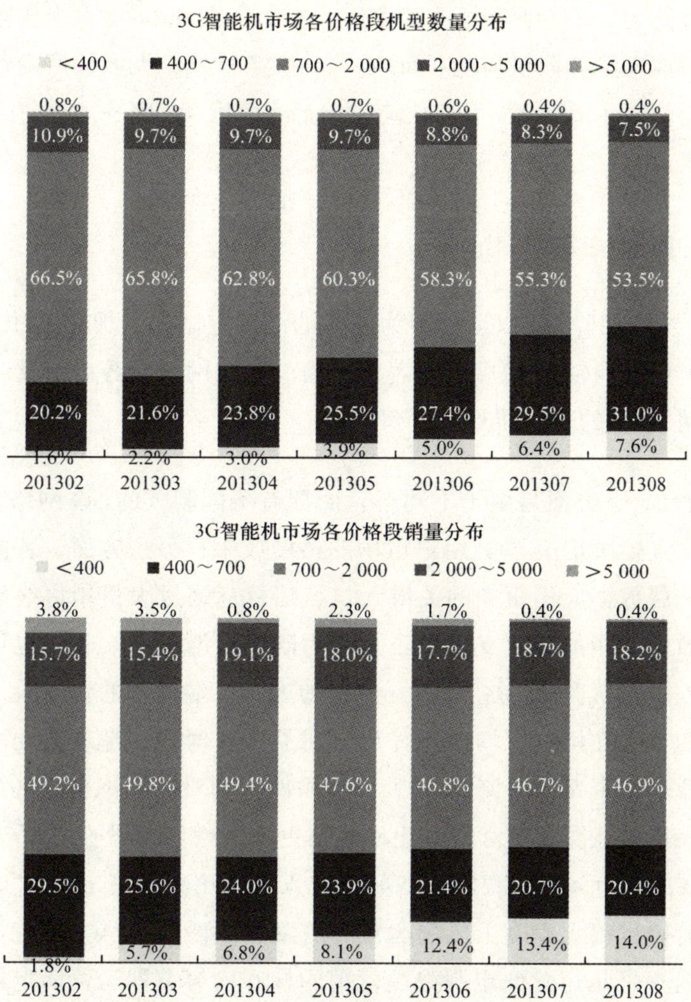

数据来源：赛诺

图 4-11　2013 年 2～8 月国内 3G 智能机价位发布

正是看到了 4G 终端的这一劣势，终端厂商和运营商正紧密合作，争取在 2014 年内实现 4G 终端迅速丰富起来，例如，中国移动争取 2014 年底前新上市 4G 手机累计达 200 款，占该年新上市手机款式 50%以上，而数据终端型号则超过 50 款。除了终端丰富性外，终端的价位和性价比也会影响到 4G 的普及速度。性价比高的千元手机一直是国内手机市场主力，千元智能机曾经是 3G 手机普及的重要"利器"，随着未来 4G 终端布局逐渐走向多元化，市场上除了需要高端产品去满足高端市场用户需求之外，更需要大量面向普通消费者的千元 4G 产品，预计千元 4G 手机将成为中国迈向 4G 时代的重要推动力量。然而，在 2014 年上半年除了个别国内厂商推出了有限供应的千元 4G 手机型号外，大多数厂商仍然处于观望状态。预计千元 4G 手机快速发展后，国内 4G 服务才会进入高速增长阶段。

3. 加强 4G 终端定制营销

从 3G 的发展经验看，以运营商为主体的终端定制大大加速了 3G 的发展和普及。预计 4G 时代后，随着渠道商、互联网公司等纷纷介入并加大终端定制，4G 的普及将得到有效提速。

在 3G 时代，一方面是由于不同运营商拥有不同制式的 3G 网络，使得终端的销量直接决定了 3G 用户市场的拓展成果；另一方面，智能手机已经成为扩展数据应用服务的关键入口，运营商通过大量销售终端以实现对自身数据应用的有效支持。正是因为既可以增加终端收入也可以加强流量收入，运营商从 3G 时代开始就加大对终端销售的资源投入，从而推动智能手机在用户市场快速普及。到了 4G 时代，随着移动网络带宽的增大及单位资费的下降，OTT 等互联网应用对传统电信业务的替代、分流加大不可避免，运营商由此将面临更严重增量不增收的被"管道化"挑战。在这种背景下，智能终端的用户入口作用更加突出，4G 时代智能终端的营销将很大程度上影响运营商的发展，预计在 4G 时代业务捆绑与应用内置仍是运营商定制终端营销的核心内容，即运营商定制终端里面会内置各类运营商希望用户使用并产生黏性的应用软件。

在后 3G 时代，部分终端厂商、渠道商、互联网公司等已经通过多层次的终端定制将自身应用预置到手机终端里面，以加强自身对用户价值的争夺，比较典型的例子有 Facebook 手机、国内京东公司的“JDphone”和小米公司小米系列手机等，其中京东的“JDphone”属于较松散的合作模式，京东向终端厂商采购手机并要求厂商在手机上预置京东客户端，而小米公司的发展则属于软硬垂直一体化模式，小米公司主导完成手机的操作系统研发（目前是对 Android 的二次开发）、应用预置、手机硬件设计/生产/销售等。预计到 4G 时代，非运营商的终端定制行为将更加普遍，消费者也有望从中得到更多的实惠。

4.6 渠道提升

1. 4G 时代，运营商主要从增强实体渠道和电子渠道的用户体验与互动来提升渠道营销推广能力

从 3G 时代开始，移动通信技术的发展演进就已经冲击了传统以实体渠道和呼叫中心为核心的渠道体系。在全球信息技术、网络技术不断发展和广泛应用的推动下，客户使用信息手段方面越来越娴熟，电子渠道已成为电信运营商与客户之间进行各项信息沟通和交易的重要形式，并与客户的生活联系越来越密切。这种大趋势对电信运营商的渠道经营理念构成了强大冲击。因此，在 3G 运营时，以传统互联网、移动互联网、短信、电子自助终端等电子渠道为基础的新兴服务营销渠道，就已经在一定程度上改变和完善了传统的以实体渠道和呼叫中心为核心的渠道体系，逐步成为电信运营商服务营销渠道的发展趋势。

4G 技术并没有带来移动通信业务上的巨大变化，更多的是用户体验方面的增强与提升。由于很多 4G 业务都是基于高网速的大流量服务，如高清视频等，因此 4G 时代下客户对渠道也提出了一些新的要求：不是简单的销售中心，而是一个体验中心。4G 对各类渠道的体验功能提出更高的要求，让用户能够真实体验 4G 网络下各种大流量业务与 3G 的不同。

正是从业务和用户两方面考虑，4G 的到来并没有改变运营商 3G 时代已

经形成的渠道体系，国外运营商大多在现有渠道（包括传统的实体渠道和电子渠道）中增加 LTE 专区以强化用户对 4G 终端、业务、网络的认知及体验。

在实体渠道，国外运营商大多采取设立 LTE 体验专区的做法。由专人向目标用户提供一对一的咨询服务，以达到推广 4G LTE 业务、展示和推广 LTE 手机终端的目的。通过这些做法来强化实体渠道——营业厅 LTE 终端及业务体验功能。

而在电子渠道则通过互联网及社交媒体开展体验及互动。国外运营商均在其官方网站设置专门的 LTE 网上专区，介绍 4G LTE 业务，展示 LTE 终端，以及提供 4G 网络覆盖查询服务等。美国的运营商甚至设置 Facebook 或 Twitter 账号发布最新 LTE 消息，并与用户展开互动活动。

日美运营商实体渠道和电子渠道 4G 宣传侧重点详见图 4-12。

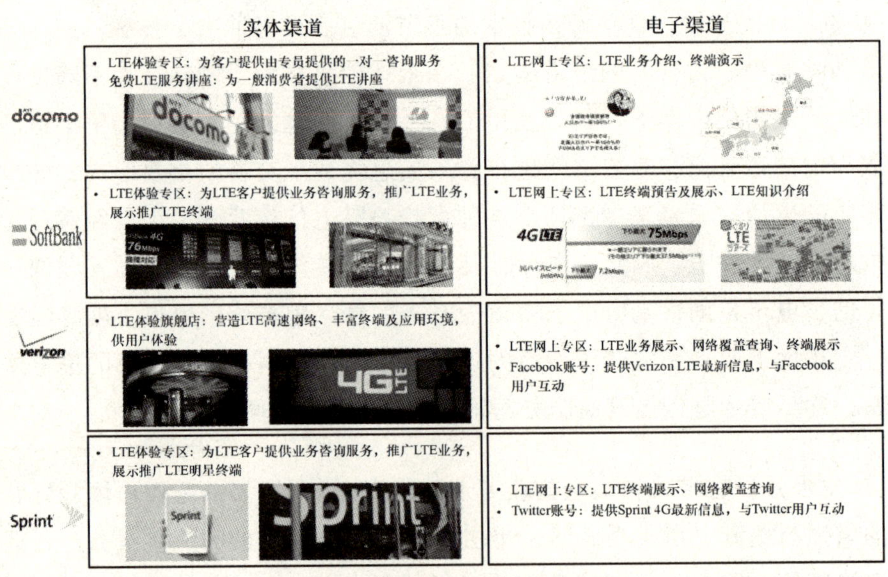

图 4-12　日美主要运营商实体渠道和电子渠道 4G 宣传侧重点

2．4G 时代国内运营商渠道转型策略借鉴

电信运营商进入各种渠道相互协同的一体化运营的创新时代，以客户

为中心的营销体系日渐完善。这种创新以电子渠道的创新表象体现，各种低成本电子渠道创新形态的出现，是低成本，却不意味着低价值，相反会带来运营商更高的客户价值占有。新兴电子渠道作为一个用户可以在任何时间、任何地点用合适的方式都能够触及的、无处不在的营销力量，正在潜移默化中促成电信运营商围绕客户为中心的营销体系的日臻完善。

对今天的电信运营商来说，渠道服务已经不再是一项运营成本，而成了最为重要的竞争优势所在。国外运营商正是利用其极具布点优势的实体营业厅变成了与目标客户进行充分沟通互动的平台，成为其 4G 业务体验、4G 手机终端展示与推广的平台；而将其网上的电子渠道变成了用户了解 4G 业务特性、4G 网络覆盖、4G 终端性能与促销的互动平台。由此可见，移动运营商要充分利用好渠道这项战略资产，就必须重新思考渠道功能、渠道界面、渠道界面里隐含的无缝运转潜能，以及由此而激发出的运营商所能掌控的一股全新整合的营销力量。

因此，移动通信运营商在今后很长的一段时期内的服务营销工作中“一体化渠道创新”会是重要的主题，而从一体化渠道发展的里程来看，目前展现出来的电子渠道应用的“繁荣胜景”也只是“渠道一体化”之路的起点。

4.7　服务加强

本节所讲的服务是指网络保障与专门针对 4G 用户的差异化服务体系。相对 3G 而言，4G 业务主要是在原有 3G 业务的基础上在速率、清晰度、流程性等方面使用户体验更为丰富并得到加强。因此，4G 的网络服务、会员服务体系相对而言就更为重要。

1. 国外运营商从网络覆盖、网络速率、网络可靠性 3 个方面承诺 4G 网络服务

4G 发展初期，运营商和用户的关注点除了 4G 能提供什么样的特色业务

之外，就是 4G 网络的覆盖范围；而 4G 网络上大量的高清视频业务对于网络速度与网络稳定性的要求也逐渐喧嚣尘上。因此，国外运营商为了吸引早期的 4G 尝新用户，纷纷从网络覆盖、网络速率、网络可靠性 3 个方面来宣传自己网络的优越性与先进性；并对具体的覆盖点、上行和下行的网络速率以及网络故障等方面做出了具体的承诺。

美国最大的移动运营商 Verizon 就在广告中公然宣称自己的 LTE 网络性能超过国内所有的竞争对手，包括 AT&T、Sprint 和 T-Mobile USA；称其 4G LTE 网络是真正的 4G 网络，是全美最大的 LTE 网络，以此来影射其竞争对手的 4G 不是真正的 4G 网络，且覆盖范围也远不如自己的网络覆盖广。比如 AT&T 和 T-Mobile USA 将 HSPA+也宣传为“4G”，Sprint 旗下公司 Clearwire 将其 WiMAX 网络宣传为 4G。

除了网络覆盖与网络技术基础，Verizon 还将其自己的 LTE 网络速率与竞争对手做了对比，以表明其 4G 网络是“全美最快 4G 网络、比 3G 快 10 倍，平均下载速率 5～12Mbit/s”。Verizon 发布在自己网站的视频短片中，将自己的 LTE 网络描述为“终极 4G 龙虎榜（Ultimate 4G Throw Down）”，短片展示了 Verizon 使用 LTE 智能手机在全国范围内测试，并同时与其他运营商的下一代网络进行对比，而整个结果都显示 Verizon 的 LTE 网络在速率上始终优于对手的，竞争对手的客户还在短片中发表了感想，称很后悔没有用 Verizon 的 LTE 网络。

面对 Verizon 凌厉且明目张胆的宣传攻势，AT&T 毫不示弱、反唇相讥。AT&T 新闻发言人 Mark Siegel 指出：“这根本就不是一个严谨的速率测试，值得注意的是，当 Verizon 的用户离开 LTE 信号覆盖区，速率立马退回到 3G 水平上。而 AT&T 则完全不同，当我们的用户离开 LTE 覆盖区，他们的速率变化并不大，切换网络是我们的 4G HSPA+网络。HSPA+网络的速率比 3G 快 4 倍，这足以说明 AT&T 用户使用的是美国最大的 4G 网络，用户体验更好。”

AT&T 不仅宣称自己的 4G 网络是美国最大的 4G 网络，而且还在广告中声明 AT&T 的 4G HSPA+网络速度比 3G 快 10 倍，并能为 iPhone 5 提供最快的下载速度。

运营商的宣传热点同时也成为 4G 发展初期用户对 4G 服务的投诉热点。尽管运营商在网络覆盖、网络速率及网络可靠性等方面纷纷宣传自己的网络优于竞争对手，但 LTE 网络初期由于覆盖、多网切换等问题将导致用户投诉增加，对运营商的网络故障定位、终端故障诊断能力等均提出严峻挑战。

网络覆盖方面，虽然运营商在各自官方网站都以地图的方式显示其 4G 网络覆盖范围，但由于一些用户还是不太清楚 4G 覆盖情况，经常出现信号接收不稳定、需手动调整网络的问题，从而引发频繁投诉。韩国 LG U+甚至因为无线数据网断网事态（断网达 10 小时），向有关用户支付相当于数据定额制一天基本费用 9 倍的赔偿金，总额达到 200 亿韩元（约 1 800 万美元）。而在网络速度方面，网络实际速率远低于承诺速率也引发用户投诉。如 AT&T 推出的 Atrix 4G 手机上传速度仅 300kbit/s，远低于承诺的接近 4G 的速度，而接连受到用户投诉。在网络可靠性上，Verizon 的 LTE 网络在 2011 年 12 月发生 3 次中断，用户不得不连接到较慢的 CDMA 网络，从而也导致用户大量投诉。这些案例和教训，都为中国的三大运营商在 4G 发展初期提供了很好的借鉴。

2．国外运营商设置独立的 4G 会员服务体系，提供高品质、差异化的会员服务

在 4G 会员服务上，韩国运营商的服务体系化最为明显和清晰。在原会员服务体系的基础上，针对 4G 用户设立了独特的 4G 会员服务。

韩国主导运营商 SKT 的独特 4G 会员服务是：针对 LTE 用户承诺 5 项约定，通过差别化的服务营造幸福的 LTE 世界。这 5 项约定中有 3 项是关于终端服务，两项是关于增值服务的。

服务约定 1——幸福 A/S 计划：LTE 用户终端修理费用折扣，终端修理期间提供替代终端；目前 SKT 有 33 个 A/S 服务中心。

服务约定 2——远程终端诊断服务：在客户发出请求的情况下，客服可远程操作，诊断客户终端状况。

服务约定 3——LTE 用户专属终端折扣优惠：LTE 用户享受特有的终端购买折扣优惠。

服务约定 4——T-Membership 会员待遇：4G 用户可以在 295 家联盟商家与 13 901 家加盟店享受特别优惠待遇。

服务约定 5——数据业务漫游：SKT 的 4G 用户，可以在 55 个国家以与国内同样的速率使用数据业务。

SKT 的 4G 会员服务体系详见图 4-13。

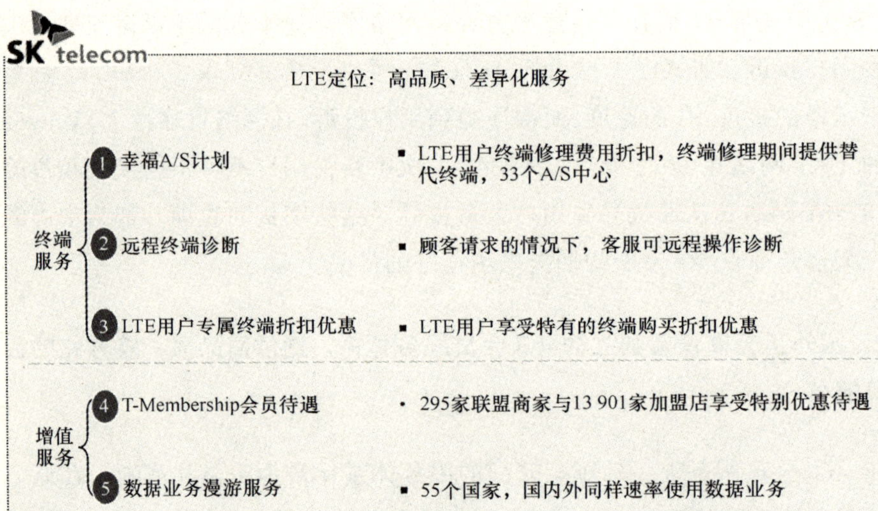

图 4-13　韩国运营商 SKT 独特 4G 会员服务体系

3．国内最大运营商中国移动新老用户提供快捷办理 4G 服务通道

从国内运营商来看，目前中国移动从宣传到服务均做得风生水起。从营业厅、客户经理、服务热线、电子渠道等多渠道入手，提供全方位、立体化服务，方便用户办理 4G 业务。

4G 服务体验专区：在实体营业厅，开设 4G 服务体验专区，4G 终端专人导购，给用户便捷的服务体验。

“两不一快”便捷服务：针对在网用户转 4G，中国移动为在网用户提供不换号、不登记，只需快速换卡的“两不一快”便捷服务。老用户只需要有一台支持移动 4G 网络的手机，并且到营业厅更换一张 4G 专用的 USIM 卡，开通 4G 服务即可；或者也可在网上营业厅换 4G 卡，两步就能搞定：首先，登录网上营业厅在线登记换卡信息，随后中国移动会将新卡邮递给用户；用户在收到 4G 新卡后，使用原有 SIM 卡发送短信 JH4GK 到 10086 进行 4G 新卡的激活即办理成功。

专席服务，足不出户享 4G：10086 客服中心正式开通 4G 专席，可为客户提供 4G 相关问题的咨询、预约换卡、套餐推荐及办理、终端销售、争议处理等服务。

中国移动通过充分利用原有的服务渠道，如营业厅、客户经理、10086 服务热线、电子营业厅等搭建系列 4G 服务专区，通过全新的 4G 服务新举措，给用户使用 4G 或者 4G 转网提供了最大的服务便利。而国内其他两大运营商中国联通和中国电信，因 4G 牌照网络制式限制，目前在 4G 服务方面暂时还处于摸索期。

4.8　网络协同

1. 充分利用现有资源，加速部署精品型 4G 无线网络

全球 2G 和 3G 网络已经发展多年，大部分运营商已建成非常完善的网络，并拥有数量庞大的 2G/3G 基站站址储备，因此，国外 4G 运营商都尽量利用现有资源快速向 4G 进行升级演进，加速 4G 网络覆盖的进度。

Verizon 和软银采用了共享网络基站和基带资源的方式节省建网成本。Verizon 基于“LTE TDD 与 cdma2000 的 2G/3G 网络融合带来的问题多于利益”的考虑， 新建的 LTE 网络与 2G/3G 网络基本独立，但仍采取了

共享基站站址、部分基站端共享天线而不共享核心网的方式，节约建设成本。软银在站址选取方面，利用了 PHS 网络的站址，并针对日本光纤资源丰富的特点，采用了集中放置基站控制器的办法，实现了基带资源的共享。

在竞争对手 Verizon 主打 LTE 覆盖优势牌的情况下，AT&T 凭借优质的 LTE 与 HSPA+的混合网络，向用户强调“高速而连续的服务体验”：即使离开了 LTE 网络覆盖的区域，用户依然可以通过 AT&T 优质的 3G 网络获得高速的网络体验。AT&T 的投资计划还综合考虑了有线和无线网络的发展和协同，促进了新业务领域的拓展。

与 AT&T 被迫跟随发展 LTE 不同，NTT 为保持市场领先地位主动出击，率先于 2010 年底推出 LTE 业务，覆盖东京、名古屋和大阪 3 个主要城市。NTT 的网络建设分步进行：2012 年覆盖 40%的日本人口，并关闭 2G 网络；2014 年和 2015 年分别覆盖 70%和 98%的日本人口；2016 年推出 LTE-A 服务。通过加强中高速数据业务分流引导，充分利用 3G 网络承载部分话音和移动数据业务，NTT 进一步提升了网络之间的流量协同承载能力，在较长的 LTE 建网周期中仍然给客户带来了良好的网络体验。

另外，4G 运营商初期通常重点覆盖城区热点、口岸、机场、地铁、商场、CBD、成熟型小区等用户密集区域，同时加大热点区域室内覆盖，并结合 WLAN、固定宽带建设以及 Pico、Femto 等异构网网元的应用，加强重点热点区域的室内分布系统建设，构建面向数据业务运营的立体覆盖移动数据网络，以提升 4G 用户的体验。

虽然 4G 具有灵活的资源配置算法、更高的频谱效率和更好的移动互联网适应性，但大流量的数据业务尤其是视频电话、高清视频监控、多用户视频会议等仍对 4G 网络产生很大的影响，因此 4G 运营商在网络运营中不仅密切关注各类型业务的发展状况及其对网络资源的消耗，而且开展精细的频率与时隙配置优化，在必要时结合资源调度优化算法，将该类型的业务分配到专用频谱中，规避业务间的冲突，以提供更佳的 4G 业务体验。

2．采用合适的 4G 话音网络方案

由于 4G 网络是基于包交换的传输网络，不支持传统的电路交换（Circuit Switch，CS）数据传输，传统语音通话和短信业务是 4G 网络的软肋。针对这个问题，目前业界为 4G 网络下实现语音通话功能主要提供了 3 种技术方案：SGLTE/SVLTE（2G/3G 跟 4G 同步并发）、CSFB（Circuit Switched FallBack，电路域回落，即在语音通话的寻呼过程，4G 网络会自动断开，切换到 2G/3G 网络，在进行通话业务的同时，数据业务也会被断开）和 VoLTE。不同 4G 运营商根据自身网络基础、终端供应、财务实力等选择了不同方案：

（1）SGLTE/SVLTE 是语音通话通过 2G/3G 网络、数据通过 4G 网络。这是主要基于移动终端的方案，对网络无特别要求，缺点是终端成本较高、耗电高。通常是 2G/3G 网络规模大又不希望对 2G/3G 网络进行大规模升级、改造的运营商采用这种模式，如美国的 Verizon。

（2）CSFB 是指终端平时在 4G 网络中待机，当需要拨打或接听电话时，再回落到 2G/3G 网络通道中。这是主要基于网络改造的方案，对终端的要求相对 SGLTE /SVLTE 低，缺点是对现有 2G/3G 网络改造可能较大。通常，那些可以接受对现有 2G/3G 网络进行改造的 4G 运营商采取这种模式，如大部分 3G 采用 WCDMA 制式的运营商，以及 CDMA 运营商中的日本 KDDI 等。

（3）VoLTE 就是语音通话和数据业务都在 4G 网络内完成，这是 4G 语音通话问题的最终解决方案，但目前还不太成熟，仅有韩国 SKT、KT、LG U+等少数运营商投入了小规模商用。

3．加强 4G 分组网与业务网的发展

不同于 2G/3G，4G 网络采用了全分组架构，即从无线子系统到核心网子系统都采用分组化的接口，以更好地承载数据业务，因此国外 4G 运营商在组网过程中都考虑了分组化的要求，加强业务质量控制、路由与

IP 地址设计、流量预测与负载均衡等方面的规划设计，尤其需要在传送网设计方面选择合理的策略和方案，对现有传送网进行必要的升级改造。针对 4G 网络中取消了 RNC 等核心节点并让基层节点承担更多控制功能的特点，4G 运营商在分组网发展中普遍进一步加强组网设计，以满足网络结构更加扁平化以及多种接入方式的要求。另外，4G 广泛采用了自组网技术，取代了传统网络规划设计的很多工作，比如基站的邻区设置等，因此 4G 运营商纷纷加大了自组网规划、实施的资源投入。4G 核心网如图 4-14 所示。

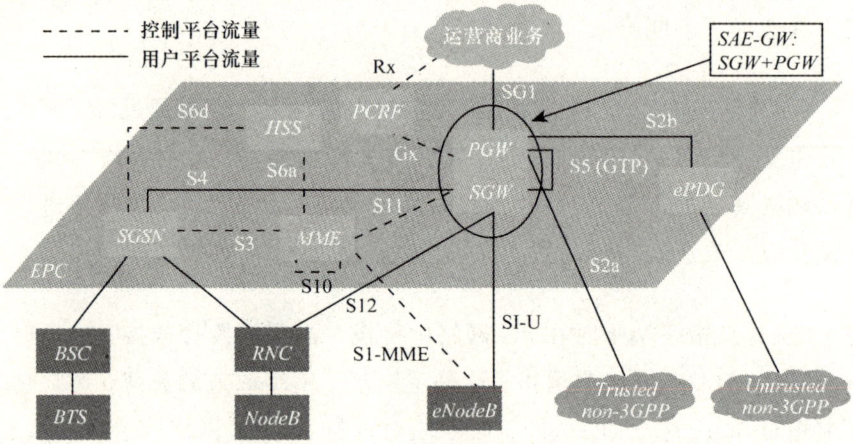

图 4-14　4G 核心网

随着人们的生活、娱乐、工作越来越依赖于信息化，移动互联网的飞速发展让人们可以接触到更丰富的业务应用，数据业务与信息消费需求由此增长迅猛，4G 运营商纷纷顺应市场发展趋势，在业务网发展方面从传统的网络技术、用户规模向业务应用开发与推广倾斜，不仅重视投资建设和网络部署，更充分关注业务应用开发和业务推广，积极研究业务需求和业务部署、参与业务应用开发，从而立足业务应用尤其是移动互联网应用、物联网应用、云计算与大数据应用等去发展网络，并围绕业务要求优化和完善网络。

4．发展适应 4G 需要的承载和传输网

随着全球 4G 商用持续推进，移动互联网也将进入 4G 时代，丰富的移动

互联网业务需要灵活、开放的网络，4G 运营商普遍加强了承载网的建设，以迎接 4G 移动互联网爆炸性增长对带宽保障、海量业务的智能管理和新业务快速布放等所带来的新挑战。首先，4G 时代，无线带宽和基站规模快速增长，相比以往 2G/3G 时代，4G 的基站带宽大幅提升，单基站带宽在 4G 初期就要 80Mbit/s，后续的 4G+时代甚至会达到 1Gbit/s，带宽需求的提升必然要求承载设备具备超大的转发容量和超宽的端口能力，尤其在干线和移动回传设备层面，一定要具备超大带宽的能力。其次，从即时通信到社交网络、从手机视频到高清视频，业务的极大丰富推动了流量爆炸式增长，这要求承载网必须具备智能业务感知、可视化业务监控、精细化流量经营等智能化业务管理能力。最后，由于 2G/3G/4G 网络需要共建，业务复杂度也越来越高，这不仅带来网络层次和架构的日趋复杂，也要求承载网需要真正具备按需调整、开放创新、高效协同的"软网络"能力，以支撑创新业务的加快设计和实现。

在传输网发展方面，4G 运营商通过做好规划和资源储备，建设了适应 4G 发展的大容量传输网。首先，4G 运营商通常根据传输资源梳理结果（4G 站点接入能力和容量要求等）及接入点资源准备（新建接入光缆和扩容现网容量等），确定 4G 传输组网建设方案、规划及配置管理，并基于 4G 基站类型和配置需求，结合传输网络分层趋势，综合考虑业务量的统计分布特性、业务质量要求和传输效益等三大因素，对不同 4G 站点传输平均带宽做出规划。其次，4G 运营商在建设阶段落实组网和配置要求，根据 4G 基站选址情况，落实 4G 传输网建设方案，结合方案要求统计分析需要拆分、升级、叠加的接入环，确定接入/汇聚/核心层需新增的设备、板卡及配套数量及扩容/新建需求。最后，4G 运营商争取在运营阶段做到确保质量和运维效率并重，在 4G 网络建成后加强对 4G 传输网络和业务质量监控，尤其是业务性能和网络流量，除了及时发现网络及业务质量问题、确保业务安全外，还实施网络带宽管理，定期分析、适时适度扩容网络以保持 4G 传输网络带宽弹性和业务快速接入，同时建设基于带宽资源调度的网管支撑手段，提升资源调度管理效率，建设和不断完善故障投诉管理。

3 第三篇 装备 4G

第 5 章　多样化的 4G 终端

终端产品功能和形态多样化是 4G 时代移动智能终端产品的重要特征。根据通信行业的发展规律，技术的每一次更新换代都是终端厂商市场格局重新洗牌、品牌价值重新塑造的机会。4G 网络所具有的高速带宽特点，将使各种 4G 数据终端有望获得更大的发展空间。

5.1　4G 终端产业的发展

1. 4G 终端核心处理器的发展

从目前 4G 终端核心处理器的发展来看，具备高集成度、多模多频、强大的数据与多媒体处理能力等将成为其主要特点。例如在高度集成上，集成化不仅是芯片市场的发展趋势，同时也是 4G 芯片发展的主要方向，主流 4G 处理芯片从多块芯片组合到单芯片 SoC 以及制造工艺过渡到目前主流的 28nm 甚至未来的 20nm 以上，都是芯片迈向更加集成化的结果。在多频多模上，TD-LTE 与 LTE FDD 融合是 4G 市场发展的主要方向。在数据与多媒体处理能力方面，4G 时代数据流量的进一步爆发和智能手机多媒体化的发展，会成为市场发展的主流特征，而具有强大数据和多媒体能力的 4G 智能手机芯片，也将是市场发展的主要方向。

在目前的 4G 终端核心处理器市场上，高通公司处于领先地位，市场研究公司 Forward Concepts 的调查报告显示，2012 年 4G 核心处理器的出货量为 9 700 万，高通获得其中 86%的份额，2013 年的市场份额也超过了

80%；在中国移动 2013 年第二季度 4G 终端采购中，高通占据了 60%以上的份额。除了高通外，博通、Marvell、英特尔、联发科、联芯科技、创毅视讯、展迅、海思等 10 家以上的芯片厂商也推出了 4G 终端核心处理器产品，预计 2014 年下半年联发科的 6595/6732/6752、Marvell 的 PXA19xx 等新一代 4G 终端核心处理器产品上市后，将进一步打破现有高通绝对领先的市场格局。全球主要 4G 终端核心处理器厂商产品路标可参考图 5-1。

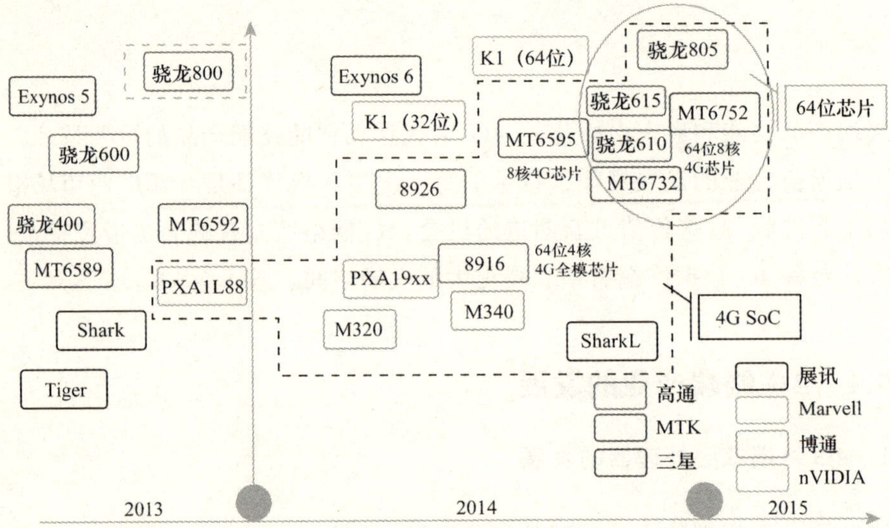

图 5-1　全球主要 4G 终端核心处理器厂商产品路标

根据处理器的体系架构，目前手机核心处理器主要分为 ARM 和 x86 两大阵营。ARM 阵营的产品主要由 ARM 公司设计处理器的架构并授权其他厂商使用，获得授权的厂商可以直接按照或修改 ARM 公司的设计后交给第三方芯片代工厂进行生产、封装来完成产品化。x86 的处理器目前由英特尔和 AMD 公司分别完成设计，英特尔利用自家芯片代工厂完成生产，AMD 公司则委托第三方芯片代工厂完成生产。ARM 产品已在移动终端领域发展多年，核心架构覆盖高中低不同档次的产品，目前主流商用的有基于 ARMv7 指令集的 Cortex-A15（高档）、Cortex-A9（中档）和 Cortex-A7/A5（低档）架构，基于这些架构的处理器产品主要利用 28nm 制造工艺进行生产，而 2014 年将逐步过渡到 64 位、ARMv7 指令集的 Cortex-A57（高档）和 Cortex-A53（主流）架构，基于这些架构的处理器产品则会陆续利用新的 20nm 制造工艺进行生产。ARM 架构发展历程及趋势可参考图 5-2。在市场份额方面，目前 ARM 处于绝对领先地位，2013 年的市场份额超过 95%，但随着英特尔公司发力移动终端处理器领域，x86 的市场份额有可能实现较快速的增长。

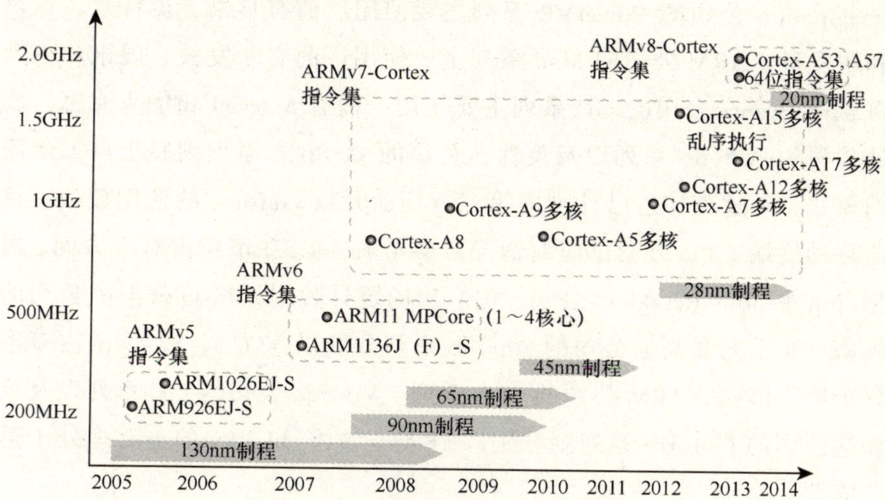

图 5-2 ARM 架构发展历程及趋势

除了架构和制造工艺升级外，2014 年移动终端核心处理器也将从目前的 32 位开始向 64 位升级。2013 年 9 月苹果公司发布的 iPhone 5S 手机上配置了 64 位的 A7 处理器，这是全球首款大规模商用的 64 位移动终端核心处理器，由此揭开了移动终端核心处理器迈向 64 位的新序幕。继苹果公司的 A7 后，英伟达（Nvidia）公司发布了第一款可以用于 Andriod 操作系统的 64 位处理器 Tegra K1，但目前主要用于平板电脑、智能电视等非手机移动终端上。随后，主流的手机核心处理器厂商都陆续发布了 64 位产品：高通公司发布了针对低档终端的 4 核 Snapdragon 410、针对中高档终端的 8 核 Snapdragon 610/615；联发科公司发布了 4 核心的 MT6732 和 8 核心的 MT6752；英特尔公司发布了代号为 Merrifield 的 Atom 处理器 Z3480；Marvell 公司发布了 4 核心的 PXA1928。

随着移动终端屏幕尺寸增大及 3D 应用的持续增长，GPU（Graphic Processing Unit，图形处理器）在核心处理器中的作用越来越重要，并正成为移动处理器竞争的重点领域。在移动 GPU 市场，目前主要有

Imagination 公司的 PowerVR 系列、ARM 公司的 Mali 系列、Vivante 公司的 GC 系列、高通公司的 Adreno 系列以及英伟达公司的 Geforce 系列，其中 Imagination 公司的 PowerVR 系列、ARM 公司的 Mali 系列、Vivante 公司的 GC 系列采取的是授权给其他厂商使用并制造产品的商业策略。Imagination 公司的 PowerVR 系列主要使用厂商有苹果、英特尔、三星和联发科；ARM 公司的 Mali 系列主要使用厂商有联发科、展讯和华为海思；Vivante 公司的 GC 系列主要使用厂商有 Marvell 和华为海思；高通公司的 Adreno 系列以及英伟达公司的 Geforce 系列则属于自家使用的模式，不过英伟达已计划向第三方厂商开放 Geforce 的使用授权。目前移动终端 GPU 方案供应商情况可参考表 5-1。在市场占有率方面，根据 Jon Peddie Research 公司 2013 年的统计数据，Imagination 公司的 PowerVR 系列和高通公司的 Adreno 系列分别以 37.6%、32.2%的占有率处于第一阵营，ARM 公司的 Mali 系列、Vivante 公司的 GC 系列以及英伟达公司的 Geforce 系列则分别以 18.4%、9.8%和 1.9%的占有率处于第二阵营。

表 5-1　移动终端主要 GPU 厂商及产品

厂商	主要 GPU 产品	主要授权厂商	备注
Imagination	PowerVR 系列	苹果、英特尔、三星和联发科等	GPU IP 市场最大的供应商
ARM	Mali 系列	联发科、展讯和华为海思等	具有成本优势，是中低端市场的首选配置
高通	Adreno 系列	自用暂不对外授权	市场份额紧随 Imagination 的 PowerVR 系列
英伟达	Geforce 系列	目前自用暂不对外授权，已计划向第三方厂商开放使用授权	英伟达是 PC GPU 市场的技术领导厂商
Vivante	GC 系列	Marvell 和华为海思等	份额居 GPU IP 市场第三

在手机核心芯片专利领域，3G 时代高通在核心专利上一家独大的局面将受到冲击。据专利研究组织 AOP 的统计，高通拥有 31%的 3G 核心专利，遥遥领先于其他厂商，因此高通也在全球范围内对 WCDMA 和 cdma2000 两种 3G 手机收取最高可达 5%的整机 3G 专利费。然而，4G 的核心专利分散度比 3G 高，这有助于联发科、英特尔等芯片厂商进一步发展并成

为高通的有力挑战者，从而最终降低芯片和终端产品价格。cdma2000 与 LTE 核心专利厂商份额对比可参考图 5-3。

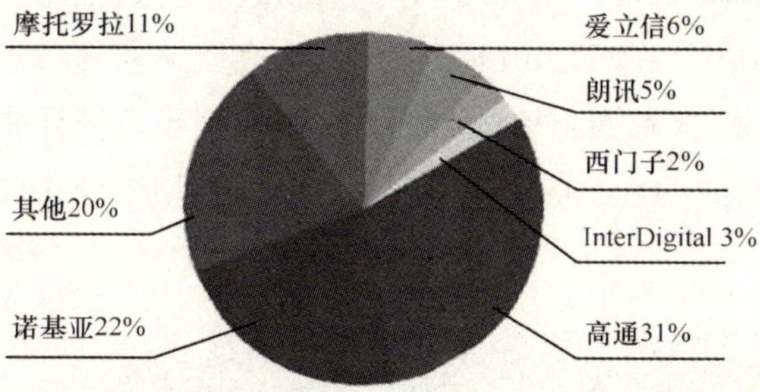

cdma2000基本专利分布情况
数据来源：中兴通讯

厂商	核心专利占比
诺基亚	18.9%
高通	12.5%
三星	12.2%
爱立信	11.6%
LG	7.5%

LTE核心专利占比前5位
数据来源：AOP

图 5-3　cdma2000 与 LTE 核心专利厂商份额对比

2．4G 终端储存器的发展

DRAM（动态随机存取记忆体）是重要的移动终端存储器器件。随着 2013 年 7 月美国的美光（Micron）公司完成了对日本尔必达（Elpida）与台湾瑞晶的并购而且取得华亚的营运主导权后，目前全球 DRAM 产业形成了三星、海力士、美光 3 强垄断的格局，这 3 者的市场份额合计高达 98% 以上，其中三星的份额最高，2013 年超过 50%，海力士和美光分别以 25% 和 22.1%的份额紧随其后。2013 年 Q1～Q3 手机 DRAM 市场份额变化可参考图 5-4。

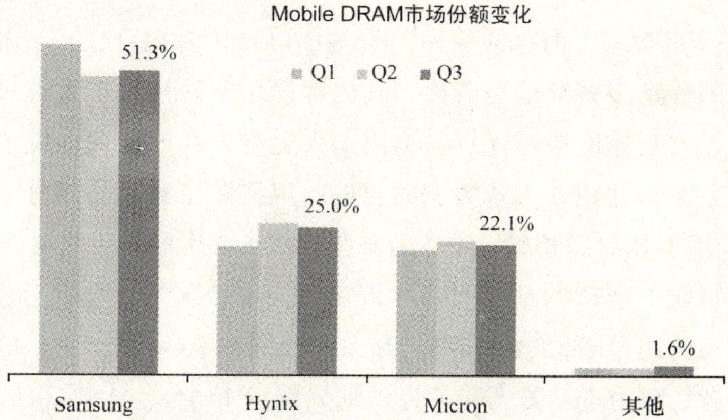

来源：IrendForce，2013 年市场监测数据

图 5-4　2013 年 Q1～Q3 手机 DRAM 市场份额变化

DRAM产品结构方面，目前移动终端DRAM品种主要分MDDR、LPDDR2和LPDDR3 3种，其中LPDDR3已在2013年实现从高端机型向大众机型普及，并逐渐取代MDDR和LPDDR2内存成为目前市场的主流。除了这3种现有移动终端DRAM，预计2014年底前部分高端移动终端会开始采用新的产品LPDDR4，这种内存可以更低的功耗实现更高的性能，但初期的价格会较目前的LPDDR3略高。移动DRAM产品结构变化及预测可参考图5-5。

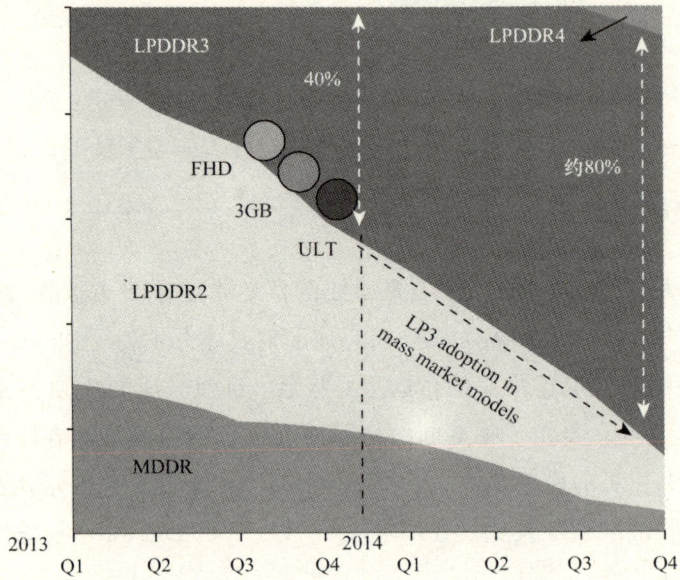

图 5-5　移动 DRAM 产品结构变化及预测

作为Flash（可擦写）内存的一种，NAND Flash（多次可擦写）内存是另一种重要的移动终端存储器器件，其内部采用非线性宏单元模式，具有容量较大、改写速度快等优点，为固态大容量内存的实现提供了廉价有效的解决方案，适用于大量数据的存储，因而除了移动终端外，NAND Flash还应用于如数码相机、MP3随身听记忆卡、体积小巧的U盘等其他设备中。目前，全球NAND Flash市场被三星、东芝、海力士、美光和英特尔5家公司垄断，2013年三星和东芝分别以38.4%和28.9%的份额处于第一阵营，海力士、美光和英特尔则分别以14.1%、11.1%和7.6%的份额居于第二阵营。2013年Q1～Q3全球NAND Flash市场份额变化可参考图5-6。

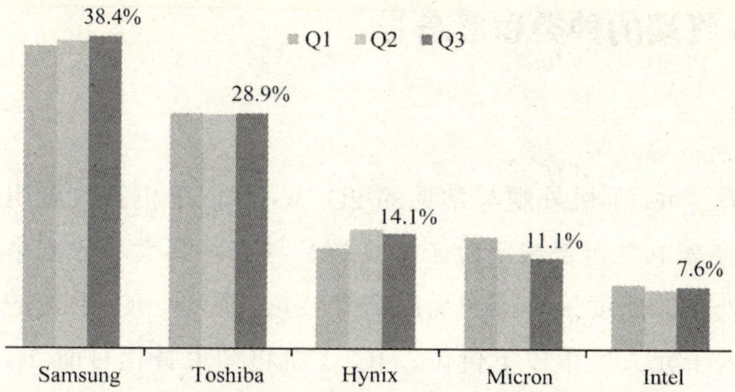

来源：TrendForce 2013 年市场监测数据

图 5-6　2013 年 Q1～Q3 全球 NAND Flash 市场份额变化

3．4G 手机显示屏幕的发展

目前移动终端显示屏市场处于日韩、中国台湾和中国大陆多家厂商较充分竞争的阶段，就产品的定位而言，以三星、LG、夏普和 JDI 为代表的日韩厂商处于第一阵营，市场上的旗舰型手机如苹果 iPhone 和三星的 Galaxy 系列通常采用这些厂商的产品，以奇美和友达等中国台湾厂商为代表组成第二阵营，这些厂商的中高端产品往往被手机市场中追求高性价比的中档主力机型作为首选，而以京东方、信利、天马等中国大陆厂商为代表则组成第三阵营，这些厂商的产品广泛被手机市场中主攻价格竞争的产品作为首选。

从近年全球手机市场的发展看，手机显示屏大屏化的趋势仍在持续，预计在 4G 手机上会体现得更明显。根据 IHS iSuppli 公司的统计，2012 年 5 英寸以上智能手机的销售量由 2011 年的 120 万部增长到 2 970 万部，增长速度达到 2 375%，而 2013 年该类手机出货则超过 6 000 万部，比 2012 年再增长 136%。2013 年 Q4 以后主要手机厂商发布的主推新型号，屏幕尺寸都超过了 5 英寸，例如三星的 Galaxy S4 拥有 5 英寸屏幕（Galaxy S3 为 4.8 英寸），Galaxy Note 3 的屏幕则为 5.7 英寸（Galaxy Note 2 为 5.5 英寸）；中兴的“Grand Memo”拥有 5.7 英寸屏幕，华为的“Ascend Mate”屏幕更达到 6.1 英寸。随着 5 英寸以上手机显示屏产能增长以及价格持续下跌，预计到 2016 年该类 4G 手机出货将可能超过 3 亿部。

5.2 4G 终端的种类和形态

1. 手机

从外观上看，4G 手机外观与常见的 2G/3G 智能手机并没有明显差异，但由于目前 4G 手机普遍定位于中高端，具有屏幕大、分辨率高、内存容量大、处理器速度快、摄像头高清等特点。随着 4G 手机的价格逐步降低并进入千元人民币以下价位，4G 手机将结束替代目前 2G/3G 智能手机的过程。

随着全球 4G 商用的推进和 4G 用户持续快速增长，4G 手机在持续丰富。根据 GSA 的统计，在 2011 年 2 月，全球 4G 终端仅有 63 款，而且其中没有手机；2012 年 1 月 4G 终端增加到 269 款，其中包括若干款商用的 4G 手机；2012 年 11 月 4G 终端增加到 83 个厂商的 560 款，其中手机 151 款；2013 年 7 月 4G 终端增加到 100 个厂商的 948 款，其中手机 316 款，比 2012 年 11 月翻了一番；2014 年 3 月 4G 终端进一步增加到 154 个厂商的 1 563 款，其中手机 636 款，比 2012 年 11 月又翻了一番，并占全部 4G 终端型号的 40%。在目前已经上市的 636 款 4G 手机中，99%兼容 3G 网络，其中 36%可支持 HSPA+等 3G+技术，并有 57 款可以在硬件上支持 4G 网络上的全 IP 通话（VoLTE）。4G 终端累计型号及产品种类结构可参考图 5-7。

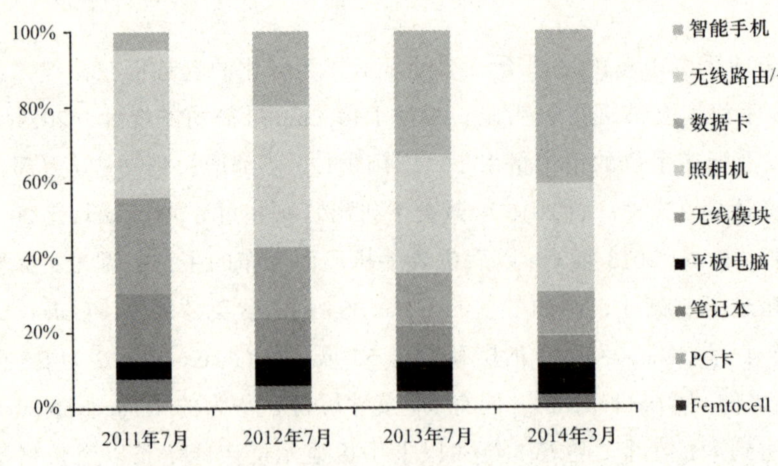

图 5-7 4G 终端累计型号及产品种类结构

2．数据卡

4G 数据卡指的是可以利用 4G 网络实现数据上网的网卡，即用户将 4G 数据卡插在 PDA 或者是笔记本电脑上就可以实现对数据网络的接入，然后进行网页浏览和下载等。图 5-8 显示了 PCMCIA 以及 USB 两种类型的数据卡。

在 4G 商用初期，数据卡是很好的市场开拓者。在这一时期，商用网络通常不够稳定，4G 手机还不成熟，4G 杀手级的应用尚未出现；同时，消费者对 4G 的认知和使用习惯的培养也需要一个过程，因此数据卡的作用此时显得更加明显：首先在价格方面，相对于手机的复杂功能，数据卡的功能相对简单（只是起到数据通道的作用），因此数据卡的价格通常比手机便宜许多；其次，由于功能较简单使数据卡技术和产业链通常较手机更快走向成熟，加上数据卡给消费者的体验主要取决于上网速度，而数据卡的上网速度主要取决于网络能力，与影响手机给消费者体验的因素较复杂相比，数据卡更容易给消费者带来更理想的体验；此外，数据卡散热条件较好等造成其容错能力通常也强于手机。

从国外经验看，数据卡是 4G 概念导入期运营商争夺用户的有效选择。在企业用户市场，一方面企业有大量配备数据卡的经济实力，另一方面企业有这个需求，因此在商用初期，沃达丰等运营商均将数据卡业务作为 4G 业务重要切入点，通过开拓企业用户市场，加快争夺高端客户。在个人用户方面，计算机的高普及率为数据卡的发展提供了良好基础，笔记本计算机的价格越来越低，使更多的用户有了移动上网的条件和需求，而 USB 式 4G 数据卡使桌面计算机也成为可以高速无线上网的终端。

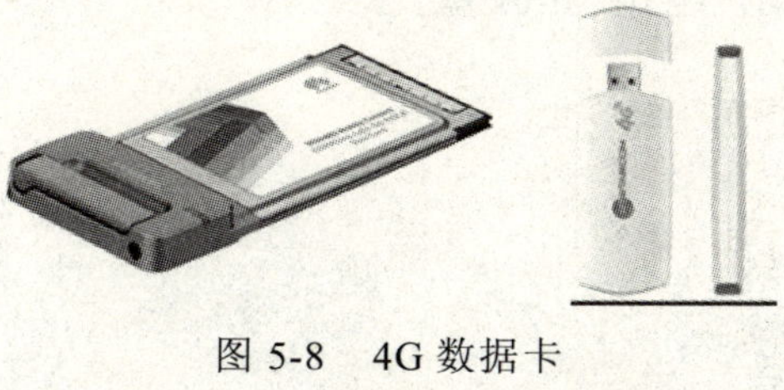

图 5-8　4G 数据卡

3．Mi-Fi

Mi-Fi 是一种便携式宽带无线接入终端，有时也被称为个人“热点”。如

图 5-9 所示，Mi-Fi 大小通常相当于一部手机甚至一张信用卡。Mi-Fi 集调制解调器、路由器、接入点甚至移动电源等多种功能，其中内置调制解调器功能可让用户接入 4G 移动网络，然后内部路由器功能可在多个用户和无线设备间共享这一连接，因此包括数码相机、笔记本、游戏和多媒体播放器在内的支持 Wi-Fi 的设备都可以通过 MiFi 接入到 4G 网络。另外，Mi-Fi 通常还具备一些其他特征：存储能力（可作为移动硬盘）、主机应用能力、支持 4G 以外的网络技术（2G/3G）、内置电池实现无需外置供电情况下的待机和使用、自动同步电子邮件设置和虚拟专用网络连接、支持远程管理，等等。

图 5-9　4G Mi-Fi 终端

4．CPE

CPE（Customer Premise Equipment）即用户驻地设备，其中 4G CPE 是一种可将高速 4G 信号转换成 Wi-Fi 等无线信号的设备。CPE 通常需要外接电源，但由此可支持同时上网的移动终端数量也较多。如图 5-10 所示，CPE 可大量应用于农村、城镇、医院、单位、工厂小区等无线网络接入，能节省铺设有线网络的费用。与 Mi-Fi 相比，CPE 的特点是需要外接电源，便携性和移动性也比 Mi-Fi 差。

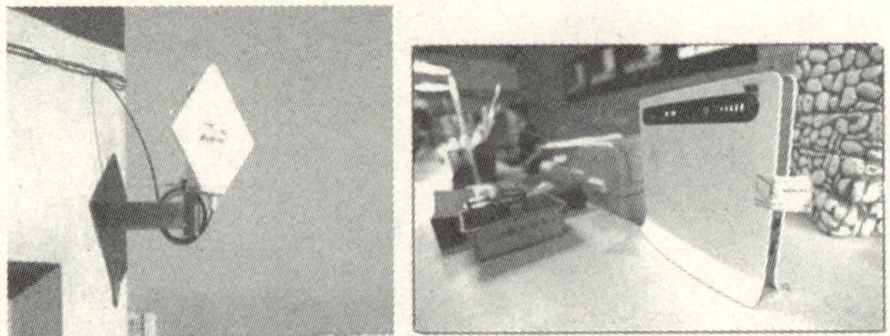

图 5-10　4G CPE 终端

第 6 章　可穿戴设备成为新入口

从 2012 年开始，以智能眼镜、智能手表为代表的可穿戴设备伴随移动互联网及 4G 的普及，在全球各地从点点星火变成燎原星火。

著名互联网分析师玛丽·米克（Mary Meeker）表示，可穿戴设备将成为互联网发展“第三个周期”的“明星”。苹果公司 CEO 蒂姆·库克则表示，可穿戴计算设备可能会成为该公司产品线中“另一个重要分支”。除此之外，传统硬件厂商英特尔、微软、戴尔，以及拥有互联网基因的谷歌、百度、盛大果壳等已经开始了在此领域的探索。各厂商在可穿戴设备市场群雄逐鹿，有的希望利用新型设备打“翻身仗”，有的野心雄踞构建新的生态系统。Google Glass、Smart Watch、Galaxy Gear、inWatch、Ride:HUD、SmartWig 等，产品类型多种多样、应用内容日益丰富。可穿戴设备正在成为一个有别于智能手机的移动互联网新入口。

6.1　可穿戴设备：新的装备革命与挑战

可穿戴设备热潮近年席卷全球，跟随谷歌推出 Google Glass、三星推出 Galaxy Gear，大量各类企业开始推出眼镜、腕表、鞋等各类穿戴计算设备，一场新的装备革命近在咫尺，就像手机和手提电脑对 PC 的侵蚀一样，可穿戴科技产品不断侵蚀智能手机原有的多种功能领域，成功地分流了人们对智能手机的关注。在最新的 CES 国际消费电子展和 MWC 世界移动通信大会上，可穿戴设备及应用成为最受瞩目的明星之一。

6.1.1 可穿戴设备跟随 4G 发展掀起热潮

可穿戴技术的发展可以追溯到 20 世纪 80 年代，多伦多大学的 Steven Mann 设计出能与计算机和网络相连接的 EyeTab 头戴式智能眼镜，但由于成本与应用的限制，类似的设备一直局限在小范围试验型产品范畴。可穿戴设备从专业领域到消费领域的应用，即让专业人士在特定场景使用的设备成为大众电子消费品，是可穿戴设备真正的革命。

进入 4G 时代，可穿戴设备的热潮被点燃，与智能手机的普及和 4G 网络的兴起有相当大的关系。首先经过多年的发展使微型处理器、屏显技术的成熟，以及众多对应 App 涌现搭建起可穿戴设备的成熟软硬件环境；其次是智能手机大战令传感器和芯片成本大幅下降，可穿戴设备的整体制造成本更低；第三，嵌入式设备的无线网络连接（WICED）、智能蓝牙、NFC 与 GPS 的共同协作减少了芯片在处理和电源上的需求，使得设备的便携性大为增强，摆脱了以往的笨重形象；第四，智能手机和移动互联网的发展让可穿戴设备的运行环境也发生了变化，可穿戴设备自身已具备超强的数据处理能力和传输能力，成为一个可显示可计算可存储的微型智能终端。众多原因推动可穿戴设备进入跳跃式发展阶段。根据美国科技博客 BusinessInsider 下属研究机构 BI Intelligence 的统计数据显示，截至 2014 年 1 月，全球在使用中的可穿戴设备数量达到 1.83 亿部，同比增长一倍；未来仍将保持稳定增长的态势，到 2018 年，预计全球使用中的可穿戴设备将达到 5.61 亿部。

一项研究调查显示：智能手机用户平均每天解锁设备的次数超过 100 次，不少人还要远远超过这个数字。玛丽·米克预计智能手机有 2/3 的用途会被可穿戴设备分流或取代，关键原因是因为可穿戴设备取代了用户与智能手机之间的许多交互操作。以 Google Glass 为例，其不仅取代了人们把手机掏出来、解锁、找出应用整个烦琐流程的操作，还将操作过程中所可能消耗的时间大幅度压缩——通过快速的网络接入，用户在戴上智能眼镜的时候，就获得了一个窗口，可以看到其手机有哪些来电、哪些文字消息和电子邮件，所有这些都是被推送的。这就是可穿戴设备的“智能”卖点——设备能够在用户之前就知道他想要什么。

6.1.2 与物联网发展相交融

可穿戴设备是人与设备连接的最直接方式，其利用传感器、射频识别（RFID）、GPS 等信息传感设备，按约定的协议接入移动互联网，从而实现了人与物任何时间、任何地点的连接的信息交流，与新一代物联网的发展理念紧密的结合并对其进行升级。传统的物联网 1.0 是针对个人、家庭或者行业的单个信息化解决方案，物联网 2.0 则希望突破信息的孤岛，通过各种智能化应用，实现各类应用的互联。

可穿戴设备的兴起，使得人与设备直接的沟通连结点大幅增加。可穿戴设备通过传感技术、无线连接技术等方式与智能手机连接并传输数据，同时由 App 提供人机交互的软件界面，一方面人与设备之间的沟通更加畅通无阻，另一方面，通过各种智能设备对使用数据的手机进行分析、运算与数据存储，实现大数据分析与应用。可以预见，可穿戴设备自身轻巧、其紧贴身体的佩戴方式的特点，使其成为身体与世界交流的一个更适合的载体，是未来物联网的关键节点之一。BI Intelligence 的统计预测数据显示，可穿戴设备可能在规模总量上略逊于其他联网设备，但会一直伴随物联网的发展而继续扩大用量基础，如图 6-1 所示。

但是，我们也可以看到，在可穿戴设备发展进程中，仍然存在硬件设备接口不一、平台开发标准不一、无线接入技术不一等问题，虽然已有一些解决方案，如高通在试图集合硬件厂商帮助设备相互发现和连接彼此；创新公司 Revolv 在推销一个可以使用 7 种不同的无线电技术通信的集成器等。但上述标准不一的问题也必然影响可穿戴设备产生规模效应，这些问题都有待发展过程中产业链条各参与者共同解决。

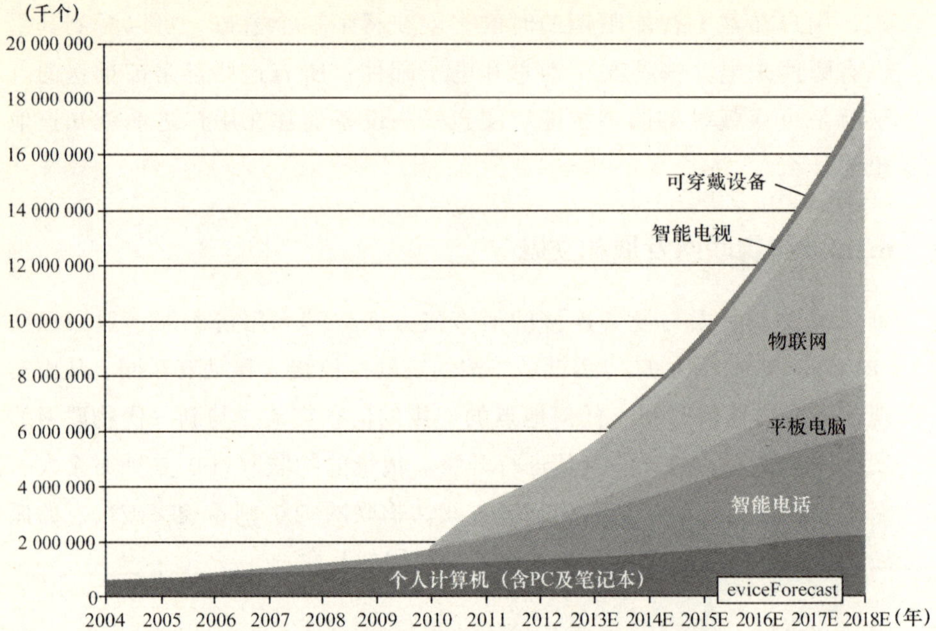

图 6-1　全球接入互联网设备商用数量预测

6.1.3　可穿戴设备在多个领域拓展应用

正如移动互联网对传统行业的渗透与改变一样，可穿戴设备正凭借智能手机的普及、4G 网络的升级以及企业移动信息化策略的转变而迅速进入人们的日常生活及各个领域。

在日常生活领域，可穿戴设备分别向两个方向发展。一个方向是通用型的设备，替代智能手机的部分功能，让用户“换一种方式看世界”，如谷歌的眼镜、苹果的手表。另外一个方向是针对人群某个需求的深入渗透，比如手环，它能让用户了解自己的睡眠情况、运动情况并给出建议；又比如鞋子，它能记录用户运动情况，甚至提供导航；它们都只解决了用户某一方面的需求，但它能提供的服务更加深入和贴心，从而让用户“更清晰地看清自己和世界”。

目前，第二个方向应用最多的领域就是医疗方面，电子血压计已经实现了与手机 App 相连接并能将数据进行储存、比较，并传输给医生。相关厂商通过后台记录，可以产生“大数据”应用。当用户数超过百万，就可以分析性别、年龄与高血压患病之间的关系；当用户数超过千万，并且有较广的地域范围就可以分析出高血压与地域分布的关系。日本 DoCoMo 一早发现了其中的商机，并于 2012 年与欧姆龙公司合作成立合资公司，共同就利用便携式用户医疗设备如血压计，结合运营商的数据存储能力、IT 技术能力与网络优势，为用户提供健康咨询服务。而软银则与知名手环制造企业 Fitbit 合作提供月租式的健康手环及相应的健康规划服务，搭配 LTE 手机及应用出售，打入医疗健康业务领域。

除对用户个人生活应用的渗透以外，可穿戴设备还可能伴随技术的拓展以及用户习惯的转变，成为众多领域移动解决方案的重要组成部分之一，除热门的医疗卫生应用以外，在竞技体育领域，职业篮球运动员与教练通过智能眼镜进行实时互动策略分析。另外在军事领域也有大量的应用，如驻阿富汗的美国士兵已经测试了一个名为肩戴式声音目标捕获系统的装置，这款装置能够定位炮火的确切位置，还能通过士兵身穿的防弹服所连接的电视显示炮火爆炸情况；此外，该款装置还能监控士兵的健康状况、增强士兵的视觉能力等。

可穿戴设备规模的增长同时带来相关应用的增长，Strategy Analytics 的调查显示，27%的开发者预期在 2014 年将为可穿戴设备开发应用程序。反过来可穿戴设备应用的增加，将带来更多人予以关注，反驱可穿戴设备市场的发展，形成良好互动与循环。

6.1.4 可穿戴设备持续发展探索商业模式创新

早在 2003 年，微软就推出过 Spot 手表，由于当时还没有成熟的移动互联网技术，用户需要每年支付 59 美元的服务费来获得微软通过 FM 电波来提供的各种服务。进入 4G 移动互联网时代，可穿戴设备的盈利模式与产业模式都在发生改变。

可穿戴设备的盈利模式已经不仅局限在硬件销售与维保模式，还有如前面提到的软银 Fitbit Flex 月租模式、内容模式等；在美国，可穿戴设备结合移动医疗解决方案，已经出现了多种盈利模式，通过向医院/医生/药企/保险公司收费实现盈利。例如，WellDoc 作为专注于糖尿病管理的移动医疗公司，通过向保险公司收费盈利，已有两家医疗保险公司表示愿意为用户支付超过 100 美元/月的"糖尿病管家系统"费用；CardioNet 作为远程心脏监测服务提供商，通过向保险公司和科研机构收费盈利，除服务患者外监测数据还可以提供给科研机构用于研发；Epocrates 拥有美国排名第一的移动药物字典，通过为药企提供广告和调研服务、向医生销售精装豪华版 Epocrates 盈利；Zocdoc 为患者提供免费预约服务，通过向医生收费盈利；Vocera 可帮助大型医院实现快速而有效的通信，通过向医院收费盈利。

值得一提的产业创新模式由加州的 Pebble Technology 公司创造。该公司推出的智能手表设备从 2013 年初上市以来，已经卖出了超过 40 万只，收入超过 6 000 万美元。该设备在功能特色上并不明显出色，但却创造了一个移动互联网时代的创新产业模式——利用 Kickstarter 众筹平台募集了接近 7 万人的投资资金，投资人除了获得 Pebble 智能手表设备以外，还可以享受相应比例的企业效益分红。另外，Pebble 的应用程序商店同样采取"众筹"与"维基"模式，有 12 000 名注册的开发者为 Pebble 系列智能设备提供超过 1 000 款应用程序，应用数量远远超越其他企业，甚至包括谷歌、苹果、三星、微软等巨头。

Pebble 的成功成为后续众多中小厂商模仿跟风的成功典范之一。由于可穿戴设备面向一个前景广阔的蓝海市场，相信除了"众筹"、"维基"等模式之外，会有更多源源不断的商业模式创新涌现，支撑这一产业持续发展。

6.2 丰富的产品形态

6.2.1 产品形态之多正超越想象

可穿戴设备的类型多种多样，除了常见的眼镜、手表以外，还有众多突出某项能力的新组合——能更新 Facebook 状态的裤子、能打电话的手套、能给手机充电的鞋子，等等，全面涵盖用户能够佩戴的物件——从头到脚，眼镜、口罩、智能项链、智能服装、手环、智能手表、计步器、智能鞋，甚至还有些内服的用于体内传感的智能药片，被广泛应用在医疗保健、健身康体、信息娱乐、工业领域及军用领域，如表 6-1 所示。可穿戴计算产品类型众多，但是其最根本的特点是体积小、可以穿戴在身体上，比如手表、腕带、可夹带的设备，以及眼镜等，它们往往配置了传感器或是屏幕，另外可以通过蓝牙、Wi-Fi 等通信手段和智能手机等设备保持通信，或是从其他可穿戴计算产品交换信息。

表 6-1　当前各领域可穿戴产品类型

应用领域	可穿戴产品类型
医疗保健	血压计、胰岛素泵、连续血糖监测、智能眼镜、除颤器、药物传输产品、PERS、心电图监视器、脉搏血氧仪、助听器、医疗背心、腰带、植入式芯片、黏附式胶囊
健身与康复	活动监视器、睡眠传感器、情感测试、健身与心率监视器、计步器、智能手表、智能眼镜、智能服装
信息娱乐	蓝牙耳机、智能头饰、智能眼镜、智能手表
工业领域	智能手套、智能头盔、智能服装、智能眼镜
军用领域	智能头盔、智能手套、智能服装

可穿戴设备产品从初期的花哨、不实用逐渐被打磨得更加接地气。谷歌、苹果、三星、英特尔、索尼、微软、奥林巴斯等大型企业均已加入战局。最新发布的可穿戴电子产品更聪明地利用了人们身上的各个部位。用户可能只会在手腕或眼镜上找到显示屏，但能够收集用户身体数据的传感器遍布其手臂、躯干、腰或脚上以发挥更大作用。许多可穿戴设备能连接家用电器或照明系统。具有显示屏的可穿戴设备如智能手表可以成为信息面板，提供关于家中设备的所有信息，而不仅仅只是在手表上显示通知。

当前几乎所有的智能可穿戴品都是以智能手机作为主要的信息载体出现的，但有迹象表明，进入 2015 年，智能可穿戴设备将逐渐脱离智能手机的约束，完成独立运行的技术演化过程。实用方便，外观时尚，既能独立运行，又能轻易与其他智能产品连接，同时配备多种优质应用。

可穿戴设备的演进从不具备通信功能，到设备间具有简单连接，再到设备与互联网实现互连，到如今，其发展阶段已走向设备与设备之间以及设备与互联网之间均能实现互联互通，设备间互联的方式涵盖蓝牙、GPS、NFC、Wi-Fi、WICED、3G 以及 4G LTE。据 IDC 估计，到 2014 年底，全世界范围内将售出超过 1 900 万个可穿戴设备，这是 2013 年数量的 3 倍。2014～2018 年，可穿戴设备的装运量将产生 78.4%的复合年增长率，最终在 2018 年达到 1.119 亿的全球出货量。到 2020 年无需人工操作的智能设备总数将超过 300 亿个，而能连接上网的各种“小玩意”则会多达 2 120 亿个。其中健康运动类是当前各企业开发可穿戴设备的重点。

6.2.2 典型可穿戴设备

经过近年的发展，已经面世的比较成熟与典型的可穿戴设备包括智能眼镜、智能手表、智能手环、智能服装等，图 6-2 所示列举了部分典型的可穿戴设备。

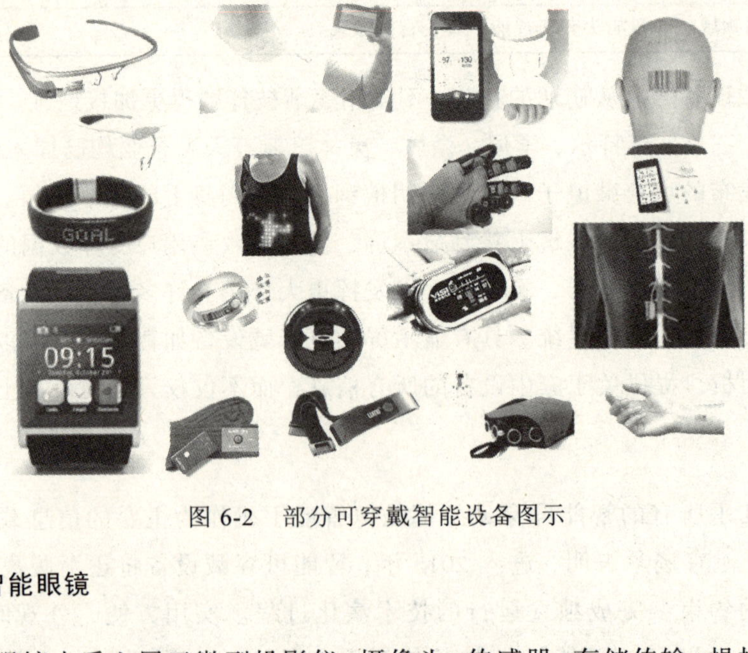

图 6-2　部分可穿戴智能设备图示

1. 智能眼镜

智能眼镜本质上属于微型投影仪+摄像头+传感器+存储传输+操控设备

的结合体。它可以将眼镜、智能手机、摄像机集于一身，通过计算机化的镜片将信息以智能手机的格式实时展现在用户眼前。另外它还是生活助手，可以为使用者提供 GPS 导航、收发短信、摄影拍照、网页浏览等功能。其中的典型代表产品是 Google Glass。这款眼镜将集智能手机、GPS、相机于一身，在用户眼前展现实时信息，只要通过眼部动作就能拍照上传、收发短信、查询天气路况等操作。人们可利用语音指令拍摄照片、摄制视频、与他人在网上互动。不会在手机屏幕上提供搜索或导航结果，而是会将地图叠加到用户的视野中。

2. 智能手表

智能手表是将手表内置智能化系统、搭载智能手机系统而连接于网络从而实现多功能，能同步手机中的电话、短信、邮件、照片、音乐等。目前市面上的智能手表可大致分为两类：一类不带通话功能，依托连接智能手机而实现多功能，能同步操作手机中的电话、短信、邮件、照片、音乐等；另外一类具备通话功能，支持插入 SIM 卡，本质上是手表形态的智能手机，其中大部分使用 Android 系统。三星、苹果、谷歌、微软等众多企业都发布了其智能手表产品，以传闻中的苹果 iWatch 为例，内部自带操作系统 iOS，外部设计采用曲面玻璃设计，可以平展或弯曲，内部拥有通信模块，用户可通过它完成多种工作，包括调整播放清单、查看最近通话记录和回复短信等，能作为 iPhone 的补充以及扩展其他设备的功能，让用户使用苹果设备变得更方便。

3. 智能手环

智能手环可以跟踪用户的日常活动、睡眠情况和饮食习惯等，并可将数据与具备操作系统如 iOS、Android 等的智能设备同步，配合相应的 App 应用，帮助用户了解和改善自己的健康状况。其中典型代表是由蓝牙耳机和扬声器厂商 Jawbone 生产的 Jawbone UP 手环、记录器生产厂商 Fitbit Flex/Force 以及运动品牌厂商生产的 Nike +Fuelband，其中部分品牌如 Fitbit、FiLIP 等还通过电信运营商与智能手机和数据套餐一起出售。

4. 智能服饰

各类智能服饰包括智能服装、裤子、帽子、头箍、腰带、比基尼、手套、鞋子等。智能服装功能各异，包括可以读出人体心跳和呼吸频率，能根据需求变换颜色，能自动操作播放音乐视频、调节温度，显示文字与图像、上网浏览或与社交网站连接，能自行充电，能予以智能导航等功能。其中比较炫的设备包括社交牛仔裤和卫星导航鞋等。2014年初，技术力量雄厚的日本移动运营商DoCoMo和材料开发商Toray公布了共同研制的Hitoe纳米纤维材质的智能服装。织物采用Toray开发的涂有传感材料的纳米纤维，通过黏在上面的贴片来检测穿着者的血压、心率，并且能无缝地将数据传输到手机DoCoMo健康应用上。可以采用这种织物的服装种类可以很多，例如睡衣、衬衫、裙子或者帽子，目前Hitoe服装已经进入生产阶段，产品将包含T恤、长袖衣服和帽子。DoCoMo公司表示其目标是将产品扩展到护理及与医疗保健相关的服务。

5. 便携健康设备

便携健康设备是用户需求最刚性的可穿戴设备之一，包括各类智能血压计、体温计、血糖仪、胎心仪，众多的医药设备生产厂商乃至互联网企业都在这方面进行了投入。百度云设备部于2014年2月披露了一款百度在可穿戴智能设备方面的新成果：智能血压计。该产品通过手机远程遥控便可开始工作，测量的数值能随时同步到云端，手机App会在计算出血压结果后给出简单的健康生活建议，未来这项技术还将接入来自国内最优秀医院医生的专业咨询。该血压计优势还在于能够提供长期的血压监测，方便就医时作为医嘱参考数据。而且该血压仪还有专门针对老人的版本，不仅绑定本人手机，还能关联到子女手机，即使不在父母身边，子女也能对家人身体健康状况了如指掌。

6. 嵌入式或内服设施

除了一些外设型设备，市面上还出现了附着式、嵌入式和内服式设备，如黏附式或植入式芯片、口服药丸等。其中比较新型的设备是Google

的 ATAP（Advanced Technology And Projects group，高级技术与项目）联合 Proteus 推出的智能药片 Smart Pill，这种智能药片相当于在普通药片中加入一个可以停留在肠胃中的传感器，传感器表面积只有 $1mm^2$。在用户吞下后，随着药片的溶解，传感器会停留在肠胃中，记录用户的心跳等各项数据，再将这些数据发到贴在用户皮肤上的贴纸；贴纸会将这些数据通过蓝牙传递到用户的手机、平板等移动设备上，再以 App 的形式记录、展示、分析用户的身体状况等，该设备可由胃酸提供持续电力。

7．其他智能外设

此外，厂商们还设计了类型众多的可以穿戴在手指上、肩膀上或者身体其他部位的智能设备。如微软研究院推出了一款新的可佩戴式多点触控投影机（Wearable Multitouch Projector），可将任一平面变成可触控显示器。整合 Kinect 风格动作、深度感测相机和微型投影仪等功能，可佩戴式多点触控投影机用户可将核心内容投影到附近的任一平面上，并进行点击、滑动以及缩放操作。

6.2.3 配套应用层出不穷

在可穿戴设备热潮中，应用开发者的贡献功不可没。截至 2013 年底，已经有众多针对可穿戴设备的专属应用面市，其中突出的代表是面向 Pebble 多达 1 000 款的应用。在应用程序数量上，Pebble 智能手表远远领先于其他 7 款主要的可穿戴设备，而且相当于排名第二的索尼智能手表应用数量的 5 倍之多，三星 Galaxy Gear 则只有 70 多个应用，如图 6-3 所示。但值得一提的是，尽管拥有一个功能齐全的应用商店，Pebble 智能手表也存在一些严重的限制。它的内存只有 1GB，而且一部设备同时只能安装 8 款应用。而三星等巨头推出的硬件内存容量，则比 Pebble 更加宽裕。因此也可以推断，丰富的配套应用需相应的硬件支持，两者相结合才能打造出高性价比的可穿戴设备提供方案。

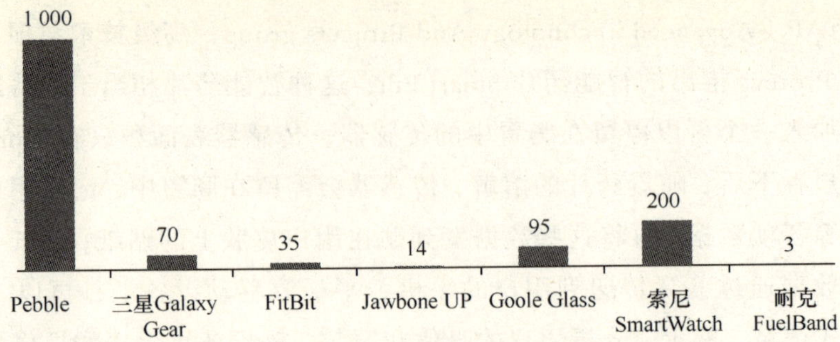

图 6-3　部分可穿戴设备支持的应用数量

目前还有不少智能手机或 PC 上的应用进驻可穿戴设备。Evernote 就是一个组合了多种应用服务，又凸显出可穿戴设备优势的应用。Evernote 是一款将笔记保存后同步于多款设备的应用，目前已进驻三星 Galaxy Gear 和 Pebble 智能手表，使大量移动用户将自己的信息保存在手腕设备上，在智能手机无法使用的情况下这款设备还可以救急。如在超市里通过 Pebble 手表在购物清单上作记号，同时可以通过 Evernote 保持同步，提供了一种解放双手的购物体验。此外，Evernote 应用还成为可穿戴应用如何独立于智能手机和平板电脑运行的典范。Evernote 是大量直接与云服务保持同步的 Pebble 应用之一，Foursquare 也是如此，它无需在智能手机上安装伴侣应用，即可在智能手表上运行。

不同可穿戴设备对应的“杀手级应用”也略有差异。根据可穿戴应用测评网站 Wearable App Preview 的排名，三星 Galaxy Gear 最受欢迎的应用囊括了新闻、娱乐、健身和办公领域。而在 Pebble 方面，几乎所有排名靠前的应用都是游戏，甚至还有一款克隆版的 Flappy Bird 游戏。至于智能手表应用领域，“杀手级应用”可能是办公应用，如上述提到的多设备笔记软件 Evernote 等。

6.2.4　电信运营商背书可穿戴设备，谋求产业合作共赢

可穿戴设备将移动用户规模从人扩大到物，如果可以实现规模效应，将可以把无线连接的增速大幅提升，这对于一直困惑于增量市场萎缩的电信运营商而言，是一个不可以错失的重大机遇。目前已经有不少电信运营商通过合作的方式支持可穿戴设备配套智能手机接入，或者独立接入。

AT&T 于 2014 年 CES 展会期开设的开发者极客大赛，其主题就是可穿戴设备。开发者需要设计一个 App 在可穿戴设备和 AT&T API 之间建立连接，获胜者将获得丰厚奖金。通过历届的开发者极客大赛、创新中心等途径，AT&T 获得了不少的优秀点子和产品，目前已有多款可穿戴设备可在 AT&T 的“创新商店”中出售，包括 FiLIP 儿童定位手环以及 EverThere 的可穿戴式医疗报警装置等，分别提供硬件销售与月租信息服务。类似的这些穿戴设备由两部分费用组成，一是硬件售价（100～199 美元/个），二是 10 美元无限制语音/数据费月通信资费。对于其他可能产生高流量的设备，AT&T 考虑将以多设备共享数据套餐的方式来提供流量支持。欧美日韩等国家和地区的运营商也有类似的产品面市，目前大多数与定位、健康、医疗等能体现运营商网络优势的业务为主。

值得留意的一点是，与其他企业不一样，大部分运营商并不插手这些可穿戴设备的硬件生产乃至应用内容设计，而是将这部分职能交由更专业的企业或团队负责，运营商通过合理的资费设计、品牌包装与营销手段，与产业各方谋求合作共赢。

6.3　引导用户关注方向，实现精准营销

随着 KK（凯文·凯利）推动的自我量化（Quantified Self）的风潮普及，越来越多的年轻人在日常运动的过程中需要对自己运动的数据加以记录；同时为了克服懒惰，他们让更多朋友参与监督，将运动量设定目标并与朋友实现比较，在竞争排名的同时克服懒惰天性。各类可穿戴设备不再只承担数据记录的功能，还要把数据联网化能让使用者进行纵向和横向的比对，并满足人天生的展示的天性，数据联网化的可穿戴健康设备正在成为年轻人的新宠。

从商业效益角度上看，可穿戴设备不仅将提高消费者的生活水平，还将成为“商业上可利用数据”的新来源。用户可以通过这些设备见到各种精确的通知，其前提是基于用户佩戴该产品后所产生的数据。例如用户身处一家服装店，如 Estimote 等企业（向第三方开放的结合物联网做基于位置营销的平台）可以察觉到他试穿了某件衣服，之后可以提醒用户

几天前曾喜欢过这件衣服，甚至直接提供折扣。

从厂商的角度，可穿戴设备则使企业和消费者之间的关系处于“永远开启”的状态。例如耐克所售卖的鞋上装配有一个 Nike+传感器，耐克就可以知道用户穿着鞋的频率是多少、用户穿几双不同的这样的鞋子、用户是否喜爱这个品牌等，这使他们能够建立进一步的依附点在这个消费者身上。可穿戴设备成为新一代消费者技术的承载体，可以有效精准地将用户体验直接传达给企业，使企业获得相应的改进空间与营销机会。

可穿戴设备可以建立产品、广告活动和消费者之间更密切的联系，在后向层面可能才是更具前景的发展空间。这样的消费技术需要得到基于云的服务和大数据分析的支持。对于消费者而言，附着在可穿戴设备上的新奇因素将逐渐消失。用户不再看重可穿戴式设备的计算能力，更重视设备的外观（作为个性化的品位的展现）、轻薄程度和数据采集对正常生活的无妨碍性，这些决定了数据采集的密度。只有足够的数据密度，才能让设备体现出价值。而对于厂商来说，要从根本抛弃硬件时代的盈利模式。硬件销售将不再是盈利的唯一来源，如何让用户认可服务、持续提供数据，并根据用户数据给出个性化的改善建议吸引用户持续付费才是持续利润的源泉。

但是，随着相关的智能联网设备的价格已降到足够低的水平，配置各种传感芯片的装置设备低至数十乃至数美元，用户很快会被各种根据其所处状态而个性化定制的信息所环绕。以 Pebble 手环为例，用户可以不需要充电戴上 7 天，而它也在不断根据用户的位置所在，推送一些精选的短信电话通知。消费品和服务企业不会放过这种营销的机会，当用户身处地铁时，可能会收到隔壁便利店正在打折的消息，雨天时会提醒去哪里买某个品牌的伞，等等。对于 Google Glass 这类更加智能的可穿戴设备来说，对用户注意力的引导甚至会影响用户的所思所想乃至行动方向，使得未来面向消费者的营销会变得更加智能且个性化。在新的模式里，硬件和服务都要具备快速迭代的能力，硬件将更舒适、更方便、更小型化、更无感化同时集成更多的传感器，数据来源将越来越丰富，而数据分析服务将利用更多种类的数据来交叉分析，无需用户干预而通过数据智能化学习就能把人一天重要的行为活动描绘出来，通过数据把行为量化。用户把数据进行对比寻找自己的健康状态在同状态人群中的位置感，强化其反应行为，也可以让平台提供优化用户生活规律的个性化方法。当用户接受并依赖它时，持续为服务付费将成为收入的主流。

6.4 可穿戴生态系统正在剧烈变局

可穿戴设备主要包括处理器和存储器、电源、无线通信，以及传感器和执行器等，这或许让老牌硬件厂商看到了实现“曲线救国”的机遇，借此在未来重掌话语权。英特尔、戴尔、微软、摩托罗拉、宏基等已经开始在此方面的涉足，然而事实却是可穿戴设备的竞争核心已经不是硬件技术，而是内容、应用以及生态圈的构建能力。硬件只是可穿戴设备整个流程的一小部分。

可穿戴设备的主要业务逻辑和价值都在云端，即对数据的挖掘，提供个性化服务。戴尔个人计算业务全球副总裁萨姆·博德也承认：“可穿戴计算设备领域需要克服两个问题，即如何降低成本和提供出色的用户体验。”现阶段的可穿戴计算设备的主要作用是搜集、分析和展示数据，这方面应该是互联网企业的优势和强项。相比之下，传统硬件厂商在这方面的能力就显得弱一些。

因此虽然大量硬件厂商投入终端的生产或设计，产品品种繁多，但目前大部分可穿戴设备用户体验及用户反馈都非常一般，在 Kickstarter 众筹平台及各类展会上，几乎每周都会出现一款做 80%相同事情的新产品，只是采用了不同的形状、不同的颜色、不同的材料。但这些都不是可穿戴设备可持续发展的主要障碍。产业界的主要问题在于，可穿戴应用生态系统尚未形成定局，一切均处于动荡调整过程之中，包括操作系统、SDK 和 API 的多头竞争与混战。正是由于生态系统的不完善，导致当前市场上的可穿戴设备仅是作为智能手机的附属衍生品，或者配件产品而存在的，这一定位决定了这些可穿戴设备的作用是可以被替代的，由此用户的反映是"可有可无"。发展可穿戴设备，生态系统起着举足轻重的作用，也是决定未来可穿戴设备市场爆发后，谁能占据制高点的关键。

6.4.1 国外巨头争相搭建生态系统

硬件生产商推出的新设备都基于自己的独家平台，这意味着为某一部设备开发的应用无法移植到另外一部设备。索尼和Pebble都推出了自己定制的操作系统，三星则在可穿戴设备操作系统方面使用了开源的Tizen平台。而其他一些流行的可穿戴设备，例如耐克的FuelBand和Jawbone UP，基本不提供自营应用。相反，他们要求开发者通过API接入云存储数据，并基于这些数据，再利用现有的智能手机应用，为设备打造新功能。例如Jawbone UP智能腕带允许用户在设备与RunKeeper应用之间自动实现数据同步。

像智能手机操作系统Bada一样，三星希望借机在新的可穿戴设备产业中发展自己的生态系统。三星在可穿戴设备操作系统中放弃Android而选用Tizen，并推出Tizen可穿戴应用SDK，邀请开发人员为Galaxy Gear智能手表开发应用。在此之前，Galaxy Gear应用商店的开发者范围十分狭窄，这一战略当然限制了应用开发。总体而言，三星采取的战略是鼓励开发人员开发三星专用的可穿戴应用。但这一策略可能会使三星可穿戴应用开发受阻，开发人员因为用户基础过小而止步不前。三星只是为了抢在苹果和谷歌之前进入可穿戴设备市场，才匆忙推出了Galaxy Gear智能手表，但策略方向的选定却使三星没能将在Android智能手机阵营中的优势复制到智能手表中。

另外一个巨头谷歌则在借助原有的规模优势快速搭建可穿戴设备的生态系统。谷歌于2014年3月推出Android Wear平台，它可以使硬件生产商和开发人员打造基于Android系统的可穿戴设备和应用。谷歌还宣布与11家生产商，包括英特尔、HTC、时尚手表生产商Fossil等，共同打造基于Android Wear平台的智能手表。谷歌推出了API和SDK的开发者预览版，可以使开发人员为现有的手机应用增加可穿戴功能，也可以开发定制的Android Wear应用。谷歌显然正在以自己最快的速度完善可穿戴平台，希望这个平台能够支持所有的可穿戴设备，并帮助这些设备与 Google Now 和 Google Play 等谷歌自有服务进行整合。LG 和摩托罗拉已经率先宣布推出了基于 Android Wear 系统的智能手表 G Watch 和 Moto360。

再看苹果，苹果要发布智能手表的传闻由来已久，但苹果就是迟迟没有动静。当三星在 2013 年率先发布 Galaxy Gear 的时候，业内普遍认为苹果在未来的可穿戴设备中已然失去了先机，但 Galaxy Gear 的市场表现不佳及谷歌推出独立的 Android Wear 系统，证明苹果正在谨慎思考如何打造一个具备竞争优势的生态策略。苹果是移动互联网设备市场（智能手机和平板电脑）上唯一具有集软硬件于一身封闭生态系统的企业，其在可穿戴设备市场的发展策略可能远比人们想的复杂和具备杀伤力。从已经曝光的 Healthbook 应用来看，其用户界面更多借鉴了来自 iPhone 的现有 Passbook 应用，可以跟踪的数据包括心脏速率、含水率、血压、身体活动、营养情况、血糖、睡眠、呼吸频率、血氧饱和度和重量等。这些功能中，借助 iPhone 5S 的 M7 运动协处理器，Healthbook 可以在技术上从 iPhone 本身获得步频、行走英里数、消耗卡洛里数等。至于其他不能通过 M7 获得的数据，由于苹果 iPhone 本身具备诸多第三方的健康类应用，Healthbook 可能是现有的各种第三方 iOS 保健应用设置并存储这些数据的唯一位置。另外，有消息显示苹果工程师仍在努力将 Siri 与第三方应用进行整合，这是苹果可以在其可穿戴平台充分利用的顶级技术之一。以上述种种迹象估计，苹果未来的可穿戴设备更多是将已有的 iPhone 优势的延展。这就不排除未来苹果除了发布独立的可穿戴设备（智能手表 iWatch）外，还希望借助 iPhone 与对手竞争。即借此直接销售更多的 iPhone（用 iPhone 替换对手的可穿戴设备），或者利用 iWatch 与 iPhone 的无缝应用集成（这个时候苹果封闭软硬结合生态系统的优势得以充分发挥）共同绞杀对手的可穿戴生态系统（例如谷歌的 Android Wear）。

后两者对生态系统控制权的掠夺有可能成为可穿戴设备界发展主线。谷歌 Google Play 应用商店和苹果 App Store 总计已经拥有超过 200 万款应用，2008 年以来全球累计移动应用下载量超过了 1 100 亿次。如果 Android

和 iOS 开发人员获得恰当的工具，他们就能够轻易地面向可穿戴设备，为现有的 Android 和 iOS 应用添加新功能，或者推出针对可穿戴设备全面优化的新版应用。

6.4.2 国内可穿戴产业市场仍处培育阶段

相比国外相对成型的市场，国内可穿戴设备仍处在市场培育阶段。在发改委发布的2013年移动互联网及第四代移动通信产业化专项通知中明确指出，要面向移动互联网应用，研制可规模商用的多类型可穿戴设备，重点支持研发低功耗的可穿戴设备系统设计技术、面向可穿戴设备的新型人机交互技术及新型传感技术、可穿戴设备与智能终端的互联共享技术、可穿戴设备应用程序及配套的支撑系统技术，实现可穿戴设备产品产业化。

整个可穿戴产业链中有云端、连接、芯片、模块、传感器、特殊精密器件、方案整合商、品牌终端、软件、数据分析、新媒体、分享导购、智能硬件、新媒体/垂直网站领域，等等，国内企业从大型互联网企业到消费品生产企业再到初创企业，都开始结合自身优势纷纷进入可穿戴设备市场，占据这一未来的移动互联网新入口。2013 年 5 月，马化腾在全球移动互联网大会上表示会关注可穿戴设备的机会，并重点考虑其中的体验怎么与腾讯服务相结合。百度模仿 Google Glass 已经推出了视觉入口级设备的内测产品 Baidu Eye，还有类似智能血压器、咕咚手环等基于百度云开发的便携式可穿戴设备。虽然百度凭借百度云开放平台吸纳众多创投团队开发对应的新型产品，但随着谷歌 Android Wear 的强势推进，可以预见未来国内市场可穿戴设备仍会围绕国际主流系统开发出更多标准统一的产品。

按照公开数据显示，2013 年可穿戴设备市场的投资总共发生超过 30 起，表 6-2 列举了部分可穿戴产品终端生产厂商获得的创投案例，各自所吸纳的投资金额从数十万至上千万不等，产品主要集中在手表、手环，应用领域集中在运动、健康、医疗、跟踪定位、宠物。表 6-2 显示了众多投资人也相当看好可穿戴设备的发展前景。

表 6-2　　近期吸纳创业投资的可穿戴设备企业及其产品列表

	产品线	产品名称	投资方投资金额	上市时间
运动	手环	iFit	来自某天使投资方的 2 500 万台币	2014 年 3 月
	手套	GolfSense	来自纪源资本与君联资本 1 500 万美元 来自九合创投的数百万人民币	2014 年 1 月
	手环	咕咚手环	来自深创投/中信资本的 6 000 万人民币 来自盛大资本的 1 000 万人民币	2014 年 3 月
健康	血压计	康康血压	来自光芒创投的 3 000 万人民币 来自某天使投资方的 400 万人民币	2014 年 2 月
	体温计	睿仁医疗	来自某天使投资方的 1 000 万人民币	2014 年 2 月
	测量仪	PICOOC	来自戈壁投资的 400 万美元 来自某天使投资方的数百万人民币	2014 年 1 月
	手环	康诺云	来自某天使投资方的 1 000 万人民币	2013 年 10 月
	血糖仪	糖护士	来自创新工场的 300 万人民币投资	2013 年 9 月
生活娱乐	宠物项圈	赛果	来自创业邦的投资	2014 年 3 月
	耳机	星聚网络	来自某天使投资方的 1 000 万人民币	2014 年 1 月
	智能支付卡	OneCard	来自海银资本的数百万人民币	2013 年 12 月
	儿童玩具	神念科技	来自软银中国的投资	2013 年 11 月
	手环	听风安全卫士	来自某天使投资方的数百万人民币	2013 年 10 月
	手表	inWatch	来自浙商创投的 2 000 万人民币	2013 年 9 月

4 第四篇 玩转 4G

第7章 更快更好的4G新生活

信息的力量是巨大的，移动互联网正改变着世界，不断地颠覆着你的传统生活方式，人们日常生活所依赖的各种服务正逐步变成手机里面的各种应用，比如移动传媒（杂志和报纸，甚至书籍），比如数字音乐。随着移动支付技术的成熟，钱包里所有的东西从身份证到现金也即将变成手机App。移动新生活也同时冲击着传统经济的商业模式，传统企业需要学会在移动互联网上找到并接触他们的用户，掌握流量入口的互联网平台企业无疑是最风光无限的。而4G正在加速这个进程，下面这一章，我们将一起来看看4G时代的移动互联网变革。

"如果你了解这个浪潮，你就知道如何驾驭它；如果你冥顽不化，就将被它吞噬。"

——《移动浪潮》序言

7.1 深度移动化的生活与工作

1. 用户需求不再是基本通信，而是无处不在的移动互联网生存

宽带接入已经成为消费者每日生活的一部分。用户的信息需求将不再仅限于通话，而是通过宽带接入将所有的人和所有的物连接起来，而且能

够随时使用。2010 年 7 月 1 日起，芬兰甚至把宽带接入权确认为公民基本权利之一，规定“拥有至少 1Mbit/s 的宽带连接，是每个公民神圣而不可侵犯的权利”。

从用户数量上来看，移动互联网在 2013 年已全面超过 PC 互联网。根据工信部发布的数据，2013 年中国智能手机出货量为 4.23 亿部，占整体出货量的 73.1%，同比增长 64.1%。根据中国互联网络信息中心（CNNIC）2014 年 1 月公布的第 33 次《中国互联网络发展状况统计报告》数据显示，截至 2013 年 12 月，中国总体网民规模达 6.18 亿，其中移动互联网用户已超过 5 亿，网民中使用手机上网的人群占比由 2012 年底的 74.5%提升至 81.0%，如图 7-1 所示，高于其他上网设备如台式计算机的 69.7%和笔记本电脑的 44.1%，44%的移动互联网用户将手机作为他们首选或唯一的上网工具。手机上网时间也从“碎片化”向“长时间”发展，移动互联网使用者平均每天累计使用手机上网时长高达 124min（网民总体为 186min），每天上网 4h 以上重度使用者比例达 22%，半数人每隔 15min 就要看一次手机，一天平均要查看手机 53 次。这充分说明了人们依赖移动互联网的程度越来越高，且用户的宽带接入需求已经在明显转向移动互联网。

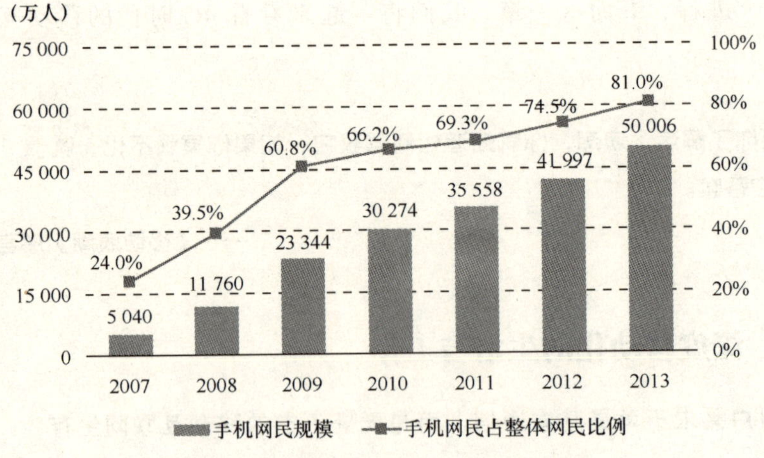

图 7-1 中国手机网民占整体网民比例

从满足用户需求的角度上，4G 在无线接入服务上明显有着不可比拟的优越性，LTE 大大改善了用户的移动互联网应用体验。从表 7-1 所列不同宽带接入方式下各种流量应用的等待时间对比可以看到，LTE 除了下载上 GB 的高清视频，需要 5 分钟以上的等待时间，用户可能会选择先做一下其他事情或离开一会，其他应用体验基本都是一触而就，可轻松实现"所点即所得"。4G 时代所带来的高（极）速移动互联是大势所趋。

表 7-1　　不同宽带接入方式下各种流量应用的等待时间对比

	Modem/EDGE	ADSL/WCDMA	ADSL/HSPA	ADSL/HSPA	ADSL2/HSPA+	VDSL/LTE
	56kbit/s	512kbit/s	2Mbit/s	8Mbit/s	24Mbit/s	100Mbit/s
Web 网页访问	36s	4s	1s	0.3s	0.1s	0.025s
下载 5MB 音乐	12min	1min 18s	20s	5s	2s	0.5s
下载 25MB 视频	1h	6min 31s	1min 40s	25s	8s	2s
下载 750MB 视频	29h	3h 15min	50min	12min 30s	4min 10s	1min 20s
下载高清视频	6 天	17h 22min	4h 27min	67min	22min	6min

2. 大流量应用需求将被释放，手机娱乐成为主流应用

不同网络环境下的不同互联网应用将受益，如图 7-2 所示，4G 将迈进第三、四阶段，可以预期随着网速的提升，高清视频、网游、云储存等大流量应用的用户需求将被释放。4G 在韩国普及后，韩国手机游戏市场正表现出由休闲类向 3D 等中度游戏转型。随着无线网络带宽、连接质量的改善和资费的下调，移动游戏市场上的低画质简单游戏将逐渐被高画质、大制作游戏所取代，单人游戏将逐渐让位于多人在线游戏。同样的，在突破了网速这个瓶颈之后，视频类业务将成为最具推动力的 4G 应用，根据 Cisco 的预测，到 2015 年全球移动网络流量中，视频将会达到 66.4%，国外 4G 运营商均毫无例外地把优秀的高清视频内容作为 4G 的特色业务之一。

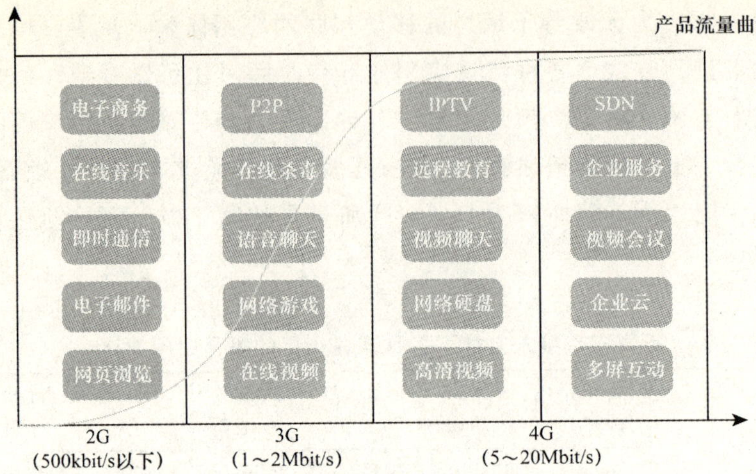

图 7-2　不同网络环境下所受益的互联网应用

4G和大屏幕手机的良好上网体验，加之各类娱乐应用的不断改进，都促使用户逐渐从碎片化的阅读、通信等应用向使用时长较长的高清视频、网络游戏等大流量手机娱乐应用发展。根据CNNIC发布的《2013年中国手机网民娱乐行为报告》，从时间上来看，手机娱乐是手机使用的主要功能，占据了除短信、电话外手机使用总时间的60.6%，因此，娱乐化逐渐成为当前移动互联网的主要特点。手机娱乐发展迅速，用户手机娱乐行为也出现了新的变化，从使用场景来看，用户在“睡觉前”和“看电视、家里休息”等时间使用各类娱乐应用比例较多，说明手机娱乐不仅仅是一种交通工具上的消遣方式，还是一种家庭娱乐方式，从情境驱动式娱乐向习惯驱动式娱乐发展，手机娱乐从而变成一种固定化的生活习惯和常态化的生活方式。

3．移动电子商务在4G时代将获得爆发性增长

在3G时代，如图7-3所示，移动互联网已经在娱乐（视频、游戏、音乐等）、信息获取（体育、新闻等）和社交沟通（微信、微博、电子邮件等）三大应用领域赶上或者超越了PC互联网。电子商务作为PC互联网最后的传统领地，在4G时代随着移动支付技术的逐渐成熟，也将获得爆发性的增长。

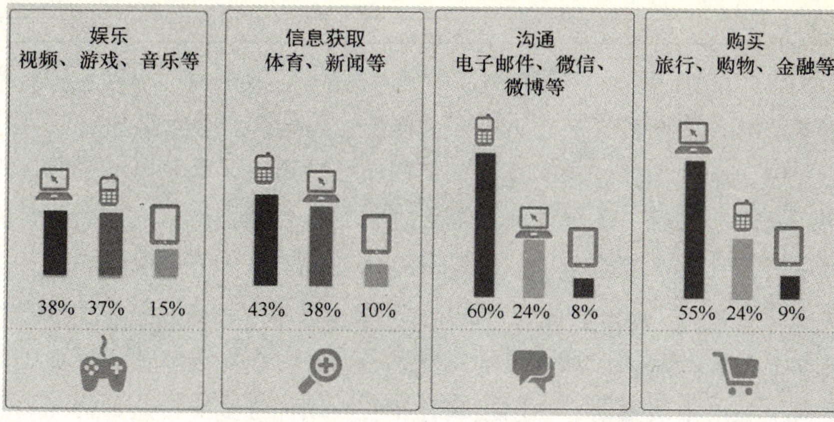

图 7-3　不同上网设备各应用领域的渗透率

4G 时代的移动互联网将带来支付手段的变革，提供各种各样你意想不到的便捷支付方式，这些移动支付形式包括：

（1）二维码支付：也就是所谓的“即拍即付”。打开手机上的支付客户端，其中有一项二维码识别的功能，它可以用来拍摄和识别印制在各种物体上的二维码商品信息，识别后，你直接点击付款，完成交易，商品就会由快递员送到家里。目前国外的 PayPal 和国内的支付宝等都支持这种支付方式。

（2）NFC 手机钱包：通过在手机中植入 NFC 芯片或在手机外增加 NFC 贴片等方式，将手机变成真正的钱包。在付钱时，需要商户提供相应的接收器，这样，大家才能拿着手机去完成“刷一下”这个动作，便捷付款，整个过程很像是在刷公交卡。目前包括 Google 等互联网厂商，还有 DoCoMo 和沃达丰这些运营商都提供这种支付方式。

（3）摇一摇转账：大家都打开支付客户端，拿出手机“摇一摇”，对方的账号就自动跑到你的手机上，接下来就是便捷地输入金额和收款付款了，以后聚餐凑份子或和水果摊小老板结账等这种人与人的交易将变得很方便。它背后的技术包括 GPS、蓝牙、重力感应、NFC，等等，当然，用户不必记住这些名词。目前国外的 PayPal 和国内的支付宝等都支持这种支付方式。

（4）短信支付：短信支付由来已久，发送一串字符到指定号码就可完成手机充值等各种支付，而现在有了更多的演绎。比如说，短信支付让网上交水电费这件事变成了一项堪称“惊艳”的功能，第一次使用时你只需在手机 App 上操作，在第三方支付网站登录账户，交完水电费后选择“缴费提醒”；此后，每个月到了缴费时，支付公司将自动发来短信，回复验证码，水电费就交完了，仅仅只需几秒，家里永不停电。后来，这项功能又演变为“超级转账”，你甚至不用知道对方的账户，在手机支付客户端上发起转账后，对方短信回复银行卡号就能完成收款。目前国内的支付宝和由中国移动、中国银联合作的联动优势都支持这种便捷的支付方式。

（5）“地理围栏”识别、“看照片”确认支付：例如当你到达 A 咖啡厅 100m 的范围内，咖啡厅正在使用的支付应用会启动“地理围栏（Geofencing）”技术，自动感知到你的到来，调出你的账户、名字和照片等资料，当然同时也会向你发出通知。一旦你收到通知，确认购买了一杯咖啡，到达咖啡厅后，你只需要说出名字，收银员看着照片确认那就是你，她就可以按下支付确认键完成支付，你就可以端着咖啡走了。很快你还将收到一条推送通知，告知你消费了多少钱并且得到一份电子发票。目前美国的移动支付公司 Square 支持这种支付方式。

（6）语音支付：电视广告中已经嵌入了特定的语音命令，而手机上则安装相应的支付应用。当你在看电视时，把支付应用打开，它就能接收和识别广告里嵌入的语音波段，并主动询问用户是否需要购买此商品并完成付款。目前国外的信用卡公司万事达（MasterCard）支持这种支付方式。

（7）图像识别支付：这种支付堪称信用卡版的“名片全能王”，它使用手机摄像头来读取信用卡信息，包括信用卡号码和到期日，然后用户就可以发起收款。目前美国硅谷一家创业公司 Card.io（不久前已被 PayPal 收购）支持这种支付方式。

（8）超声波识别支付：这个功能其实还是一种“近场”的识别，但它利用的是超声波，让手机通过麦克风和扬声器就能完成一次近场“相认”，而不必依赖专用的芯片，不用改造你的手机，用户体验就和所有“刷手机”付款的方式一致。目前美国硅谷的创业公司 Naratte、国内的摩宝等都支持这种支付方式。

（9）随身刷卡器：随身刷卡器可以用来识别各种银行卡，从而实现随时刷卡消费或缴费的目的。刷卡器很小，呈正方形或长方形，可以轻松插入手机中的耳机插孔，安装后，打开应用就可以刷卡了。这种支付方式有众多提供者，例如 Square、拉卡拉、盒子支付、快钱、乐刷等。

（10）条码支付：这种支付方式更像是“条码收款”。通过安装支付客户端，你的第三方支付账户可以生成为一个条形码，而收银员用条码枪在用户的手机上一扫，用户点下同意支付的按键，一次付款就完成了。

根据市场调研公司尼尔森《2012 年美国移动消费者跟踪调研》的数据，美国移动消费者的 40%于商店购物时有在线比较价格，25%有搜索/使用在线折扣券，18%有使用位置服务搜索零售商店，8%使用手机 POS 支付商品/服务，过去一年手机购物的使用增长率高达 89%。而在国内，根据 InMobile 公布的《2014 中国移动互联网用户行为洞察报告》，有 80%的移动互联网用户曾有过移动购买行为，有 91%的移动互联网用户表达了在 2014 年将会进行移动端购买或支付的意愿，同比上年增长了 11%。

淘宝的“双十一”购物节已经证明了移动电子商务的发展潜力。2013 年“双十一”凌晨的一个多小时里，支付宝手机支付占总支付笔数的比例一度达到 36.1%；全天手机支付 4 518 万笔，是 2012 年“双十一”的 5 倍，占支付宝总支付笔数的比例达到 24%（这意味着每 10 笔支付中就有 2.4 笔是通过手机完成的），上年同期的占比仅为 8%；手机支付金额 113 亿，是上年的近 10 倍。当然淘宝“双十一”也有时间点的原因影响，凌晨抢购很多用户都是躺在床上用手机来进行淘宝支付。

移动电子商务将会改变很多人传统的购物行为。你有没有发现，身边有越来越多的朋友因为上下班堵车，利用路上的时间登录天猫、1 号店、京东等各种电商平台挑好了各种日用品并下单，有些不敢在手机上支付的就填好购物篮回家在 PC 上支付一下，很多人已经不再去超市排队购物了。移动电子商务有价格更低、能送货上门、随时随地购物、更安全的身份验证等方面的优势。而且，移动电子商务不仅仅包括购买实物商品，它还在向数字商品、娱乐和账单支付等方向进行延伸。

4．虚实紧密结合的 SoLoMo 时代

增强现实（Augmented Reality，AR）是在虚拟现实（Virtual Reality，VR）技术的基础上发展起来的一种新兴计算机应用和人机交互技术。智能手机可配合 AR 来提供各种应用，通过手机摄影图像捕捉和识别，把真实的环境和虚拟的物体实时地叠加到了同一个画面或空间同时存在，能够完成现实与虚拟融合的效果，简单而言就是虚实结合。利用手机 AR 技术，可以模拟真实的现场景观，用户不仅能够感受到真实世界中“身临其境”的逼真性，而且能够突破空间、时间以及其他客观限制，感受到在真实世界中无法亲身经历的体验。目前增强现实主要的使用场景包括导航指引、周边环境信息服务、虚拟游戏、虚拟试衣间、建筑设计、购物指引等。

随着4G网络带宽更宽、上下行速率更有保障、云计算能力进一步提升，还有3D技术的日趋成熟,与AR技术的融合将进一步发挥出更大的潜力，预期 AR 技术的用途将会越来越广。4G 与增强现实的结合将对用户的生活方式带来更多变化，例如带来全新的广告形态，带来全新的网络浏览形式，带来全新的游戏模式，带来全新的社交方式，等等。

在智能手机上 AR 技术也正在日趋成熟,目前已经出现不少基于 AR 技术的应用。App 应用与 AR 技术是未来移动互联网营销的两大趋势，企业一方面可针对自己的产品或顾客需求开发专门的 AR App 以提升服务，另一方面在营销活动中也可以通过 App 增强活动的参与性、互动性，打通 O2O 的内容；AR 技术无疑也是增强互动体验的又一大杀器。毫无疑问，一个 SoLoMo［Social（社交）、Local（本地化）和 Mobile（移动）］的大时代即将开启。

关于 AR 技术的应用介绍，有兴趣的读者可以详见第 8 章的内容。

5. 手机地图将成生活信息服务的重要入口

手机地图作为导航和查询地点的工具类应用，对用户来说具有一定需求刚性，使手机地图在移动互联网用户中一直保持着相对较高的渗透率，并不太容易被用户卸载。易观智库发布的《2012 年第 3 季度中国手机地图客户端市场季度监测报告》显示，手机地图在手机网民中的渗透率已超过 50%，手机地图累计账户数已近 3 亿；该报告预测至 2015 年底，手机地图累计账户规模将有望超过 6 亿，渗透率将达 64.6%。另据 CNNIC《2012 年中国移动互联网发展状况统计报告》显示，从目前来看手机地图用户使用比例最高仍是地图的路线导航和地点查找等传统功能，使用路线导航的用户占 62.7%，地点查找的用户占 45.3%。但值得注意的是，周边生活信息等热点查询的比例已达 29.2%，签到或位置信息分享比例为 10.4%。

随着 4G 的普及，基于手机地图的信息服务将会更加实时化、更加立体化，强大的移动计算能力让周边生活信息对用户的推送也会更加精准化和多媒体化，手机地图的渗透率将持续上升。当用户数达到一定的规模时，手机地图将成为移动互联网重要的开放性平台。

手机与位置信息有密切的关系，手机地图不仅可以成为衣食住行等一系列生活服务的入口，也可以衍生出众多移动应用，成为基于用户位置与线下商户之间关联的各种 O2O 应用的平台。从手机地图作为移动的入口和平台来看，手机地图已经具有广阔发展空间的商业前景。

位置信息是移动互联网社交关系的核心，随着互联网逐步移动化和社交化，手机地图融合社交元素的趋势将会更加明显，将衍生出新的社交方式（如陌陌一类基于 LBS 社交的应用）。社交关系也会因地理位置而变得更加真实和丰富，使用户之间、用户与线下厂商、互联网企业之间的联系进一步深化，手机地图社交也将出现广阔的发展空间。

另外，手机地图的位置信息是精准营销、个性化推荐和数据挖掘等的基础。例如利用用户和商家的位置信息，线下商家可以了解周边竞争对手的分布情况，商家可以知道用户的分布情况以及如何获取用户和如何对用户进行精准营销。总之，用户的位置数据中蕴藏着巨大的价值，而手机地图正好可以便捷地获取到用户的位置数据。

6. 微视频将成为社交主流

微视频是指短则 30s，长则不超过 20min 的视频，内容广泛，形态多样，可以涵盖小电影、纪录短片、DV 短片、视频剪辑、广告片段等。手机可以随时随地地摄录或播放微视频，因此手机将会成为个人用户创造和分享微视频最为方便的工具。

3G 时代带动了微博、微信这类图文、语音社交应用的兴起，那么在 4G 时代，更快的网速以及更好的体验，将会为视频社交带来无限的可能。随着移动端的上网速度等问题被解决，以用户创造内容（UGC）为主的微视频分享将会继文字和图片以后，成为社交网络的主流内容之一，用户之间可以基于社交关系相互发送文本、图片、语音、地址位置、视频等富媒体即时信息，人们的社交将会变得更生动和丰富。例如，国内腾讯的“微视”、阿里巴巴新版的“来往”等社交软件已经开始支持朋友聊天使用短视频（8～9s）。在欧美、日本等国家和地区，4G 网络正式运营后，直接带动了视频拍摄分享的提升。

7. 社交与移动的结合将改变企业与客户、员工的互动方式

4G 的到来改变了人们的生活习惯，同样也创新了企业的很多工作方式。例如，前面介绍到的移动社交就并不仅限于个人消费者，它也正在改变企业内部的沟通互动方式。在外资和民营企业中，我们并不少见总部和分部之间，或者企业和客户之间通过 PC 互联网使用 Skype 或腾讯 QQ 举行视频会议的案例。4G 时代移动通信工具的网络速率大大提升，通过移动社交软件来实现视频会议将大有用武之地，会议可以带着走，随时随地都可以开会办公，无需坐在办公室和预订会议室后才可进行。

其次，移动社交也在改变企业和员工的互动方式。早在 3G 时代，手机上的总机服务就不是新鲜的东西了，用户可随时查看企业内部的通信录信息和查看人员基本岗位信息，云端的通信录信息永远不丢失，不需要备份且能够实时更新。在 4G 时代，可支持一键高清 VoLTE 或发起即时聊天和视频会议，企业内的新闻、公告等信息发布将会更加富媒体化，包括一些业务培训视频、领导讲话、党课学习等都可以通过手机进行。

最后，移动社交也在改变企业的营销方式和向客户提供服务的方式。企业可以选择通过更好的移动社交平台与广大消费者提高沟通效率，创造更高的绩效产出。例如招商银行微信上的公众账号能查看信用卡账单，能收到每笔交易通知，大家反而对推出时间更久的招商银行 App 没太大印象了。这个例子能说明，传统企业该怎么合理利用类似微信的超级移动社交平台来“傍大款”，通过其上的轻应用来导入和激活用户，而不是从零开始建设“基础设施”。

这里值得一提的是传统企业的轻应用发展方向。所谓轻应用就是指用户不需要安装或者安装很小的软件，传统企业利用流量入口型平台提供立体高效的分发体系。轻应用更新方便，不需要下载，数据放置在云端，可大幅降低企业的开发成本。很多大企业原来都开发了自有的原生应用（Native App）客户端来作为电子商务业务平台并与用户建立客户关系管理，事实上目前移动互联网还是以原生应用为主，原生应用用户体验更好但应用发现的效率并不高。根据百度 2013 年第 3 季度的《移动互联网发展趋势报告》，移动互联网用户每天使用的高频应用数量只有 12.2 个，同比减少了 1.3 个，Android 上 99.9%的应用只占了 3 成不到的下载量。这表明应用的集中度越来越高，入口型应用（如社交、浏览器、搜索、应用商店、地图、电子商务等）汇聚流量的趋势越来越明显，而生活娱乐工具和生活服务等低频应用，用户往往安装使用过一次之后就将其卸载。从未来发展趋势来看，传统企业针对各式各样的移动终端开发原生应用客户端，然后自己做发行和提高活跃度，真的很不容易，也没必要。举个例子，假设某个著名旅游景点需要做个移动应用，供用户查询信息、订门票，如果自己运营一个客户端，之前的思路是“研发—推广营销—获取用户（安装）—提升活跃度—盈利”，整个链条节点是串联的，前者是后者的必要前提，每个环节用户和效益都会出现流失。但如果做的是轻应用，就能让其中几个环节的关系转化为“并行”，在简单开发完一个公众账号功能后就可以接入微信的应用中心导入流量（例如分享朋友圈公众账号点赞有奖等），也可以付费到搜索引擎、门户网站、流量联盟或宣传软文对公众账号进行推广，或配合一定的促销活动邀请有联系方式的 VIP 用户关注其公共账号，有进一步需求的用户会在上面形成付费购买行为（盈利），而不管付费与否，这个公共账号都可以通过发布各种业务和促销信息来提升用户活跃度和促进二次购买。在这个例子中，“盈利”和“获取用户”、“提升活跃度”就是并行关系，流量推广不必先获取到用户后再进行盈利，而是在需求产生时立刻就能获得收益，并将这个用户转化为你的长期活跃用户。目前国内做得比较有代表性的轻应用平台包括微信公众账号和百度即搜即用服务等，如图 7-4 所示。

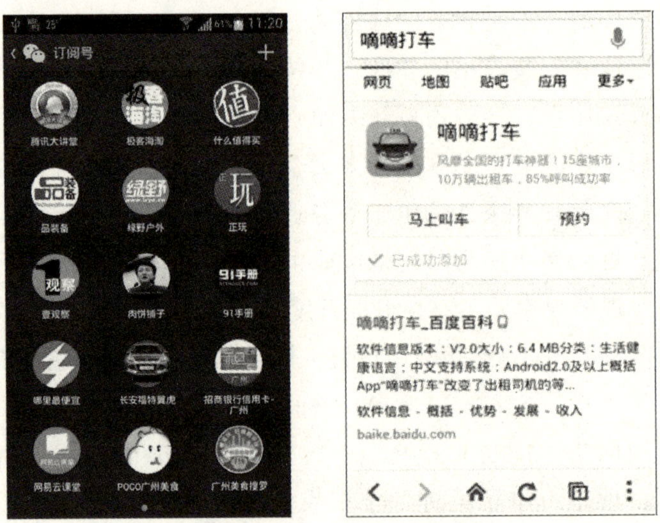

图 7-4 “轻应用”微信公众账号与百度即搜即用服务

7.2 移动行业应用潜力将全面爆发

移动互联网行业应用的概念很早就出现了，但这一领域由于之前受到硬件功能、物联网发展和网络质量不佳等因素的约束，需求还没有完全发掘出来，再加上规模小、开发成本高，商业化存在一定困难，一直没有太多起色。随着 4G 的来临，移动广告、联网汽车、智慧城市、智慧家庭等都将成为热点。

1. 移动广告将受益于高速无线网络

毫无疑问，移动广告相对其他媒体的广告具有诸多优势，手机可以随身携带，使用时间更长；有位置信息，可以做到更精准；用户视线可以更聚焦等。但现阶段由于局限于手机屏幕尺寸小，视觉表现力弱，网速慢占流量多，客户体验差。App 中的移动广告支撑着目前整个移动广告的大部分营收，实际投放效果不佳，品牌广告主认可度不高。4G 高速稳定的网络服务，是移动广告摆脱目前困境的关键因素；另外随着智能广告、原生广告、插屏广告、富媒体互动广告等广告形式的进一步普及以及广告定向技术的进一步优化和发展，移动广告的接受程度和受欢迎度相信还会得到进一步的提升。

移动广告无疑是将来的发展趋势，其影响力正在扩大，成为广告市场中的蓝海。根据 InMobi 发布的《2014 中国移动互联网用户行为洞察报告》数据，55%的用户表示相对电视和传统网络广告，他们更欢迎移动广告。其中 22%的用户认为移动广告的内容对他们是非常有用的，仅有不到 15%的用户表示会经常误点移动广告。数据表明用户对移动广告已经有较好的接受度，并且认同了广告内容具有一定价值。影响消费者购买决策的三大主流媒体（电视、PC、手机）中，移动互联网以 43%的影响力超越电视的 31%，并正在逐步向 PC 互联网的 61%进一步靠拢。

2. 4G 让汽车变“智能”

根据尼尔森发布的数据，25 岁到 54 岁的美国人每天在汽车里的时间有 1.2h，可以想象这部分消费者和每天占用的时间隐藏着非常大的移动互联网消费潜力。因此，智能联网汽车领域的标准将很快推出，甚至预计 2018 年的联网汽车出货量会接近 7 万台。以通用汽车为例，在 2013 年 MWC 上，通用汽车副董事长 Steve Girsky 就宣布和运营商 AT&T 合作，

2014 年将有望把 4G LTE 网络连接技术带到汽车产品中。

汽车联网后能做什么？最直接受益的，就是现在国内一线城市很多的公共汽车内就有车载 Wi-Fi 接入热点，这是运营商推广的一项公交车无线网关行业应用，公共汽车上所有乘员都能上网。再举个例子，不知道有私家车的朋友有没有这种印象，以往的车载音乐，都是下载好自己喜欢听的歌整理好刻录成 CD 或者 U 盘拿到车上听，冬天天气一冷汽车需要预热一下子还放不出来，这个体验非常不好。在 3G 时代，很多人已经开始习惯使用在线音乐，就不再刻盘了，豆瓣等各种无线音乐电台都有最新的能猜到你喜欢的音乐，随时随地，所有的音乐都在云端，车载智能操作系统也慢慢具备蓝牙连接功能，可以在车上听手机上的音乐，有些音乐 App 还加上语音搜索在车上使用就更加方便了。而在 4G 时代，4G 数据网络会内建到汽车里，而不再是建立在智能手机的基础上。可以预期，实时音乐、地图、天气、交通、新闻等都是智能联网汽车的车载杀手级应用。

对于司机来说，汽车联网更为具有价值的是汽车安全。在德国慕尼黑，爱立信和德国汽车制造商联合沃达丰及当地的大学开展的一项研究表明，如果车辆之间能够通过移动网络通信将会有效阻止车祸的发生并改善交通。移动沟通能够使司机协调和适应周边的交通来有效阻止危险情况的发生。当转弯处有交通拥堵发生时，系统会自动报告给前来的车辆，在不到半秒的时间内司机就可以紧急减速。沃达丰已经投资了这样的产品，估计会在 4 年内见到成效。

智能联网汽车除了更方便实现车载娱乐和信息获取外，还能应用在政府和企业的各种业务上。在 2013 年中国国际信息通信展上所展示的 TD-LTE 4G 体验车搭载了高清视频会议、集群通话、视频远程技术支持和车载诊断等一系列基于 4G 的应用，可以用于政府执法部门的协同工作，也可以用于保险公司定损和保障行车安全。同时，无人驾驶作为近年来智能汽车行业新的研究方向，需要实时传输汽车各种传感器的监测数据，如谷歌的无人驾驶汽车每秒能产生约 1GB 的数据，对网络传输方面具有较高的要求。在 4G 时代，无人驾驶汽车的实现已经不再遥远。

3. 智慧城市：公共服务数字化

"智慧城市" 就是将新一代信息技术充分运用在城市的各行各业之中，随着物联网的高速发展，人们平时在城市生活里密不可分的各种公共服务，例如便民服务、交通服务、教育服务、医疗服务等，在 4G 时代都可以全面实现数字化和多媒体化。

在便民应用上，各项便民服务均可以在 LTE 优质网络下进行富媒体化和高清化的优化改进，如标清视频可以提高为高清视频，各项服务采用图片、动画等形式。例如在人流密集地区的公交地铁站点，会有越来越多带有 LTE 通信模块的便民服务终端，支持市民尤其是外地旅客进行旅游景点信息查询、公交路线/地图信息查询，甚至是免费打 3 分钟电话或者免费上网半小时。基于 LTE 的优异能力，可以为市民提供方便快捷且体验良好的便民服务。

在交通应用上，LTE 能够满足交通管理部门的需求，支持高清无线视频监控的使用，并使移动指挥车辆能实时获得现场高清监控视频以及其他信息通信功能。现有手机用户观看的交通监控视频能够进一步高清化，可以进一步应用于公交车、地铁的实时视频监控以及车辆管理中。

在教育应用上，随时随地获取所需教育资源和服务是用户的重要需求，远程在线视频教育、实时互动教育等是在 LTE 的环境下的重要应用。另外，校车视频监控满足了教育主管部门和家长的需求，同时与校讯通的结合将使两者发挥更大的协同作用，可以及时向家长手机推送校车的车内实时高清监控视频、GPS 位置信息、行驶速度、车辆状态等。

在医疗应用上，远程高清视频问诊、病人健康状况监控等远程医疗应用是医患双方的共同需求，也是 LTE 商用在医疗行业中的主要应用。与救护车等移动医疗情景的结合可以充分发挥 LTE 的各项优点，如车上的远程实时救护指导。

在水电煤气应用上，由于政府和"绿色"倡议的要求，对于智能仪表的需求日益增加。智能仪表可以收集住户资料，允许用户跟踪和管理，支持内部计量与双向通信，提供远程抄表、远程连接和断开、篡改检测、断电检测、实时计费、供应质量监控、虚拟峰值测量、需求限制和通信功能。智能仪表将有助于公用事业降低运营成本和倡导环保生活，例如Google功率计的目的就是与电力/公用事业供应商合作，帮助更好地管理电源消耗，保护环境。随着环境的恶化，人们对空气质量高度关注，基于4G网络的空气检测仪能对空气质量进行多方面的测试，包括监测二氧化碳、温度、湿度、挥发性有机化合物、酒精、甲醛、颗粒物等，并实时报告结果，在任何地方为用户提供清晰的空气质量画面，帮助城市改善空气质量。

4．数字家庭逐步成型

在4G时代，数字家庭将不再仅仅停留在体验馆或者明星生活，4G网速的提升、手机可视对讲、高清视频监控、云计算语音识别控制等技术和功能，都会极大地促进数字家庭中智能家电、家庭安防的数据传输，使智能化的概念得以大力推广。数字家庭生活可以分为智能家居、家庭安防、家庭多媒体娱乐等方面。

智能家居与每个人的日常生活息息相关，而智能手机的普及给智能家居提供了广阔的平台，手机作为移动终端拥有无可比拟的便捷性，以往只能在计算机前遥控的家具、电器通过智能手机的控制真正实现了智能家居一切尽在掌握的理念。随着4G网络的发展，智能手机能对家庭设备进行无缝连接的管理，将极大地驱动户内户外的数据流量、数据业务和内容的发展。各种家用电器、家庭功能性设备之间的智能联网与智能控制，可满足市民通信、娱乐、生活、物业等方面的信息化需求。在日常使用中，用户只需对着手机发出语音指令，云计算系统就能借助语音识别引擎对用户的手机号码进行确认，随后将用户需求加密传输至用户家中的遥控模拟器，由遥控模拟器模拟红外、无线、声波等信号，根据用户要求操作家用设备。通过智能家居系统，能把房间打扫得干干净净，并且调节好空调温度和空气质量、烧好热水、做好饭、开关门窗、录影时下热门的电视剧、厨房下载食谱、遥控宠物喂食；用户离家时，智能家居系统还会自动检测有线电视、水管、电路等设备的运行状况，发现问题后可以主动联系物业进行报修，并能根据物业的维修进度主动督促和检查。这一切都可以通过智能手机远程控制来实现，就像有个智能机器人管家在操持的感觉。

在家庭安防方面，3G 网络可以满足智能家居的大部分功能，然而在应付如高清视频监控等“带宽杀手”时却常常无所适从，4G 网络上下行速度的提升会极大地促进智能家居中智能家电、高清家庭监控视频的数据传输。以后主人在外地出差，想要通过手机察看家中的孩子和老人的生活状况或视频对话只需通过手机即可实现。或者，当歹徒撬开门闯入家中，手机会接到传感器发来的报警信号和视频图片，主人通过手机可随时察看歹徒的行踪，并可立即向社区保安发送报警信号。

在家庭多媒体娱乐方面，家庭成员的个人化和家庭沟通及娱乐消费，需要良好的网络速度和质量保障，同时由于多终端特殊的家庭环境，决定家庭室内的主流接入选择肯定是高速无线接入。表 7-2 展示了一个典型现代家庭的信息及娱乐终端的带宽需求，表中占用带宽是需要的峰值，平均的带宽要求约 10Mbit/s，基于 4G 的家庭网关无线行业解决方案完全可以达到这个带宽，甚至可以支持各种信息化的需求，包括家庭多媒体彩铃、高清视频家庭会议、高清可视通话、在线音视频播放的电子相册、家庭账单、家庭教育、RSS 阅读、社区音视频信息等定制下载等。

表 7-2　典型家庭的数字娱乐生活

业务	终端	占用带宽
主人在客厅播放高清电视	TV	9.0Mbit/s
女儿在自己房间看标清电视	TV	2.5Mbit/s
儿子在用计算机看音乐 VOD	PC	2.5Mbit/s
儿子同时在用计算机下载 MP3	PC	2.0Mbit/s
母亲在和外婆通话	固网电话	1.3Mbit/s
家庭成员睡前有玩手机游戏、查看新闻的习惯	智能手机	1.3Mbit/s
汇总	19.3Mbit/s	
20%在线视频缓存	23.2Mbit/s	

5. 运营商将全面发力4G移动行业应用

运营商一直有专门的政企大客户业务，在3G时代，运营商虽然也很重视移动行业应用，但在这一领域能起的作用不算大，因为和固网以及2G时代不同，大部分行业应用的核心能力通过数据管道都可以实现，不需要运营商额外提供能力。随着4G时代的到来，运营商有智能管道的能力，能够通过QoS优先保障带宽，这一领域的价值潜力会逐步被挖掘出来。

在全球的4G运营商中，美国Verizon公司在移动行业应用方面进行了大量的探索和实践，无疑最具有代表性。它的主要举措包括：

（1）成立专门的应用创新中心和LTE创新中心，积极孵化新业务；并联合阿朗、爱立信和多家业界知名风险投资公司，成立了4G创投论坛，募资超13亿美元，为LTE孵化期企业和创新中心优质项目提供早期阶段的资金支持，聚焦于开发基于4G网络能力的业务、行业应用和终端设备，以扶持、提升4G的应用速度。

（2）积极联合合作伙伴，尝试多种垂直行业应用。例如在零售行业，与Systech公司合作推出零售点支付网关，该金融网关能保证快捷安全的支付方式。与阿朗公司合作推出3D零售远程呈现仪，购物者可以向活灵活现的3D时尚顾问、技术专家等咨询建议。此外，在线的店铺介绍和3D化身都可以让顾客得到最精准的信息和建议，使购物变得更方便和有趣。这些都是通过4G LTE网络实现的。

（3）在医疗行业，与HealthSense合作推出电子邻居系统，通过一系列安置在住处的无线传感器来监视受保护人的生活情况。当发现异常情况时，系统将自动向监护人发出信息以便受保护人得到及时救助。与VECTRACOR合作推出心电检测仪，可以发现可能导致心脏病发作的心电图变化，并通过无线网络将信息实时发送给医生。当病人心脏病发作时，心电检测仪能收集并发送准确可靠的信息。这种轻便的基于无线网络的仪器为病人、医务人员和急诊单位带来了很大的便利。与Healthcare

合作推出了远程医疗车，配备了超声波检测仪、电子听诊器和高清摄像机等医疗监测仪器，LTE 在高速行驶的条件下也能够保证数据和通话的正常传送，在医院里面的医生能够为接护车上的急救人员提供帮助，有效地提高救护病人的效率。定制类似平板电脑的多功能的 BL-healthcare 医疗装置，个人能够方便地利用具有医疗功能的 App 记录分析自己的身体状况，解放病人获得医疗咨询的时间、地点限制，在家也可以利用 App 获得诊断。

（4）在汽车行业，与 OnStar 合作车内联通网络驾驶体验，司机可以设置想要的信息和服务（例如交通状况或加油站、加电站），或者从车内控制家居照明和能量。乘客可以体验高清媒体和社区网络应用，享受直观、有趣、安全的乘车之旅。

（5）在公共服务行业，和 ManleySolution 公司合作推出空气质量监控器，和 Consert 公司合作推出智能电表和虚拟峰值测量器，和 Ambient 公司合作推出智能电网通信节点。

7.3　“视频+互动”下的泛视频大生态

随着大屏终端的普及和 LTE 网速的提高，视频业务无疑已成为未来的潜力业务，视频类业务是移动网络流量增长的主要构成。而在 4G 时代的移动视频业务呈现融合化、高清化和泛在化的特点。融合是指多屏的融合，例如中国电信的天翼视讯业务就是提出要打造业务体验一致的 3 屏互动业务，分别是基于互联网机顶盒的 IPTV 电视机视频、基于 IPTV 软终端的 PC 视频、基于天翼视讯 App 的手机视频，3 屏的内容可以通过统一账号实现同步管理。高清是指随着 4G 网速的提升，手机视频类业务将进入高清时代。泛在是指无所不在、无所不包、无所不能，事实上以视频为主要特点的富媒体化不仅仅是手机视频业务本身从普清到高清的升级，很多移动互联网业务的展现都可以富媒体化，例如视频监控可以广泛应用于无线城市，手机音乐可以同时播放关联 MV，手机阅读可以播放同名电影等。4G 时代的泛视频生态圈具有以下的一些特点。

1．UGC 视频创新商业模式

视频节目的制作主体在向多元化发展，视频内容趋向草根化。视频拍摄设备、网络的普及，使得人人都可以成为视频制作者，视频产业已经不再是“专业机构”的专利。哪怕是手机拍摄的一段几十秒的视频，都可能引起全社会的关注乃至震动。而商业模式也随着视频形式的变化而快速进化，大多数泛视频业务以“内容+流量”的包月费为主，而非传统的植入广告。

2．移动高清 TV 和点播已成为 LTE 的特色业务

从个人视频业务来看，主流运营商都在整合自己在多屏上的内容资源，把移动高清 TV 和点播作为 LTE 用户的专享服务。例如，LG U+提供 LTE 用户的专享 HDTV 服务，提供 30 个实时播放频道和多种备受欢迎的高清 VOD 内容和高清语音；Verizon 融合其有线电视资源，提供高清多屏互动业务，通过统一门户实现定时录制和断点续播等功能。另外，在 3G 时代信息查询业务（例如电信号码百事通 114）仍以语音和短信为主，LTE 将可以做到下发商家介绍视频和下发导航动画。

3．富媒体化的户外广告信息推送将得益于 4G 高速网络

从企业信息推送来看，对于广告业，以前类似分众传媒的楼宇广告形式以图片滚动展示为主，现在以视频为主，如果全部通过人工实现内容更新会造成很大的人员压力，运营商可以通过 LTE 网络实现终端广告内容的无线更新，收取相应的网络费。这种基于高速移动网络的楼宇广告业务能为分众传媒每年节约 1 680 万元，而运营商能每年增收 4 800 万元。同样的，各种的士后座屏、电子站牌、智慧景区等的屏幕信息推送在 LTE 时代也可以实现富媒体化，为运营商产生合作收入。

4．互动技术促进信息内容的视频化

互动视频以其内容的丰富性、互动的灵活性、观赏的趣味性吸引着大量的观众。同时，观众对资讯感官的直观需求，促进了大量的信息内容向

视频形式转化，文字、图片、游戏等均可视频化，由于新技术（如触控技术、AR 技术、语音技术、重力感应技术等）的支持，这些视频化的内容不仅走向互动，而且向移动化、社交化、实境化及综合化方向发展。

例如在旅游行业，以往的导游信息都是以文字和图片为主，4G 时代导游视频是以手机 LBS（Location Based Services，基于位置的服务）为技术基础、以空间位置移动为特点的地点触发型视频，人们会在旅游的过程中，随时根据所在的地点信息播放当地的互动视频，视频的主要内容是介绍所在地名胜景点的背景资料，等等，给人们带来的真切感受如同有导游相伴一样。

苹果 iPad 在推进无纸化互动教育上无疑是先人一步，通过把书本上的文字、图片和多媒体视频整合成各种在 iOS 上互动的电子书，单击画面的特定位置（特定人物、物件等）时，将弹出与该事物相关的信息，或是引导观众选择互动的新内容。

在广告业，很多互联网的系列创意广告都开始选择通过观众的互动来引导视频的发展，例如，2010 年 8 月由 Tipp-ex 涂改器推出的 YouTube 的创意广告“猎人与熊”在引子后会先让观众选择是否射杀熊，不管选择是与否，猎人都将跟你说不忍心射杀熊，并且拿起视频框旁边的涂改器，把标题中“猎人射杀熊”中的“射杀”涂掉，让观众在空白处填写动词，而不同的动词将引向不同的视频。NIKE 推出的“克里斯保罗 5 代鞋”官方迷你网站 Quick Controls Chaos 则采用了多视点技术将观看的视角和内容的选择权完全交回给了观众，在整个视频化的网站上，有一小段 1min 的半场篮球进攻视频，用户可以在一定视角范围（160°）内随意通过键盘、鼠标变换角度观看视频。日本 KDDI 配合 4G 商业广告推出了一款手机应用 ODOROKI，通过多屏互动挑战 432 个关卡，帮助电视、户外大屏、网络 Banner 广告等处的男女主人公渡过难关，创新了“视频+互动”的营销方式。

5．新闻赛事直播“即摄即传”

对于国内的广大新闻工作者，尤其是电视台的记者们来说，4G 高速网络将成为他们的得力助手。在未来的电视现场直播过程中，记者无需再使用体型庞大的电视转播车，只要在肩扛摄像机的传输模块上插入4G上网卡，并连接到当地运营商的4G网络上，就可以在拍摄画面的同时，把高清影像传回到后方。而在以往，电视直播活动都需要在现场搭建一个新闻直播间，或者是把卫星转播车开到现场，不仅对场地环境要求很高，调试时间长，而且画面的延时也比较长。深圳卫视的新闻直播节目，在2013年报道国庆长假出行状况时，就使用了当地运营商的4G试验网络，从直播效果来看，直播画面与现场实况的时间误差不超过1s。视频回传技术将会更频繁地应用于体育赛事、重大活动的电视直播中。电视台和互联网视频类节目，都将逐步进入无线高清直播时代。

6. Google Glass以第一视角认识世界

在2012谷歌I/O开发者大会上，互联网巨头谷歌推出了基于增强现实（AR）技术的智能眼镜Google Glass，Google Glass的使命是让人们以第一视角的方式更快、更自然地获取信息。这种眼镜能够在镜片上显示投影，实现短信、电话、拍照、摄像、上网等功能，当然在Google Glass上查询短信和邮件信息并不是初衷，Google Glass更希望让用户得到逼真的AR体验。Google I/O大会上现场邀请了好几位空中跳伞专家，分别戴上Google Glass，而与会者就以第一视角实时地观看这些专家在跳伞时所看到的现场转播画面。

在许多科幻片中，如Google Glass这样的高科技装备，多半都会被用于军方，集成在全信息化的作战系统中，为士兵提供数据与信息的透视显示。民用级的Google Glass，将会展现出前所未有的魅力。其中一个在YouTube上拥有1 800多万点击量的影片展示了Google Glass在未来可以如何跟每天的生活结合，例如早上起床你戴着眼镜就可以看到当天的天气、最近一个时间计划上的约会是在哪里几点、观看社交软件的留言并直接语音回答、照相、听音乐，等等。总而言之，一切的工作都可以透过语音输入，并结合所有Google的服务让你不需要动手也可以轻松做到现在智能型手机可以做到的事。

7. 高清视频监控可广泛应用于无线城市的各个领域

传统标清监控系统只记录事发经过，难以提供更多关键细节，高清视频监控在 LTE 网络的支持下，可广泛应用于公共服务的各个领域，如图 7-5 所示。例如，在平安城市里应用于突发事件监控，如大型活动、政府维稳等，实现及时发现、快速处理；实时路况在重要交通路段部署高清摄像设备，可以向市民提供实时路况等视频信息；综合治理对工地违建、超载、环保等进行实时监控，为政府开展综合治理提供支撑；应急指挥连接城市管理者、接警车辆/人员以及紧急情况现场，提高突发事件处理效率。

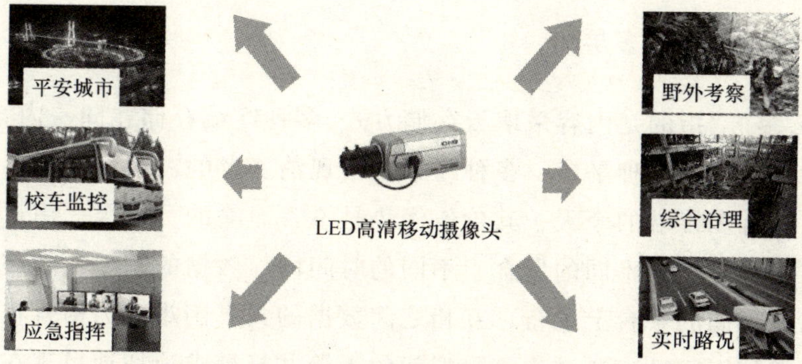

图 7-5　LTE 高清移动摄像头的广泛用途

7.4　一云多屏成为大趋势

云是什么？根据美国国家标准与技术研究院（NIST）的定义，云计算是一种按使用量付费的模式，这种模式提供可用的、便捷的、按需的网络访问，进入可配置的计算资源共享池（资源包括网络、服务器、存储、应用软件、服务），这些资源只需投入很少的管理工作或与服务供应商进行很少的交互就能够被快速提供。云服务是基于“云计算”技术，实现各种终端设备之间的互联互通。相对于终端能力的有限性，更多要求高计算和存储能力的复杂应用需要采用“云”来实现，在云服务中，手机、电视机等都只是一个单纯的显示和操作终端，它们不再需要具备强大的处理能力，用户享受的所有资源、所有应用程序将全部由一个存储和运算能力超强的云端后台来提供。

事实上，无论对于企业还是个人，类似云的服务（服务器—客户端模式）一直是存在的。目前云服务发展存在两大障碍：首先是云服务的价值在于随时随地的信息获取，但移动数据接入价格高昂，阻碍了云服务的普及；其次是针对个人消费者的云服务主要以存储为主，技术含量低，付费用户不足万分之一，商业化价值还比较有限。

在4G时代，应用、数据和流量的大量增加导致客户大量应用数据无法全部储存在手机终端。各种新应用（包括本章前面介绍到的轻应用）将帮助客户提取、储存和管理各类数据，包括视频、邮件、音频、游戏等，而4G LTE可以让更多计算和存储任务在云端实现。

1. 什么是“一云多屏”

“一云多屏”指的是内容采取云存储方式，多种终端存储在同一内容源，同样的内容在多种平台、多种终端上实现消费者的需求。这种存储方式在拥有多终端的今天，其价值优势是不言而喻的。现今，用户会有很多设备应用于不同的场合、不同的时间段。数据的产生、处理以及存储在不同的平台上进行，互相之间数据的共享困难成为横亘在多平台无缝使用间的一道鸿沟，数据间的无缝共享需求迫切地呈现在人们面前。“一云多屏”无疑是解决多终端数据共享的一个很好的解决方案，云存储如同数据的仓库，可以统一管理所拥有的全部数据，这是未来的发展趋势。例如，在2012年的伦敦奥运会转播中，中国网络电视台CNTV凭借自有的“一云存储、多终端报道”的新媒体传播体系，全面覆盖PC终端、手机电视终端、IPTV终端、移动电视终端5大新媒体平台。

2. 一云多屏的优势

首先，它降低了运营成本。云存储这种新的存储模式，利用的是商品化存储设备组成的存储池，这是由成本更低的存储设备组成的虚拟存储池，进而实现“边增长边付费”式扩展，这种弹性使用方式节约了很多成本；另外，还大大降低了管理成本，不用太多的技术人员就能够全面控制与管理。

其次，具有访问优势。以前的视频存储服务器，如为文件服务器或者 ERP 系统部署一个存储系统，因为 IP 地址的限制，访问上可能会遇到一定的障碍，另外出于安全的考虑，要将存储服务器等重要设备隐藏在企业内部，但是这给访问带来了一定的阻碍。采用云存储产品的话，就可以消除这些问题。用户在外网访问某个文件时，就好像是登录自己的邮箱一样，不仅速度快，而且不需要经过其他的中间渠道，用户可以随时随地根据自己的需要来访问文件，同时还能提高访问速度。云存储产品由于服务器是放置在互联网上，为此无论是内网用户还是外网用户，要访问存储在云存储产品上的信息，都必须通过互联网才可以（有些会在企业内部服务器上创建副本），而由于存储服务器性能的优越，同时会租用比较大的带宽，因此用户访问的速度也大大提高。

再次，因为云本身就具有容易扩展的特性，用户可以动态、灵活地进行大规模扩充，所以部署新的存储容量和服务将变得更简单。云还可以根据管理员设立的政策来执行智能化、自动化的自我配置。同样，通过取消烦琐的运行任务以及治理更少的逻辑设备，IT 管理员的工作也将变得更加简单、便捷。这些优势为中国网络电视做好奥运报道工作提供了有力的技术保障。

多终端播放其优势更为明显。IPTV、互联网视频、手机媒体、移动多媒体等不同的终端有不同的收视人群。多终端播放这种碎片化传播模式满足用户的不同需求，扩大了用户的覆盖率，使得奥运报道产生了强大的影响力。另外，同一视频源，网络、手机、车载移动、IPTV 等不同终端播放，使得同一视频资源以不同的形态来展示，实现了一件新闻产品的多介质、全方位、立体化传播。更为重要的是，全媒体的多种方式、多种层次的传播形态也满足了用户的细分需求，使得用户获得及时、多角度、更多听觉和视觉满足的媒体体验。当然，一云存储、多终端播放模式是一个开放的不断兼容并蓄的传播技术形态。随着新技术的发展，还会有许多意想不到的传播端口加入其中，丰富受众的媒体体验。

3．众多移动互联网业务呈现迅速“一云多屏”趋势

以往众多移动互联网应用在做不同智能手机操作系统（如 Android/iOS/Win8 等）之间的复制和延伸，而现在更多的是做不同终端之间的复制和延伸，以谋求业务收益的最大化。不仅仅是视频类业务在快速“一云多屏”化，包括音乐、阅读、游戏等可能涉及内容类云存储的应用，目前都在呈现迅速的“一云多屏”趋势。例如中国电信的天翼阅读业务就支持多屏互动，终端覆盖手机、PC 平板、电纸书和电视 ITV，一处订购各处同步，共享原创文学、出版图书、杂志漫画和有声小说等海量内容资源。中国电信的爱游戏也推出云游戏业务，所有游戏资源池都在云端服务器端运行，并对渲染完毕后的游戏画面压缩，用户的 LTE 手机不需要任何高端处理器和显卡，只需要基本的视频解压能力和输入输出能力，大大降低了对用户终端的要求，基于 LTE 网络传送给用户的云游戏效果更逼真绚丽、游戏画面更加清晰、免安装下载，还支持各种大型的网络游戏。

4．一云多屏的产业链布局

以互联网视频业务的“一云多屏”为例，目前国内的电视广播竞争格局涉及多个角色，包括广电、电信、互联网、消费电子厂商等，其中广电又包括传统电视台、有线电视运营商、互联网电视集成牌照商等。从产业链角度来看，具有内容集成属性的互联网视频网站、互联网电视集成牌照商、有线电视运营商、电信运营商更有可能成为实现一云多屏的主导。以下为各角色在一云多屏方面的一些布局情况。

（1）对于互联网视频网站（包括客户端形式的 PPTV、迅雷等），在技术、资金、互联网运营以及长期的品牌效应方面具有较强的优势，主要的几家网站当前在多屏方面发展的侧重点也不尽相同。优酷、搜狐等还未进军电视领域的，当前主要是在 PC、PAD、手机上实现多屏，在不同终端上的共享消费、断点续看、共享收藏等功能都已实现。而乐视、爱奇艺等和互联网电视集成牌照商合作的视频网站，通过发展互联网电视机顶盒，进一步实现了从 PC、PAD、手机到电视的多屏延伸。

（2）对于互联网电视集成牌照商，7 家公司在多屏方面发展的情况也不尽相同。CNTV 从 2012 年奥运会开始推出“一云多屏，多屏互动”的战略，初步实现多屏的生产和分发体系，但云端的整合以及多屏之间的互动通道都有待于进一步深化。百视通从 2011 年推出“一云多屏”战略以来，也是大力发展云端建设，实现了统一管理、统一服务，在多屏方面利用 IPTV 在电视和移动终端之间进行了多屏互动的尝试。

（3）对于有线电视运营商，由于之前几乎没有除电视外的其他终端，目前主要以电视为基础，逐渐扩展到 PAD、手机等其他终端。例如，北京歌华的飞视、贵州广电的多屏看、厦门有线推出的手机 App、深圳天威的甩信等，都将视频内容通过各种方式从电视延伸到了其他屏，但基本都是仅实现了多屏，还未实现多屏之间的互动。

（4）对于电信运营商，多年来已在 IPTV 和手机电视领域有一定的积累，在 2012 年 OTT 兴起时，三大运营商对 OTT 均有所行动，比如电信、联通的 OTT 招标及试点，移动建立了 OTV 互联网电视项目组，IPTV3.0 的启动测试，都显示了电信运营商在多屏领域的部署和意图。

以上 4 种角色在实现一云多屏上各有优劣，互联网视频网站的优势在 PC 和移动终端，劣势在电视；有线电视运营商正好相反，优势在电视，劣势在 PC 和移动终端；互联网电视牌照商和电信运营商相对比较平衡，在各屏上都有一定积累，但在各屏上也都不是最强。因此，短期内谁都无法成为多屏的绝对主导，各方都处于布局和博弈的过程中，对于广电运营商来说，更需要在政策保护期内充分发力，将一云多屏提升为一种基础能力建设。

第 8 章　重流量应用的春天

伴随 4G 网络与设备的逐渐丰富与普及，未来将迎来一个高流量的业务与内容繁荣时代。思科的 VNI 全球移动数据流量统计与预测数据显示，仅在 4G 开始大规模商用化发展的 2013 年，3%的 4G 连接已带来 30%的移动流量；到 2018 年，15%的 4G 连接设备将占据全球超过半数的流量。4G 网络的使用场景，必然会为一批重流量应用带来新的发展机遇，掀起移动互联网第二个浪潮。

LTE 网络的扁平化架构大大降低了端到端时延，游戏玩家可以体验到与有线网络一样的游戏体验。手机游戏尤其是重度手机游戏可能将是 4G 网络普及的最大受益者，它将会变得更具社交属性。无论对于玩家还是游戏开发商，4G 网络将会给他们带来一个全新的游戏盛宴。

LTE 能提供数倍于 3G 的上行带宽和容量，在 3G 网络中受限的对称型业务在 LTE 网络将获得足够的上行带宽。各类需要实时上下行的增强现实应用、云应用及移动医疗在 4G 网络的辅助下得以从小范围向更多人群扩展，一批新的重流量应用将迎来新的发展春天。

8.1　重度游戏

游戏行业的热点经历了从客户端游戏向页面游戏转移，继而向移动游戏转移的过程。在 3G 时期，以棋牌、泡泡龙为典型代表的休闲益智类游戏受到用户的广泛欢迎，随着 4G 网络的不断普及，手游重度化将是不可阻挡的发展趋势。所谓重度游戏就是具有玩家认知和接受程度高、付费能力强、用户群体固定忠实度高、游戏生命周期长等特点的游戏，这些游戏既包括故事情节丰富、画面精美的角色扮演游戏（RPG）等，也包括用户在线时间长、黏度大的游戏如社交游戏等。

8.1.1 移动游戏进入重度化时代

1. 重度移动游戏更受青睐

在苹果 App Store 中国区畅销榜中，以 RPG 为代表的重度手游比例正在上升，按产品数量统计，RPG 游戏占总游戏数量的 30.4%，这个比例比 2012 年有一定提升。移动应用统计分析平台 TalkingData 对 2013 年国内移动游戏玩家的统计数据也显示，RPG 与策略游戏等重度游戏，用户的付费意愿也较高，如图 8-1 所示。

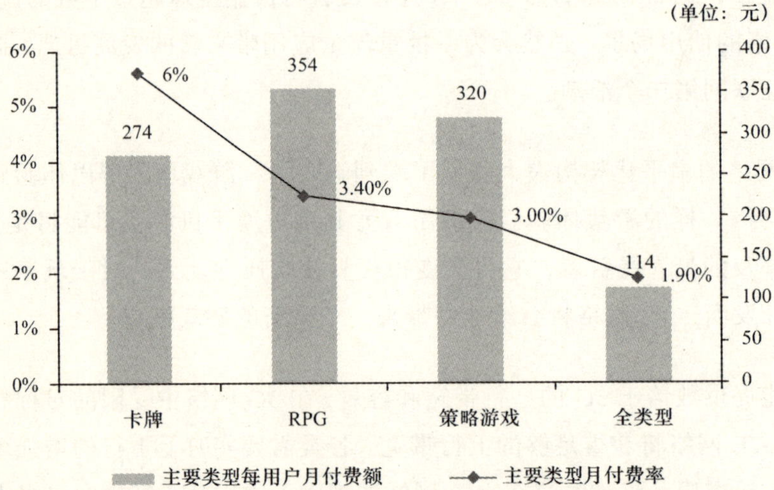

图 8-1 2013 年中国移动游戏用户月付费额与月付费率

从游戏开发商的角度上看，重度手游比轻度手游具有更多优势：一是重度移动游戏成功率高于轻度游戏，近年来火热的轻度手游屈指可数；二是重度游戏有一定进入门槛，不易被快速山寨；三是重度游戏中单个用户贡献量大，如果用户数量上规模，其收入更不可小觑。因此游戏研发商们更愿意在重度游戏上投入。移动应用数据分析公司 App Annie 的一份报告显示，国内 10 大 iOS 游戏发布商中，巨人移动、空中网、Haypi、

Pinidea、Tap4Fun、人人游戏和 Triniti 等 6 家都以重计费游戏收入为主。目前移动游戏上收入靠前的《战国》、《世界 OL》、《龙之力量》、《悍将传世》等都是重度类型产品。

从外部环境上看，重度手游也具备了崛起的时代条件：一是手机硬件条件和软件环境都在进步，千元机可以跑起多数重度游戏，重度手游门槛降低；二是网速环境大幅改善，部分运营商的 4G 网络网速高达 35～150Mbit/s 不等，稳定的网络环境与流畅的网速对重度手游的体验大幅提升；三是国内支付环境和支付系统越来越完善，如苹果 App Store 模式已经培养了相当一部分规模的付费用户，互联网金融的影响不断有新的支付工具出现，极大地方便了用户充值和消费，支付环境的改善也使得重度手游更容易获得收入；四是玩家对重度产品的需求开始大量出现，再加上游戏开发商与运营商的引导，通过一些黏性手段，把越来越多的非重度用户转化为重度用户。

2. 重度手游与社交深度融合

从总体趋势上看，社交元素成为手游的必备要素。目前，各大媒体榜单占据前几位的手游如微信天天爱消除等的一系列游戏，都无一例外地有着强烈的社交趋势。随着手游的发展和市场的成熟，人们玩手游的时间越来越长，手游碎片化的特征将越发不明显。相对的，玩家对游戏体验的丰富性和拓展性，也就有了更多的诉求。相比于轻度手游，中重度游戏研发的成本更高，面向不同的细分类别，对用户的期求不仅是稳定，更要有足够的黏度和深度。社交化既能够更容易地吸纳用户，也能够在用户群中形成良性的社交圈。可以说，未来手游市场的竞争，中重度手游的社交化元素将是关键因素。另外，重度手游依托手机上关系网的独特优势，能更加有效增加用户的黏性与规模。事实上，在中重度手游领域中，社交元素已经从过去单纯地分享到各社交平台，转变成为 PVP（某端与某端的 PK，如挑战好友）等直接和好友进行互动的深度社交模式。比如《啪啪三国》，则是宣称即将把单人 PK 升级到 5 对 5 的 PVP 模式，以实现“千人同屏”的大规模玩法。这些都是玩家社交模式的升华和衍生。另外，移动游戏不像客户端游戏那般具备成熟和完善的玩家聊天交流系统，移动游戏画面上几乎是寸土寸金，中重度手游社交化成趋势后，玩家之间的互动交流将会获得更快的提升，这也是各方值得深度挖掘的市场空间之一。

3. 大应用改变市场格局

在移动游戏产业链条中，除了原有的游戏研发商以外，也出现了一些互联网企业的身影，他们利用自己的大应用和大平台优势，很容易地就对手游市场的格局带来冲击与改变，如社交软件微信和陌陌，它们面向数千万乃至上亿的用户规模，推出的社交化游戏产品，可以快速积累新增用户并产生效益，并轻易改变市场中的排名，进而影响用户的选择方向。如腾讯的《天天酷跑》，在推出后迅速登录苹果 App Store 免费排行榜和畅销榜第一位。又如腾讯 2012 年 5 月便在 App Store 上线的《节奏大师》，原本收入十分微薄，但是接入微信与手机 QQ 后便很快冲入 App Store 畅销榜前 10 名，此后长期维持在前 30 名内，对用户与收入带来的提升十分显著。

2014 年，移动游戏市场上会出现更多类似的搅局者，如阿里、网易、搜狐等，这些公司多半手头有移动端的大应用产品，如阿里的淘宝、支付宝，网易的网易新闻，搜狐的搜狐视频等，这些大应用能够为手机行业提供新的流量来源，而一旦他们推出移动游戏，就可以轻易改变 App Store 与 Google Play 等平台的游戏排名榜单，进而影响用户的选择，同时改变移动游戏市场的竞争格局与商业模式。

4. 跨屏应用大势所趋

随着硬件产品更新换代的速度加快，许多游戏厂商开始在智能手机、平板电脑等移动设备之外，向智能电视甚至可穿戴设备上寻找新入口，由此使移动游戏跨屏趋势日益明显。2014 年以来，包括谷歌、亚马逊、苹果在内的互联网企业，其电视与机顶盒产品也支持游戏功能，在智能家居的环境下，用户在电视、智能手机、平板电脑之间可以实现实时的跨屏迁移与互动，为跨屏游戏带来了相当大的想象空间。在这种市场机遇下，游戏开发商更注重游戏产品的多屏玩法，游戏分发商考虑重设游戏产品的营销模式，电信运营商也可以在多屏互动业务以及多设备流量共享套餐上有更多的创新冲动。

8.1.2 国内外重度手游发展略有差异

提到移动游戏市场，不得不提到韩国、日本和中国几个极具代表性的地区。由于游戏产品包含了深厚的文化内涵，经过几年发展，不同国家的移动游戏产品的发展也形成了截然不同的发展模式，直接影响了游戏开发商、游戏分发渠道及电信运营商采取相应不同的竞争策略。

1．韩国：社交平台是重要分发渠道

《2013 韩国白皮书》指出，2013 年韩国移动游戏市场预估达到 12 125 亿韩元（约 70 亿人民币），同比约 51.4%的成长幅度，移动游戏仍处于高速上升阶段。韩国属于传统的游戏强国，其手游整体质量已达到非常高的水平，场景和特效等细节已经与端游相距不远。韩国游戏市场的另一个特征是，智能手机上的付费游戏向免费游戏的迅速转变，韩国本地游戏开发供应商如今更倾向于提供免费下载的游戏，寄期望于后期游戏中的小额支付。

大型社交平台在韩国移动游戏市场占据重要地位。注册用户过亿的 Kakao Talk，在韩国手游市场上扮演着最为重要的角色。在韩国的苹果 App Store 和 Google Play 收入榜单中，创收最高的前 5 个应用均是游戏，它们都来自 Kakao 游戏平台。Kakao 游戏平台上的创收主力也从初期的休闲类游戏渐渐发展到新的卡牌、RPG、动作类游戏，这些重度游戏正在成为新的创收力量。

Kakao 扮演了一个游戏分发平台的角色。Kakao 给予游戏开发者新的选择，他们无需在应用软件商店发布游戏，可以使用 Kakao 游戏的 API 将他们的游戏与其原有的服务相结合，而玩家可以通过原有的聊天系统进行双人游戏。用户则可以通过终端应用软件商店（App Store 和 Google Play）或 KakaoTalk 下载游戏，然后向朋友挑战或协同游戏与联系人进行

社交互动。Kakao 统一处理游戏内的支付（以它自己的货币结算，名为 Chocos），所得收入则是扣除游戏平台服务费后与游戏开发商 3/7 分成。这就意味着，对于一款苹果游戏来说，苹果将收取属于它的 30%平台服务费，而 Kakao 则从剩下的收入中获得 30%的抽成。Kakao 游戏在韩国的上线创造了骄人的成绩：在其上线的 3 个月中，Kakao 游戏从 2 300 万个人用户的 8 200 万次下载中赚取了 5 160 万美元。

Kakao 为游戏开发者提供了一个更高效且更具影响力的环境，特别是对那些小型的游戏开发商或独立工作室，因为它们或许有着人手不够或营销资金不足的困扰，或者需要一个 Google Play 和苹果在线应用软件商店之外的选择，事实上如 SundayToz 团队和 NextFloor 这种小型团队为 Kakao 游戏平台提供了大量的优质应用，自身也获得了相当丰厚的收益。

Kakao 游戏对用户产生了较大的黏性，同时助长了 IM 软件 KakaoTalk 用户规模的大规模提升，目前，韩国 KakaoTalk 平台上每天发送的信息量达 5 亿条，其视觉效果炫目，提供独特的体验，实际上已经取代了手机短信，对电信运营商的语音及短信收入带来了一定的冲击。但是，韩国移动游戏用户对 LTE 及 Wi-Fi 的依赖度较高，社交平台的重度游戏也带来了相应的流量增长。在 2014 年 4 月，韩国三大运营商分别推出了更宽裕的流量资费套餐，以 SKT 为例，推出包月制的 LTE 流量套餐，每日 2GB 流量封顶，基本满足用户的移动数据需求。

2．日本：封闭的生态圈，本土化程度高

日本是全球 iOS 和安卓游戏收入最高的市场，也是全球最封闭的一个市场之一。根据 App Annie 2013 报告，日本 90%的 iOS 和安卓游戏都为本土制造，本地产品主宰了日本手游市场，日本畅销榜前 10 位没有一款来自西方和中国的游戏。

日本移动游戏市场有着突出的特色。

（1）日本手机用户更容易为喜欢的游戏进行道具付费购买。20%的日本手游玩家有程序内购买经历，而此比例在西方手游玩家中还不到 5%，

因此日本移动游戏市场 90%的收入源于游戏内购买，付费下载只占很少比例。

（2）社交网络与手游的深入结合。日本以功能机为主的手游最初出现在 2006 年前后，该时期手游已极大程度地与社交网络结合在一起。日本大型社交网络企业，Line、DeNa、Gree、mixi，都拥有超大规模的用户群体，以拥有超过 1.5 亿用户的 Line 为例，自 2012 年 11 月以来，每月都会发布 3 款游戏，目前平台拥有 39 款游戏，几乎每款游戏都有数百万乃至千万的下载量。

（3）日本移动游戏用户类型众多，成就型、社交型、博爱型、自由型、比赛型、破坏型。每种玩家都有不同的游戏风格和消费动机，西方游戏几乎只能从最顶层的鲸鱼玩家那里获取游戏收入，而日本的游戏开发者习惯通过数据来分析和迎合不同的玩家类型，设置不同的应用内付费类型，进而获得更高的每用户平均收益。因此对数据分析及云服务部署的需求非常强烈。

（4）国内外企业要在日本立足必须与本地发行商或开发、运营企业展开紧密合作，如 COC 和《卡通农场》获得了日本运营商软银的投资，DoCoMo 的 D Game 平台上与众多游戏开发企业的合作，帮助游戏厂商进行产品宣传推广和商业化合作，提供日本本地云服务部署、用户管理和分析等方面的服务。在这样一个封闭的生态圈里，日本电信运营商凭借传统的强势话语权，在移动游戏产业中仍然占据较大的业务拓展空间。

3. 中国：多元化竞争格局，极具发展空间

与其他国家相比，中国拥有一个别具特色的移动游戏市场。首先，中国移动游戏市场发展潜力巨大。早在 2012 年，中国的智能手机和平板电脑安装量已超过了美国（2.46 亿 VS 2.3 亿）。中国在移动设备市场上惊人的发展预示着其移动游戏市场的巨大发展潜力。中国互联网络信息中心 2014 年 1 月发布的第 33 次《中国互联网络发展状况统计报告》显示，截至 2013 年 12 月，中国手机网络游戏用户数为 2.15 亿，较 2012 年底增长

了 7 594 万，年增长率达到 54.5%。该《报告》指出，移动游戏用户还将会在 2014 年出现爆发式增长。

其次，中国移动游戏市场的内容也呈现分裂状态，不存在任何一种凌驾于其他游戏类型之上的题材。据友盟数据显示，中国用户最常玩的是动作类游戏（占比 22%），其次是休闲游戏（17%）和益智游戏（15%）、战略游戏（仅占 9%，但该类型目前在西方游戏市场收益榜单最占优势）。这意味着游戏运营商必须精准定位各类分层用户的偏好需求才能实现大规模用户的收获。

第三，中国移动游戏市场的系统生态更加复杂。Android 在 2013 年中国移动游戏市场收益中占比高达 80%；该系统在中国智能手机市场占据主导地位，在该市场的分裂性甚于西方市场，因为中国移动市场充斥着大量廉价、山寨 Android 设备，以及大量独立应用商店（超过 500 家）。而与国外不同，国内的第三方应用商店是分发移动游戏的主要途径之一，如图 8-2 所示，因此面对如此之多的厂商以及应用商店，游戏开发商需要面对和适应这种多头交叉的模糊商业环境并彼此建立关系。

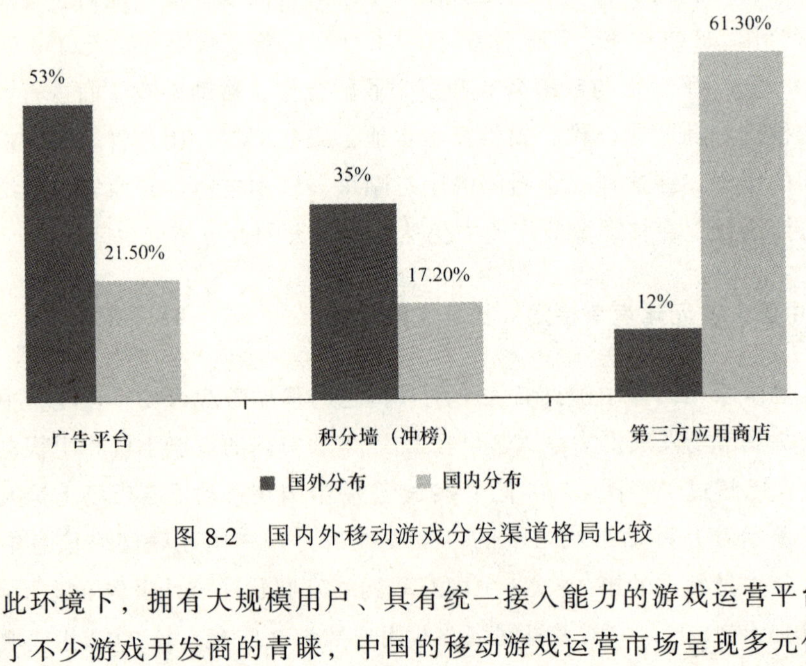

图 8-2　国内外移动游戏分发渠道格局比较

在此环境下，拥有大规模用户、具有统一接入能力的游戏运营平台获得了不少游戏开发商的青睐，中国的移动游戏运营市场呈现多元化的格局——位居前 3 的企业占据半数以上份额，据调研公司 Analysys 数据显示，互联网企业腾讯掌握了 22%的中国市场份额，位居第 2 的中国移动控制了 17%的移动游戏市场份额，与全球 600 多家移动游戏开发商达成了合作。而第三大游戏运营商中国电信的市场份额则是 8%，剩余的份额被多家企业零散分割。其中腾讯有意通过模仿韩国的市场形势而占据领先地位，并在其聊天应用微信中植入游戏平台，多款游戏的推出都对手游市场产生较大冲击。除了移动游戏运营市场方面的直接竞争关系以外，电信运营商也在探索与腾讯进一步的合作关系，目前包括联通在内的运营商正针对微信推出专属流量包，可以覆盖部分由微信游戏平台产生的高额流量。

业界普遍认为，2014 年可能是移动游戏界的爆发元年，产业发展更加聚焦，生态圈进一步成型，国内移动游戏发行商、研发商、渠道商市场格局初步形成。

8.1.3　电信运营商探索移动游戏分发新模式

电信运营商是移动游戏产业的重要一环，无论在国内国外，电信运营商都充当重要的移动游戏渠道分发角色，在传统的 2G 与 3G 阶段，电信运营商为移动游戏用户提供代扣费或应用商店下载的角色，在 4G 环境下，运营商越来越理解移动分发的模式，通过预装、流量价格的优惠，可以提高运营商商店的用户使用频率。

电信运营商具备天然的用户规模优势，通过接触移动游戏研发商与发行商，达成相应的接入或联运协议，通过预装终端等方式，可以实现对传统应用商店的规避，直接到达用户一端。在用户使用游戏业务的阶段，可以通过使用流量组合优惠的方式，以及便利的支付手段，实现现金流的正向流动，如图 8-3 所示。在这方面，欧美日韩运营商提供了经营范例，如 DoCoMo 推出预装在 Android 设备中的 D Game，其中内容来自知名游戏发行商，例如 Capcom、Konami、Temco 光荣、Square Enix 和 MTI。KDDI 提供的 au Smart Pass 则通过月租 399 日元的方式，为用户提供近百种最受欢迎的游戏应用。Verizon 无线也与 Exent 合作，通过

GameTanium平台提供Android游戏订阅服务，Verizon的客户以6美元/设备的月租费方式为用户提供在GameTanium平台一个月内无限下载游戏，目录中有超过200个Android游戏，比如水果忍者、植物大战僵尸等，来自全球90多个发行商和开发商。

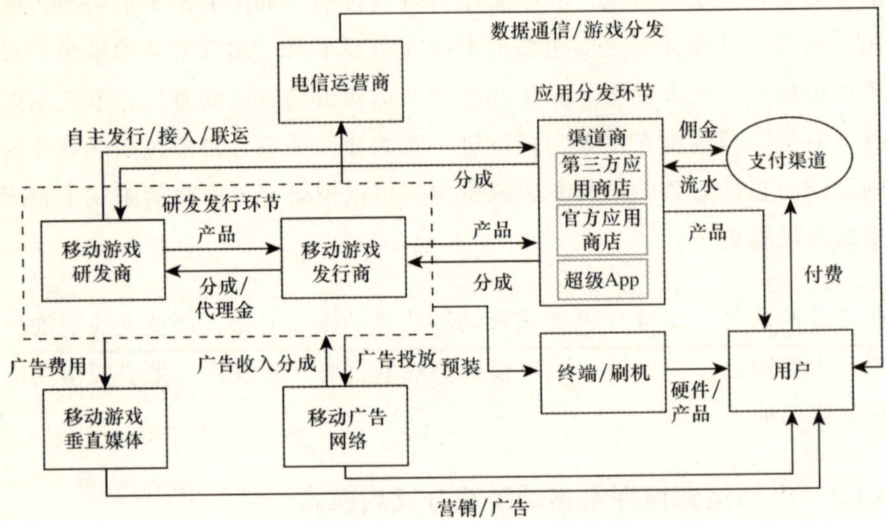

图 8-3　移动游戏产业链条示意图

国内电信运营商也看到了借助4G快速拓展手机游戏市场的前景。中国移动游戏基地2013年Android游戏收入值为20亿，2014年的业绩考核值大幅提升至60亿，按照年同比200%增幅提高自己的KPI，预期通过预装终端和支付设计方面协助达成目标——首先，中国移动预计2014年会售出2亿部智能手机，其中1亿部是4G手机，运营商定制版手机将100%预装运营商应用商店。其次在资费设计上，中国移动调高了用户单月可通过话费支付的支付上限，将2013年单个用户的月付费上限300元，提高到了2014年的1 000元，上限的提高能够显著地为运营商带来收入的增长。

8.2　增强现实

增强现实（Augmented Reality，AR）借助计算机和可视化技术将虚拟的信息应用到真实世界，真实的环境和虚拟的物体实时地叠加到了同一个画面或空间同时存在，简单而言就是虚实结合。智能手机配合增强现实来提供应用，将可以让使用者有相当多广泛的用途，例如以相机来扫描辨识饭店外观，即可进行空房查询、订房等；若以相机扫描空荡荡、尚未装潢的办公室，则会交出一系列的办公室装潢元素，让使用者来配对；甚至于还可以照照天空，来显示一天的天气预测，等等；4G 网络带宽更宽，上下行速率更有保障，使得诸如此类的应用有相当多延伸空间。

8.2.1　面向用户生命周期的众多应用场景

增强现实有两个显著的技术特征：一是虚实结合，可以将显示器屏幕扩展到真实环境，对于现实目标通过叠加虚拟景象产生类似于 X 光透视的增强效果，因此可实现如将地图信息直接插入现实景观以引导驾驶员的行动；通过虚拟窗口调看室外景象、使墙壁仿佛变得透明等场景；二是实时交互，它使用户的交互从固定的一点扩展到整个周边环境，从简单的人面对屏幕交流发展到将自己融合于周围的空间与对象中，因此应用可以根据用户在三维空间的运动而实时调整信息的增强呈现方式，实现移动过程中的实时互动。目前增强现实主要的使用场景如下。

（1）导航指引

利用位置定位+方向识别技术，通过识别用户所在周边环境，提供各类导向指引，如利用 Car finder 可以找到自己的车所在位置，利用餐馆点评应用 Yelp Monocle 找到想去的餐馆，如图 8-4 所示，用户可以了解周边餐馆的距离方向评价消费档次等信息。利用 Wikitude Drive 增强现实导航应用，用户看到的不是地图，而是前方街道的实时视图，以及叠加在视频上方的导航数据，还可以通过用户提供的游记和地点信息提供旅游攻略。GSMA 评选的 2013 年最佳医疗应用——MIPsoft 公司的 BlindSquare，利用增强现实 GPS 应用程序，结合从 Foursquare 和开放街道地图周边环境获取的信息，然后用高品质的语音合成声音出来。例如，“哪里是半径 200m 范围内最流行的咖啡馆？”，为盲人提供了独立出行的可能性。

图 8-4　Yelp Monocle 餐馆引导界面

（2）虚拟现实互动

将虚拟物体与现实环境相结合给用户呈现虚实互动环境，如 AR SOCCER 虚拟颠球，就是用户把屏幕对着一块干净的地板，然后屏幕上会出现一个足球，用户可以用脚去实现运动互动。或使用 Zugara 的虚拟试衣间通过摄像头扫描，将人物与网络商店上销售的衣物进行匹配，方便用户选购合适的衣服。还有 Star Walk“天文互动指南”，利用 GPS、指南针和陀螺仪帮助用户辨别星座。

（3）了解周边现实

用增强现实技术为用户展现周边环境的现实信息及延伸信息服务，如 TwittARound 采用定位技术加上云存储的天气数据库，使得用户可以利用摄像头对准天空来判断当前的天气状况。Wikitude 被称为“世界浏览器”，它可以帮你探索周围的环境、查找地标的资料，用户举起手机并打开摄像头，屏幕上就会出现一些标记，包括维基百科词条、带 GEO 标签的 Tweet、ATM 的位置等，如图 8-5 所示。Layar Reality Browser 是把摄像头对准周遭的景物，Layar 会把各种数据找出来——巴士站、滑板公园以及房地产价格，等等。

图 8-5　增强现实街景应用

（4）令现实按用户想法想象与改变

利用增强现实技术方便用户按照自己方便的方式来了解与观看周边环境，如 Word Lens 是一个实景翻译的应用，提供对用户现实看到的外语实时翻译成母语，如英语和西班牙语的相互翻译。伦敦博物馆推出的增强现实的 Apps 名为“时光机器”，把手机对准当前所在的位置，系统会自动匹配当前位置几十年前的样子。

（5）增强娱乐游戏体验

增强现实技术在游戏领域应用得更多，如 AR Invaders 将 AR 技术引入游戏。游戏利用设备自带的摄像头捕捉周围的实时画面，利用陀螺仪和重力感应来判断玩家的动作、方向和位置变化，玩家则需要在实境中搜索着外星飞船并击毁它们，阻止外星人的入侵。AR Invaders 需要陀螺仪支持，所以仅适用于具备相应硬件配备的智能手机或平板设备。

（6）开放平台

还有众多支持增强现实技术对接的开放平台，如 Layar，任何第三方都可以通过 Layar 的开发接口来打造基于 Layar 的自己的增强现实应用，目前其官方网站上列出的应用有 2 029 个，其应用类型包括教育、游戏、建筑、艺术、交通、游戏，等等，相当于一个专为 AR 应用搭建的 App Store，里面的应用免费与收费皆有。

（7）AR 与移动互联网营销的结合

App 应用与 AR 技术是未来移动互联网营销的两大趋势，企业一方面可针对自己的产品或顾客需求开发专门的 AR App 以提升服务，另一方面在营销活动中也可以通过 App 增强活动的参与性、互动性，甚至打通 O2O 的内容，而 AR 技术无疑也是增强互动体验的又一大杀器。

在日本，如图 8-6 所示，透过 AR 结合 GPS 建构的 iButterfly 虚拟世界中，你将会在位置信息的平台上从镜头外以空气标签的形式显示出虚拟的"蝴蝶"，而玩家利用智能手机的感应器功能，通过挥动智能手机去捕捉并搜集蝴蝶，搜集蝴蝶的同时还能获得多种多样的商业信息及折扣优惠券，这对旅游业和餐饮业来说是一个完美的宣传平台。玩家还能通过蓝牙跟其他人交换蝴蝶。

图 8-6　基于 AR 技术的 iButterfly 蝴蝶搜捕应用

同样类似的 AR 案例，宝马汽车在瑞典的斯德哥尔摩发起"追捕 MINI Cooper"的营销活动，在城市某处设置一台虚拟的 MINI Cooper 最新款车，参与者需下载 App，然后便可查看虚拟车的位置，接近并进行 Check in，便可以获得虚拟车，当然该虚拟车是任何 50 公尺范围内的其他玩家都可能抢到的，最后一个抢到并保留的人即可获得一辆真实的 MINI Cooper。New Balance 运动鞋为庆祝纽约新旗舰店开业，发起了一场城市短跑接力活动，利用名叫“Urban Dash”的 App，让消费者找寻分布在纽约数百个虚拟点的接力棒，找到接力棒并最先跑到旗舰店即可获得 New Balance 574 鞋子一双，当然该接力棒也可以被其他玩家抢走。沃达丰在德国发起 BufferBusters 城市怪兽捕捉活动，如图 8-7 所示，为了让在大街上闲逛的人不无聊，开发了一款 App，通过该应用可以捕捉分布在城市各个角落的怪兽，当然怪兽也是虚拟的，通过 AR 技术才能看到，捕捉到相应数量的怪物便可获得积分，积分用于到各个实体商店进行奖品或虚拟捕捉道具的兑换，而兑换方式需要利用手机扫描 QR 码（Quick Response Code，二维码的一种）实现。该活动不仅整合了 LBS+App+AR，还通过 QR 二维码连兑奖的过程都省了。中国的链家地产推出的国内首款城市“金钥匙”捕捉游戏——“寻宝奇侠赚”，只要是 Android 或者 iPhone 系统的手机并且下载了 App 软件，就可以收集链家地产投放在店头周围的“金钥匙”并且抽取丰厚大奖。目前，链家地产在北京地区有 700 多家门店，所以找到钥匙非常简单，无论走在街上，还是在地铁上、公交上，只要打开 App 都有可能找到钥匙。

图 8-7　沃达丰基于 AR 技术的 BufferBusters 城市怪兽捕捉活动

8.2.2 4G 时代的 AR 对用户生活模式带来更多变化

在 4G 普及之前，由于硬件设备与网络条件的局限，增强现实局限在追求潮流的极小一部分用户范围内传播使用。在 4G 时代，人们迫切需要更多的互动性、更多的即时性、更多的个性化、更多的垂直化，随着 AR 技术与手机发展的结合，虚实结合、高度交互性以及三维定位功能，将极大程度地调用用户参与的热情，还原互联网的真实感，让移动互联网跟真实世界的关系更紧密。4G 与增强现实的结合将对用户的生活模式带来更多变化。

（1）带来全新的广告形态。各类平台与广告主利用增强现实技术实现的虚拟广告投放，大大地有别于传统纸媒报纸广告、电视广告、户外广告、搜索引擎广告。AR 也为互动营销、移动广告发展带来了巨大的商机，它创造出全新的用户体验，在一种轻松活跃的环境中，使用户与品牌产生零距离的接触。如索尼与 Naked Communications 在东京使用 AR 技术来对“耳机音乐节”做了一次创意增强现实广告。Airwalk 协助用户以增强现实技术创建一个隐形的门店，等等。

（2）带来全新的网络浏览形式。基于摄像头的浏览器更适用于智能手机屏幕的应用。只要开启摄像头，就能获得周围一切想要的信息，通过在不同的图层中切换，找到感兴趣的垂直信息。在智能设备的屏幕扩大化、可穿戴化以及硬件大升级的背景下，未来的搜索将不再局限于那一个框，摄像头搜索也会有很大的想象空间，营造全新的位置搜索引擎方式及带来新的应用拓展空间。

（3）带来全新的游戏模式。AR 游戏带给用户的参与感相对更加强烈。以索尼和任天堂为首的企业纷纷在其代表游戏里部署了增强现实技术，更多基于位置或场景游戏设计游戏场景和情节的重度游戏涌现，对用户的吸引力大幅提升，产生更多使用户具有付费欲望的商业模式。

（4）带来全新的社交方式。通过增强现实应用，每个人都可以拥有一个立体的社交主页，同时通过人脸识别技术，用户就能利用摄像头、可穿戴设备或智能手机获取有兴趣的信息、动态并添加好友，通过利用现场情景与好友游戏互动等。2014 年 3 月，Facebook 以 20 亿美元收购了虚拟现实眼镜制造商 Oculus VR，就是意欲通过软硬件（可穿戴智能设备+社交平台）结合的方式部署新的好友交互模式。

（5）带来全新的生活方式。增强现实导航应用已更广泛地用于汽车的车载系统、GPS 系统和动力装置，用户凭借类似 Google Glass 等智能设备的协助，结合高速接入与云端分析，可以对周边路况、餐馆商店信息、天气情况、公交路线、周围的美女、商场的打折信息、前方漂亮的鞋是什么牌子，等等所有感兴趣的信息全盘掌握，无所不在的移动互联网时代得以真正实现。

8.3　移动云应用

4G 网络的普及会使云计算和云存储 App 比 3G 时代更具吸引力，特别是对于商务人员和企业而言，由于 4G 时代的云端与移动设备的宽带速度扩大近 10 倍甚至更多，使用者即使在出差漫游等情况下，也可以实现实时同步交互和更流畅的使用体现。针对用户对私密与安全的考虑，运营商还可提供高等级 QoS 的专有云服务，让用户感觉到云服务变得更加可靠、实用和安全。

对普通人来说，常用移动互联网应用也有了云端服务功能，如利用网络云盘存储数据文件，通过一云多屏（PC、手机、平板电脑多终端）实现播放记录云端同步功能等，都在 4G 高速带宽、低时延的技术优势下得到了良好的支撑。

Gartner 的统计数据显示，2013 年全球公共云服务市场规模将从 2012 年的 1 110 亿美元，增长 18.5%至 1 310 亿美元，2015 年将突破 1 800 亿美元。IDC 的数据则显示，全球只有 5%的 IT 负载目前迁移到了云中，云服务市场前景广阔。在 4G 时代，云服务发展与高速移动网络及企业移动信息化解决方案结合在一起，走出了一片更加广阔的市场空间。

8.3.1 公众云应用

根据面向群体与部署方式的不同，云服务的形式包括公众云（Public Cloud）与私有云（Private Cloud）两种，还有结合双方特点的混合云（Hybrid Cloud）。其中公共云还可细分为3个类别，包括SaaS（Software-as-a-Service，软件即服务）、PaaS（Platform-as-a-Service，平台即服务）及IaaS（Infrastructure-as-a-Service，基础设施即服务）。当前云服务的扩展热点包括云健康、云物联、云安全与云存储等，不少互联网企业及电信运营商都围绕云为核心理念设计了不少云应用，下面介绍部分最新的配合移动网络与智能终端相结合的云应用与解决方案。

1．云健康：可穿戴设备与健康管理服务的结合

云健康服务具有很好的发展前景，近年来伴随便携的血压计、智能手环等可穿戴设备的兴起，与各类健康医疗应用相结合，依靠云平台提供健康规划与管理服务成为潮流。如日本运营商软银与知名手环制造企业Fitbit合作，为LTE用户提供月租式的健康手环及相应的健康规划服务。Fitbit公司生产的Flex手环是知名的可穿戴智能设备品牌，软银将Flex手环与LTE手机搭配出售，其中LTE手机中已预置了Fitbit Flex应用（软银定制版），用户通过佩戴Fitbit Flex手环实时采集的心跳、血压甚至体脂度等信息，通过App应用界面，可以进行统计分析对比，云服务平台按照数据提供健康规划及相应的推送服务，服务首两年免费，两年后收取5美元/月的月租费用。

2．云存储：海量存储空间+高清应用

当前市面上有许多云存储服务，支持手机用户连接存储其多媒体资源、通话记录、联系人等信息，实行安全备份存储。其中亚马逊的AWS与Dropbox等个人公众云服务最为出名。电信运营商凭借对手机通信录与用户关系信息数据的掌控优势，也推出了类似的服务，如Verizon也提供类似的服务，采用月租费方式，提供跨平台备份和恢复服务。国内百度网盘、360云盘、115网盘、腾讯微云、中国移动彩云纷纷在国内推出TB级免费网盘。另外，云存储的海量存储空间再结合4G

对高清应用的支持，也会对用户传统的观赏视频模式带来新的改变和冲击。

3．云安全：有害信息过滤及安全登录

云安全和终端安全是未来的发展趋势，掌控用户多种实用信息数据的用户智能终端成为黑客入侵的新目标对象，而云安全是解决终端安全的重要途径。瑞星、趋势、卡巴斯基、McAfee、Symantec、江民科技、熊猫、金山、360 安全卫士等在国内都推出了云安全解决方案。一些提供云服务的解决方案提供商也纷纷通过收购移动安全公司实现能力的提升，如 VMware 以 15.4 亿美元的价格收购移动安全公司 AirWatch，世界最大 CDN 服务商 Akamai 耗资约 3.7 亿美元收购 DDoS 防护企业 Prolexic，未来可更好地应对分布式拒绝服务攻击（DDoS）。趋势科技云安全在全球建立了 5 大数据中心，几万部在线服务器构建的云安全平台可以支持平均每天 55 亿条点击查询，每天收集分析 2.5 亿个样本，资料库第一次命中率就可以达到 99%。借助云安全，趋势科技现在每天阻断的病毒感染最高达 1 000 万次。

新阶段的典型云安全应用还有两类如不良信息屏蔽与安全认证接入。如 AdaptiveMobile 和 Syniverse 公司面向运营商客户的 Messaging Trust，通过对不同的区域产生不同的品种垃圾短信和垃圾邮件的收集与学习，按照算法与行为识别标识垃圾短信和垃圾邮件，实现有效而精准的屏蔽措施。另一个是 SecureAuth 公司的 IdP，通过本地多因素认证和智能设备携带的指纹识别设备，动态有效地控制用户接入到企业内部平台、云平台及移动应用程序的权限。

4．云媒体：海量存储与传播分发管理

媒体带来海量的数据处理与传播要求，也是云服务的重要拓展领域之一。如阿里云联合新奥特、华通云数据，打造中国最大的全媒体云计算平台。该平台可以在一周内，帮助传统电视台变成多屏网络电视台，支持计算机网站、手机 App、电视机全终端流畅播放，且可以实现大数据的收集

整理和运营。预计 2014 年内，全国 200 家电视台将接入该云计算平台。阿里云通过云计算平台，将为全国广播电视媒体提供超级计算、高速存储和网络连接能力，满足其海量视频内容的处理和传播需求。合作伙伴新奥特则负责开发基于云平台的全媒体播控系统，包括采集收录、快编转码、存储管理、多终端视频发布、收视研究等。

5．云教育：在线高清互动

在线教育为云应用带来更广阔的发展空间。美国已有部分中小学使用 4G 平板电脑替代物理教科书，接入网络实现学习。云平台可提供高效的存储能力与分发能力，4G 网络连接则可以提供稳定清晰的数据传输保障。

还有一些类教育型云应用如语音翻译，也对在线教育与跨界沟通带来很大的促进作用。日本运营商 NTT DoCoMo 准备在 2014 年内面向 LTE 用户推出云端自动实时语音翻译服务。用户通过一端的智能手机说出日语话音，另外一端的智能手机用户可以实时接听到英语话音。目前，语音识别和翻译准确率可能还无法达到 100%，但是其翻译水平仍然处于可以接受的范围之内。该项技术的成功使用结合了语音识别、机器翻译和语音合成等多项尖端技术，其中 LTE 为上下行转换数据提供了良好的支撑，云端的多语数据库及翻译功能为实现业务奠定了基础。

6．云办公：接入、协助与分享

在线办公应用为企业与商务人士控制办公成本以及提高流程效率带来较大的裨益，商务人士可以通过企业配备的设备（CYOD）或自带 IT 办公设备（BYOD），通过流畅的移动网络环境，接触到 UCasS（统一通信即服务）、CCaaS（联络中心即服务）、IaaS（基础设施即服务）、BPaaS（业务平台即服务）等各类解决方案辅助办公。如云存储企业 Box 面向各类型企业，除提供基本的云存储功能之外，还可以让同事之间分享文件、指派任务、留下评论或者是在文件更改时获得提醒，而且 Box 会提供大量的隐私控制，公司可以决定哪些人可以浏览并开启预定的文件夹和文件，以及规定谁可以上传和编辑文档，甚至可以使用密码来保护独立文件。SKT 则面向商务人群提供云端电话本服务，用户通过定制版的 TPHONE 实现云端数据库查询功能，且无需拨打查号台即可通过 SKT 的号码数据库查询企业或机构信息并实现呼叫；呈现未知来电号码的信息及详情；并允许在通话后进行记录与日程安排。这一业务将通信录、号码信息业务及个人事务处理等应用结合起来，是一款面向商务人群的"云+端"服务。

8.3.2　私有云应用

面向大型跨区域企业及对数据要求高的企业如金融业，电信运营商通过架设专属网络，将传统的托管（Hosting）服务向云服务升级迁移，同时结合企业对移动解决方案的需求，提供定制化的专属云应用。在部署速度方面，由于私有云领域不牵涉对外用户的计费、开通、运营等环节，因此实现起来更为容易，也成为运营商乐于拓展的应用领域。Verizon 就针对行业客户推出了 Wireless Private Network，如图 8-8 所示，让顾客通过架设专属网络，控制接入数量、类型、业务及权限，企业也可以拥有广泛覆盖的专属无线通信网络。

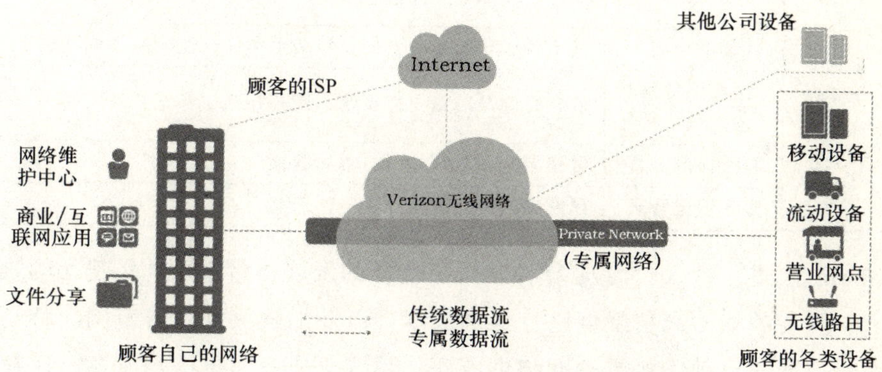

图 8-8　Verizon 的无线私有网络方案示意图

还有部分私有云与公众云的结合，即混合云的部署。如沃达丰部署的混合云 PLEX，部分业务部署在沃达丰私有云计算中心之上，部分业务则部署在亚马逊公有云 AWS，兼顾了成本平衡，又可以实现灵活调配与数据安全保障的高性价比优势。

8.4 移动医疗

移动医疗应用及相应的解决方案，是最能契合大部分用户需求并实现收益规模的移动互联网应用之一。移动与医疗相互碰撞形成移动医疗的火花，满足人们多种多样的医疗需求。移动医疗应用和服务包括：远程患者监测、视频会议、在线咨询、个人医疗护理装备、无线访问电子病例和处方等，如表 8-1 所示。人口老龄化、环境污染带来的慢性病人群增长等情况出现，也使得移动医疗的刚性目标群体规模庞大，利用先进硬件设施与网络基础为各阶层人群提供移动医疗解决方案，存在相当大的发展空间。

表 8-1 移动医疗解决方案分类与应用分布

要素	分类	聚焦领域
面向患者的解决方案	保健	肥胖管理、健康生活、老年护理、幼儿护理、孕期信息提醒、烟瘾戒除
	预防	传染病防治、药物滥用防治、生殖健康、儿童健康
	诊断	健康呼叫中心/帮助热线、远程医疗
	治疗	治疗跟踪（提醒和治疗方案执行跟踪）
	监测	贯穿前 4 个领域，包括慢性疾病管理、独居老人服务、事后紧急处理
面向医疗保健机构的解决方案	紧急响应	基于救护车的解决方案，包括生命体征监测、咨询互动
	医疗保健服务人员支持	信息查询与决策支持系统，用药指南，医学计算工具
	医疗保健监督	健康调查和治疗监督，术后管理
	医疗保健管理	预约提醒，药物管理

GSMA 预测，到 2017 年全球移动医疗市场的发展将带来 230 亿美元的收入，主要的动力来自降低医疗保健成本，以及加强医疗服务范围。移动医疗市场的启动，将带动网络供应商、系统集成商、电信运营商、医疗器械商利益链条的共同升级。高速低时延的 4G 网络可以使医患之间的互动咨询更加实时流畅，利用可穿戴设备与智能手机的各类自身量化应用，可以采集用户生命参数，通过云存储及大数据分析平台，可以进行采集、整理、分析与分发。移动医疗成为 4G 时代健康物联网的关键切入口。

8.4.1　移动医疗的新变化

近年来，医疗健康类应用或解决方案与新技术如云、可穿戴设备、物联网等的结合更加紧密，呈现出明显的 4G 时代特色。

首先，可穿戴设备成为重要的移动医疗终端载体。可穿戴设备配合智能手机应用，能有效量化用户的健康信息，并实现数据积累及上传反馈等功能。不少运营商都针对可穿戴设备推出了相应的移动医疗、健康类应用，如软银的 Fitbit 手环、DoCoMo 的欧姆龙血压计、myZeo 脑电波头带等，并提供相应的数据流量或月租计划。

其次，移动医疗与云平台、大数据分析的结合更加紧密。通过智能终端应用搜集的用户数据和医患实时交互信息，需要有强大的云计算与存储平台加以处理与分析。当前众多移动健康医疗应用，通过设备接入后，最能迎合用户刚性需求的是其中的信息处理与咨询分析部分，这些都需要云平台与大数据技术配合共同构建完整业务体系。

移动医疗将成为效益最大化的垂直行业解决方案之一。根据 CubeLabs 的调查数据显示，目前世界上有 62%的内科医生使用平板，50%的医生会将平板用于临床诊断，71%的护士在工作中使用智能手机，移动终端在医护人员中已达到一定的普及。研究公司 Signals and Systems Telecom 指出，2014 年全球移动医疗市场收入将达 90 亿美元，未来 6 年仍将以 40%的复合增长率实现快速增长，同时还将带来巨大的社会效益，到 2014 年底会为全球节省超过 2 500 亿美元的医疗开支。移动医疗市场领域蕴含着巨大的“金矿”，众多电信运营商的行业解决方案都围绕医疗健康为重点开展部署，使之成为最关键的垂直行业解决方案之一。

8.4.2　运营商面向移动医疗的尝试

根据 GSMA 的数据，截至 2012 年 5 月，已经有 267 个运营商提供了移动医疗服务，覆盖移动用户数达到 37 亿，占全球总移动用户数的 62%。亚太是提供移动医疗服务运营商数（61 个）、移动用户占比（81%）以及人口覆盖率（98%）最多、最大的地区。全球 40 家最大的电信运营商超过

90%积极进入企业医疗保健市场，排名前 3 位的分别是英国电信 BT、Verizon 和法国电信 Orange。运营商们利用掌握的用户数据、认证方式、计费能力等资源，在拓展移动医疗方面占据一定优势，相对其他业务而言更加容易实现业务的收益变现。

4G 运营的铺开使得运营商及用户对新应用的需求更加迫切，移动医疗作为最能凸显 4G 优势的应用，也被很多运营商放在了重要的战略高度予以定位和拓展。从 2012 年开始，不少电信运营商都对移动医疗业务制定了很高的 KPI 目标，如 DoCoMo 希望到 2015 年在医药健康方面的收入能够实现 10 倍增速，达到 40 亿美元的规模。为了实现在移动医疗领域的突围，电信运营商们也纷纷设立了专属的健康医疗业务管理部门，对医疗健康领域实施专业精耕运营。

在定位与 KPI 指标明确的压力下，运营商们推出了种类多样的移动医疗健康解决方案，与当今产业趋势热点紧密结合，产业共赢挖掘市场无限空间。

1. DoCoMo 与欧姆龙的健康解决方案

DoCoMo 于 2012 年与欧姆龙合作成立合资公司 DoCoMo Healthcare。发挥欧姆龙公司在便携健康检测仪器以及生物 IT 技术方面的优势，结合 DoCoMo 的销售渠道、数据分析平台以及数据分发网络等信息技术优势，为顾客提供一整套医疗健康管理规划服务，如图 8-9 所示。

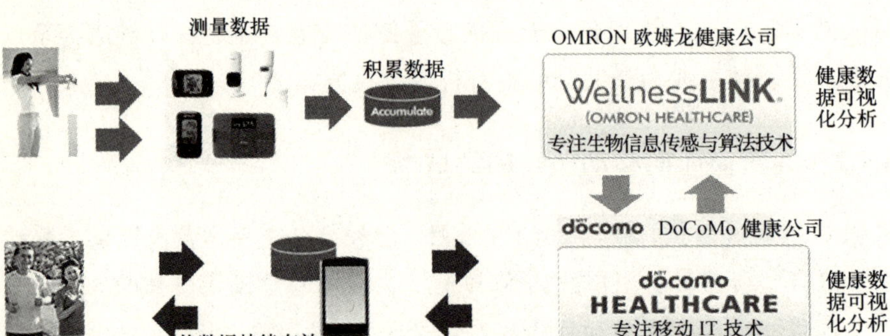

图 8-9　DoCoMo 与欧姆龙公司合作开展移动医疗健康服务

2. AT&T 以云为基础，推行穿戴设备及医疗解决方案

AT&T 利用移动技术、设备、M2M 连接或应用程序来实现的医疗解决方案，分为两大类：一类是支持病人护理的服务，重点聚焦预约和护理服务。例如，通过智能手机管理慢性疾病，通过工具提醒坚持服药，远程病人监控，以及健康和健身应用程序。

另外一类是企业移动医疗解决方案，专注于提高医生工作效率和改善工作流程，并提供集成和安全的移动管理和通信工具，如基于云计算的医疗图像归档应用程序和安全服务，医疗机构可以高度安全、近乎实时地访问临床数据、现场视频、图像（X 射线和 CT 或 MRI 扫描）和医疗记录。亨利 · 福特心脏及血管研究所（HVI）采用 AT&T 基于云的解决方案，存储每年产生的超过 25 000 幅心脏图像。AT&T 还推出了移动医疗开放平台，允许第三方开发者针对 Fitbit 手环、Withings 体重秤、myZeo 脑电波头带等可穿戴智能设备开发公众应用，以及扩大企业级移动医疗应用数量品种。

3. Verizon：构建从底层设施到上层应用的全套移动医疗解决方案

Verizon 搭建了一套从底层基础设施开始的基于云与移动技术的融合医疗解决方案。其医疗健康服务的基础云架构包括：① Healthcare-Enabled Services，由 Terremark 数据中心提供的基于云的电子医疗信息（EPHI）托管服务；② 移动医疗平台，为临床医生和患者提供慢性疾病管理，如充血性心脏衰竭和糖尿病；通过该云平台，医生可在定期检查间隔期间监测患者状况，这将有助于保持患者健康，同时降低了意外急诊的医疗费用；③ 安全通用信息服务（Secure Universal Message Services，SUMS），可通过任何类型的网络分享临床数据的云平台。

在云架构基础上基于移动技术构建完整的业务体系，包括：

（1）虚拟出诊（Virtual Care）：基于 LTE 网络的平台，允许医生使用智能手机和平板电脑视频进行虚拟出诊；医疗保健专业人员可以与患者进行远程咨询，提供基本的健康状况诊断和处方药物；目前已与儿童健康基

金合作在多个重点城市推出该服务。

（2）智能医疗警报手链：Verizon 结合 4G LTE 和 NFC 技术重新设计了医疗警报手链，通过扫描药物品牌即可快速检索重要的医疗信息。佩戴者可以添加、更新和同步关键的医疗信息到他们的健康信息档案和手链上。在医疗急救时，智能医疗警报手链健康数据可以发挥重要的作用。

（3）移动临床医生：与 IQMax 公司合作推出 IQMax 移动医疗解决方案，医生可以通过平板和手机查看电子病历系统、临床资料系统、案例管理系统、化验结果和其他重要的患者数据，并跟医疗团队通过视频、语音或文字进行沟通。医生也可以管理日程表，输入计费信息，并记录患者日志。

4. Telefonica：纳入创新业务规划，推出多项服务

Telefonica（西班牙电信）将电子医疗纳入其数字业务部门的创新业务中，其 E-Health 部门提供 3 大类服务主要包括：

（1）远程护理，如包括紧急按钮和嵌入在 MiFamilia 平台的家庭追踪器服务。

（2）远程医疗服务“Health at Home”，允许病人和医生通过语音或网络聊天进行远程交互，并帮助医生改善日常工作，如通过连接平板设备和生物医学测量设备进行慢性疾病管理。

（3）医疗保健 ICT 服务，即为医疗保健服务提供商提供 CRM 工具、移动产品解决方案、预约管理解决方案，以及基于云的服务，如医疗图像存储和 SaaS 产品。相应的解决方案无缝集成了医疗保健机构现有的 IT 系统和设备，可通过计算机、平板电脑、智能手机、可穿戴智能设备等各种方式，接入高速网络实现服务功能。

8.4.3 来自其他企业的移动医疗解决方案

除了电信运营商外，还有众多来自医疗专业机构推出的移动医疗 App、

移动医疗设备与相应的解决方案，而且，在商业模式创新上也颇具特色。如配合可穿戴设备向医院/医生/药企/保险公司收费实现盈利；Epocrates 等移动医疗应用通过为药企提供广告和调研服务、向医生销售精装豪华版 Epocrates 盈利；Zocdoc 为患者提供免费预约服务，通过向医生收费盈利；Vocera 可帮助大型医院实现快速而有效的通信，通过向医院收费盈利等。

美国 CardioNet 是移动医疗领域创新的典型代表之一。CardioNet 是一家美国纳斯达克上市公司，其主要产品是 MCOT（Mobile Cardiac Outpatient Telemetry），能够记录 30 天内患者的心电图数据，并将数据通过网络传输到公司监控中心，后台系统对数据进行分析诊断并且将报告发送给患者。CardioNet 系统包含一个心脏检测器，与之连接的一个无线数据传输终端，以及后台的分析系统与监控中心。一旦检测器发现病人的异常心率（而患者自身往往还没意识到），就会通过该终端经由无线网络发送到监控中心供专门的医护人员记录和分析，并在侦测到危机生命的状况时由监控中心向医生发出警报。

CardioNet 的创新之处在于其盈利模式创新。CardioNet 于 2013 年与美国联合健康保险公司签订了 3 年的协议，美国联合健康保险公司将购买大批产品为其超过 7 000 万的医保客户服务。受此消息影响，CardioNet 股票在一个月内累积收益率超过 100%。CardioNet 的客户主要以医疗机构和保险公司为主，个人客户由于缺乏专业医疗知识，不会主动购买。作为远程心脏监测服务提供商，CardioNet 摒弃了传统的硬件销售模式，通过向保险公司和科研机构收费盈利，除服务患者外监测数据还可以提供给科研机构用于研发用途，深度挖掘了移动医疗领域的后向收益盈利空间。

5 第五篇 赢在 4G

第 9 章　4G 时代的信息消费产业演进

2013 年 8 月，国务院发布《关于促进信息消费扩大内需的若干意见》。意见提出，到 2015 年，信息消费规模超过 3.2 万亿元，年均增长 20%以上，带动相关行业新增产出超过 1.2 万亿元，其中基于互联网的新型信息消费规模达到 2.4 万亿元，年均增长 30%以上。基于电子商务、云计算等信息平台的消费快速增长，电子商务交易额超过 18 万亿元，网络零售交易额突破 3 万亿元。

4G 是信息消费发展的重要基础，4G 时代所带来的绝非仅仅是速率的提升。它一方面把信息消费的产品带到更高网速的时代，另一方面将促进信息消费在纵深领域的拓展，使信息消费产品常态化。4G，不仅可以转变人们的日常工作、生活方式，促进城市信息化科技发展，还将呈现出一个智能高效、五彩缤纷的移动互联网世界，提速信息消费。

据工信部估计，到 2014 年底，国内 4G 商用城市数将超过 300 个，用户数将超过 3 000 万。4G 网络建设将拉动 5 000 亿元的产业投资，并带动 5 000 亿元应用产业发展。4G 牌照的发放，一方面将对产业链各方及相关关联行业带来巨大的投资拉动；另一方面，将对国内通信业消费方式、应用模式等带来一系列深远的影响。4G 发展将成为 2014 年通信业的一大重点和热点，也将为中国转型及新经济发展注入崭新活力。

9.1 移动宽带成为网络社会发展基石

国际电信联盟（ITU）在其发布的《世界电信/ICT 发展报告》中指出，ICT 具有普及性、改进性和“创新孵化器”的作用，能提高生产力，促进经济增长，创造就业机会和提高就业能力，并改善全民生活质量。

全球 ICT 产业，面临着史无前例的发展机遇，也正经历着“高岸为谷，深谷为陵”的深刻变化：产业版图的重组、产业的加速融合，冲击、重塑着多个相关产业。一个全面互联，充满创造力的“网络社会”正在触及、改造着社会生活的方方面面，蔚然兴起的数据洪流将迎来更大的浪潮。在推动数字世界和物理世界深度融合的变革中，ICT 已经不仅仅是提升效率的工具，而是成为助力所有行业实现转型的使能器和催化剂。互联网和 ICT 的应用已成为基本的商业思维，并且以前所未有的方式聚焦客户体验，帮助传统行业重获新生。

作为 ICT 的重要组成部分，信息通信技术不仅是通信媒介，而且是促进发展的推动器，是实现国际公认发展目标的工具。作为最具活力的信息通信技术之一，移动通信技术在促进工业与信息化融合发展等方面将发挥重要作用。更重要的是，移动通信的贡献并不局限于信息通信业自身的发展。随着移动通信渗透到人们工作生活的方方面面，其对于整个经济社会发展的作用日益突出。

作为“网络社会”重要基石的移动宽带，其强劲发展的势头在未来几年仍将继续。2019 年全球移动宽带的用户数会达到 80 亿，是 2013 年的 4 倍，其中 WCDMA/HSPA 用户数达到 48 亿，覆盖全球超过 90%的人口；LTE 的用户数将达到 26 亿，覆盖全球超过 65%的人口。中国 LTE 大幕的开启，也为全球 LTE 的飞速发展进一步提速。强劲的用户需求推动下，4G 技术演进的商用步伐也在加快，LTE-A 将会在全球范围内铺开。韩国在 LTE 商用一年多之后所有的运营商都提供了全国范围的 LTE-A 服务，

2014年在北美、英国和日本等地都会看到更多的LTE-A的商用服务，更多的支持LTE-A的终端也开始出现，2014年全球LTE-A手机的出货量会达到3 500万。

1. 智能化家庭和车联网领域将率先产业化

伴随着无处不在的宽带网络的全球覆盖，“网络社会”在多个传统领域高歌猛进，智能化家庭和车联网领域将率先产业化，未来前景广阔。

（1）智能化家庭领域：各种智能电视机顶盒、次世代游戏机纷纷登场，电视触网、娱乐分享势不可挡。家庭安全与自动化，也呈现出四彩纷呈的发展态势。多个运营商推出了智能家庭方案，如AT&T的“Digital Life”方案涵盖家庭安全监控以及对包括中央空调在内的多个家庭设施进行远程、自动化的管理。谷歌以32亿美元现金收购的Nest，加上之前隐隐浮现的Android@Home，其对智能家居的野心昭然若揭。LG于2014年初推出的社交互联家电产品，非常类似爱立信在2011年提出的社交物联网的概念，手机的即时消息类应用可以远程控制家用电器。此外，英国政府推动的智能抄表项目，诞生了业界最大的M2M合同，将全英5 300万个智能电表与煤气表通过通信网络连接起来。以上种种，都昭示着商业化进展的日益深入，智能家庭指日可待。

（2）车联网：新款汽车如果还不能联网，绝对是“out”了。众多汽车公司纷纷推出计划，如通用汽车与AT&T合作从2014年起将LTE模块预置到大部分北美销售的车型中，沃尔沃与爱立信合作的车联网云，在基本的车辆安全与车内娱乐、导航功能之外还增加了智能化的停车位寻找及付费、远程热车等功能。此外，多个运营商在2013年也争先恐后地推出UBI（Usage Based Insurance）车险服务，通过在车内增加一个联网终端来监测驾驶人的习惯，为安全驾驶以及保险公司的车险计算提供支持。结合无处不在的4G网络，车联网的发展会步入快车道。预计到2017年，车辆联网的比例会从现在的10%左右增长到50%以上。考虑到全球10亿辆汽车的现状，对应着巨大的市场潜力。

2．移动智能终端，全面互联的智能生活

通信终端经历了移动终端替代固定后，智能手机全面引爆了终端革命的新浪潮。这次浪潮的主要特点是：第一，终端的数量和普及率在短时间内获得了爆炸式的增长；第二，在云计算和各类应用的推动之下，智能终端的外延获得了前所未有的拓展。这将对人类的信息消费行为产生深远的影响，开启人类全面互联的智能生活新时代。

智能手机的出货量在 2011 年首次超过 PC 之后，持续强劲增长。2013 年，全球智能手机出货量首次突破 10 亿部，达到 10.04 亿部，较 2012 年同期增长 38.4%，同时智能手机在全球手机总出货量（18 亿部）中的份额达到 55%。2017 年出货量有望达到 17 亿，高出同期 PC 出货量的 5 倍还多。预计到 2019 年全球智能手机用户将达到 56 亿。在相当长的时间范围内，智能手机都将会是全球出货量最大的智能产品。无数的创新、新的硬件设备如传感器等的引入、新应用的首选平台，都是围绕着智能手机进行。

平板电脑的异军突起改变了传统 PC 产业格局，2013 年，全球平板电脑的出货量为 2.171 亿台，较 2012 年的 1.442 亿台增长了 50.6%。全年出货量超过笔记本电脑。在未来几年的某个时间，我们将见证其出货量超越 PC 的时刻。平板电脑的发展，更进一步推动互联网移动化，产生越来越多的“移动”流量。

2013 年，也是穿戴式设备大放光彩的开始，从智能手表、手环到智能眼镜，再到智能跑鞋，各种功能产品指向不同的细分场景，增加了智能手机的外延，延展着智能生活的维度。

在所有这些移动智能终端之上，“应用”不断丰富，云计算弥合了终端的差异，促成应用在时间和空间分布上的无缝和连贯。功能各异的智能终端，作为个人生活的多元化数据采集、传输和处理的窗口，通过云和应用相互连接起来，支撑着全面互联的智能生活。

传统互联网的格局因此发生巨变，个人信息消费的模式正在重塑：YouTube 的流量 40%来自移动设备，而 2011 年的比例只是 6%。Facebook 在 2013 年第三季度的移动广告营收已占总广告营收的半壁江山，而 2012 年同期只是 14%。2013 年第二季度，英国的网络零售业的增长 100%来自移动设备，贡献了 23%的销售额。淘宝 2013 年“双十一”购物节所创造的 350 亿交易额中，53.5 亿来自手机淘宝，占比超过了 15%。

可以预见，越来越多涉及个人生活的传统领域，将会被整合在以移动智能终端为核心的信息消费领域。美林证券预测，2015 年基于移动终端的零售贸易将占整个电子零售贸易的 24%。智能终端作为个人的医疗数据中心的功能也正随着外围设备的不断丰富而逐渐成为现实，而未来随着移动宽带性能的提升，以及应用开发的不断升级，利用移动智能终端进行远程医疗也终将成为现实。这一切像一个拼图游戏，通信功能仅仅是其中的一角，并且随着应用的深入发展，逐渐演变为基础能力，随着移动宽带、云计算以及智能终端自身的不断发展，最终移动智能终端将成为个人融入全面互联的网络社会的基础平台。

3. 融合时代：内容为王，视频为王

移动宽带的不断升级将把整个社会的信息化基础设施提升至新的历史高点。各个产业的信息和数据得以在不同的平台上自由流动。云计算一方面降低了信息开发的软件和硬件壁垒，另一方面又使得数据和内容的分发如同水电煤气一样变得高效和无处不在。丰富智能终端和功能强大的 App 联合起来，使得数据分析和内容呈现变得更加简洁和方便，极大地降低了数据和内容的交付壁垒。这一切成为产业融合发展的催化剂、黏合剂和基础平台。

“移动智能终端+宽带+云”所打造的平台终将沉淀为网络社会的基础设施，与其他的能源和公用事业一样成为整个社会和各个行业赖以运转的基础平台。从这样的角度，所有可以被整合的行业都将成为 ICT 生态系统的一员，无论是以主动参与的形式，如零售，还是被动整合的方式，

如传统纸媒行业。ICT 生态系统因此被扩展至整个人类社会，涉及个人生活的方方面面。其中所蕴含的商业价值也将因此而扩展至无限：信息内容从生成、转化直至湮灭的各个环节都将以不同的价值形态而呈现。而为这些信息内容探寻到合理的价值交换模式，将抽象为各种形态的商业模式，ICT 系统的各个环节从而得以维持和发展。

信息内容因此成为产业竞争的焦点，差异化的武器。可以说，网络社会时代，谁掌握了内容，谁就占领了制高点。围绕信息内容的争夺战已愈演愈烈，对于内容资源的争夺以及由此而发生各种并购与竞合将成为推动 ICT 产业进一步演化的重要力量。尤其是，伴随着 LTE 的兴起，视频内容到移动终端的最后一千米不再成为瓶颈，众多运营商开始追逐跨平台跨终端的视频战略，从积极地尝试 LTE 广播服务，到大手笔进入视频内容领域一次次刷新内容价格的新高，格局因而改变。

无论信息内容的源头从何而起，以何种形态呈现，运营商的网络是天然的信息流通的管道，管道与内容的垂直整合，代表了运营商在产业融合的浪潮中的积极尝试。目前，视频业务贡献了 35%的移动数据流量，预计到 2019 年视频流量占总移动数据流量的比例会达到 50%，也许这一天会更早地到来。

4．数据海啸：性能与体验优先

数据流量在未来的数年里将呈现井喷式增长是产业界的共识。预计到 2019 年，全球移动数据流量（不包含 Wi-Fi、M2M 流量）的增长将超过 10 倍，智能手机的月流量会从 2013 年的 600MB 增长到 2019 年的 2.2GB。智能手机的快速增长以及其使用流量的提升，已经推动全球移动电话产生的数据流量在 2013 年首次超越移动 PC、平板电脑和路由器所产生的流量。

数据流量激增对运营商业务和运营模式产生了深刻的影响。用户的信息消费方式从传统的以话音和短信为核心，逐渐地转移至以移动数据为核心的移动互联网方式。这使得定义用户体验的标准由以往简单的“信号有没有”过渡到“应用能否使用”以及“应用好不好用”等具体和细致的层次。衡量客户体验标准的变化成为推倒整个多米诺骨牌的第一步，由此而引发的网络和运营方面的变革，成为移动数据时代运营商重构自己核心竞争能力方面的重点内容。应用覆盖、多网融合、大数据支撑的业务保障体系，都成为变革中的焦点。

9.2 4G 是移动互联网新的里程碑

从 2G 到 3G 再到 4G，速率的提升是移动通信升级换代最明显的标志，然而却并不是最重要的特征。现在，移动通信技术不只是信息通信行业最重要的技术，它已经成为拉动信息消费、推动经济社会发展的最重要的技术。

对于中国这样一个幅员广阔、地区差异、快速发展的发展中国家而言，4G 使得移动宽带具有了普及性、移动性和永远在线的能力，其最重要的使命是进一步填平数字鸿沟、将数字化经济推进社会的每个角落。

1. 移动通信用户带来新的业务体验

4G 具有上网速度快、延迟时间短、流量价格更低等特点，能够有效实现移动状态下的高速数据业务。随着我国 4G 的建设发展，不仅可以更好地满足移动用户高速无线上网的需求，而且将促进移动互联网业务应用持续深入，推动移动生产办公、移动电子商务、移动交通物流、智慧家庭等行业信息化服务不断扩展，并将催生更多的业务形态和服务模式，让更多的用户分享到 4G 发展带来的成果。

4G 时代所带来的绝非仅仅是速率的提升。随着速率的提升，更丰富的应用成为现实（如图 9-1 所示），进而日益多样化的网络应用带来了移动互联网流量的井喷式增长，同时也逐渐改变着广大用户的生活和消费习惯，这是一个良性传导机制。今后人们的工作、学习和生活将越来越离不开移动互联网。

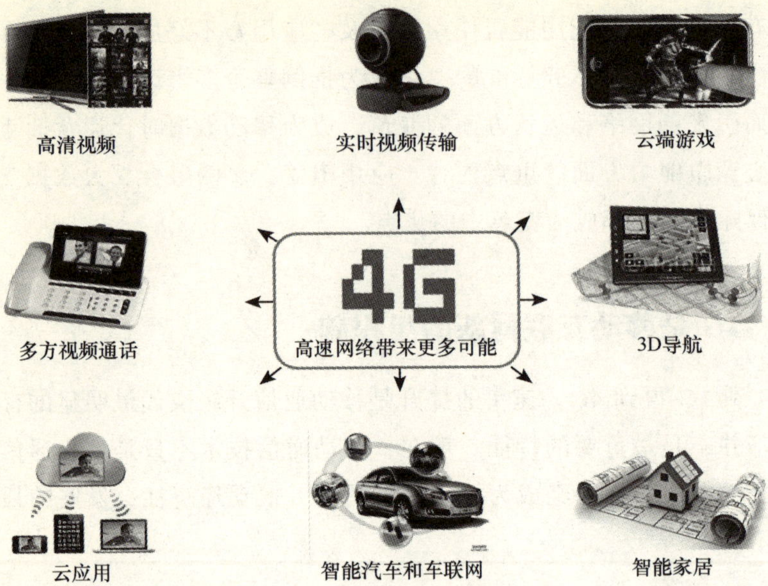

图 9-1　4G 代表性应用

2．促进信息消费

在当前重要的发展机遇期，加快推动 4G 商用发展，对促进信息消费、拉动内需、实现国家创新战略具有重要意义。具体而言，4G 的部署可以有效带动产业链快速发展。一是 4G 建网过程需要采购大量网络设备，未来这些设备可能还会进一步升级改造，这将刺激我国设备制造企业研发先进的设备；二是带动手机终端的升级换代，将促进终端生产企业制造更先进、更丰富的终端产品；三是网速快了，终端好了，也将推动软件企业开发出更多更好的应用，进而带动整个电信服务水平的提升。

移动通信已经连续数年成为拉动投资的明星。2G 扩容、3G 建设、4G 部署在全球范围内为信息通信业带来了可观的收入，促进了业务创新，推动了行业转型。预计 2014 年，我国 4G 投资将达到 1 000 亿元。如图 9-2 所示，IDC 数据显示，2014 年中国 4G 网络商业化运营带动的 IT 投资将达 336 亿美元，2017 年将达 460 亿美元的规模。

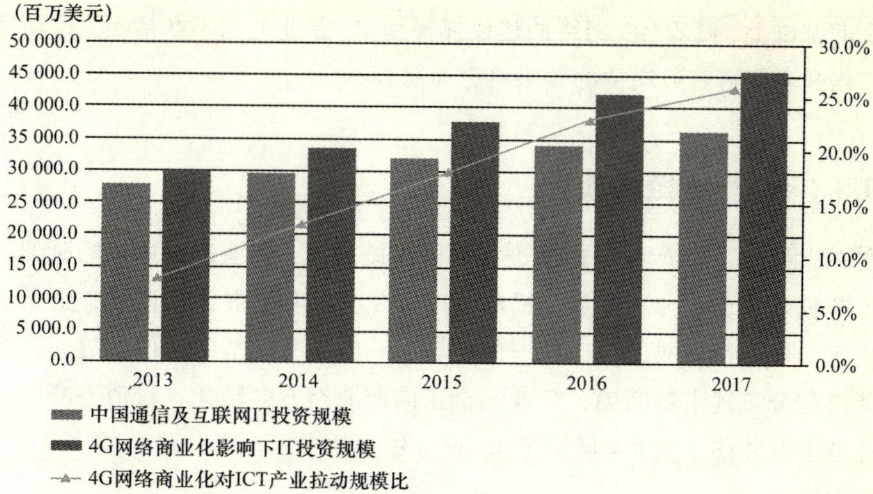

来源：IDC，2013 年

图 9-2　中国 4G 网络商业化对中国通信及互联网产业的影响

3. 拉动经济增长

结合历史经验，移动通信网络的部署可以直接和间接地拉动经济增长，创造就业岗位。如图 9-3 所示，以 3G 发展为例，我国 3G 发展头 3 年，已直接带动投资 4 556 亿元，间接拉动投资 22 300 亿元；直接带动终端业务消费 3 558 亿元，间接拉动社会消费 3 033 亿元；直接带动 GDP 增长 2 110 亿元，间接拉动 GDP 增长 7 440 亿元。同时，3G 发展也增加了社会就业机会，3 年直接带动增加就业岗位 123 万个，间接拉动增加就业岗位 266 万个。

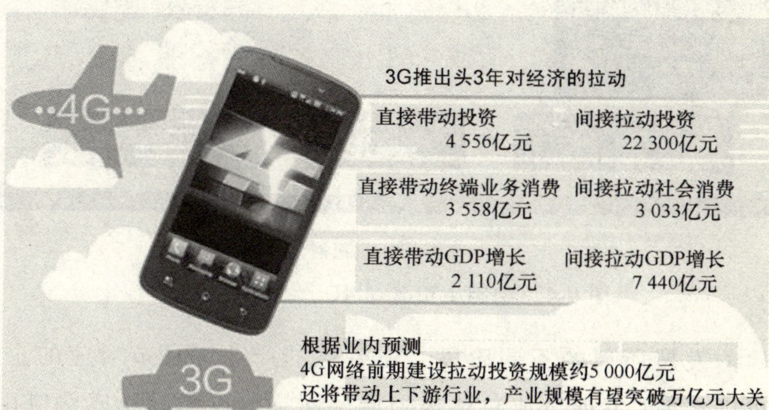

图 9-3　3G 和 4G 对经济增长的拉动

在此基础上，随着 4G 网络的建设部署和 4G 新业务的不断推出，拉动经济增长和创造就业岗位的效果将更加显著。

9.3 4G 产业链的演进

与 3G 相比，4G 产业链的演进特征可以概括为：产业链纵向不断延伸，不断被延长、细分和开放；横向不断深化分工和扩展协作伙伴，链条上的每个环节都形成了自己独有的市场，一些细分环节的价值被放大，产业链的分工越来越明确，产业链也正向产业网方向转化，价值不断向产业链下游转移。图 9-4 显示了 4G 产业链中的中国上市公司。

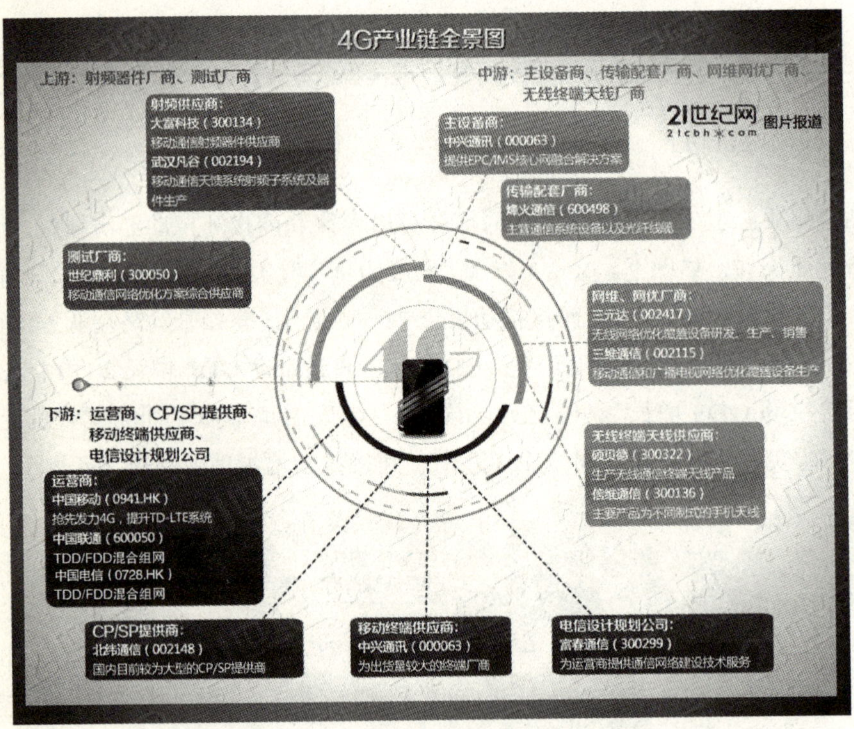

来源：21 世纪网

图 9-4　中国上市公司 4G 产业链全景图

根据 4G 发展所属的不同阶段，所受益的产业链环节对应的企业不同，可以将 4G 发展分成总体规划期、网络建设期以及成熟应用期 3 个阶段。

1. 总体规划期

运营商在这一阶段主要进行 4G 的前期规划、可行性研究和网络规划设计，产业链上游的网络规划相关企业（网络规划厂商）最早参与到 4G 发展当中，也是最早的一批受益者。

2. 网络建设期

进行大规模的 4G 网络建设是这一阶段的主要任务，产业链的主体参与者为处于中游的设备厂商（包括网优、基站、天线等子厂商）及芯片厂商，我国的 4G 发展正处于此阶段。

（1）设备厂商方面。值得一提的是，由于 4G 的技术特点——频率较高、带宽大，造成 4G 信号传播与穿墙能力较弱，而移动互联网时代的到来使得其派生业务如网络游戏、视频等对无线信号的要求更高更敏感，并且 4G 信号对分布系统的功率要求也更高，运营商必须加大力度进行网络优化覆盖，因此，网络天线设备厂商与网络优化相关厂商在 4G 设备市场所占的比例将会有所提高。目前我国 4G 发展处于大规模建设时期，网络优化市场将慢慢升温。

（2）芯片厂商方面。与国外 4G 芯片市场发展较早、成熟度较高相比，国内 4G 芯片市场还处于起步阶段，这也造成了芯片研发及生产相对落后。从中国移动 2013 年 TD-LTE 终端采购的实际情况来看，长期运作海外国际市场的高通是最大的赢家，中国移动采购的终端设备中超过 6 成采用了高通的芯片，中国的展讯、华为海思等芯片企业份额较低，相关开发动作也较为滞后。值得一提的是，近几年高通的重要竞争对手——联发科在 2013 年 12 月推出了 28 纳米制程的 5 模 10 频（支持 LTE FDD、LTE TDD、WCDMA、TD-SCDMA、GSM）的 LTE 4G 芯片，并声称 2014 年第一季度实现终端量产，从中可以看出 4G 芯片市场正向多元化方向发展。相信随着国内政策与市场的不断成熟，国内的芯片厂商将迎头赶上，从而推动国内通信终端芯片产业走向成熟。

3. 成熟应用期

这一阶段与网络建设期有一定的重合，在这一阶段产业链中下游的厂商是主角，终端厂商、内容厂商、电信运营商以及虚拟运营商在 4G 运营中开始获益。

（1）终端厂商方面。依照通信行业的发展规律，技术的每一次更新换代都是终端厂商市场格局重新洗牌、品牌价值重新塑造的机会。在 3G 时代，苹果与三星借助智能手机飞速发展的时机将诺基亚踩在脚下，长期占据利润的顶端。4G 来临，国内手机厂商将面临新一轮的机会，随着 4G 终端市场的不断成熟，推动 4G 普及的主力军——中低端手机将成为市场的主流，这也是国内手机厂商的重要机遇。当然横在国内手机厂商面前的还有市场份额较低、品牌认知度较低、技术受制于人等难题。

（2）运营商方面。作为 4G 产业链的重要组成部分，运营商也并非高枕无忧，3G 时代遗留的运营商"被管道化"的风险将进一步加大，4G 普及之后内容与应用提供商参与到价值链当中，通过创新的商业模式打破了电信行业原有的产业链，电信运营商必须要在"智能管道"方面有所作为。

（3）内容/应用厂商方面。4G 对网络速度提升的效果明显，App 类应用继续向多媒体化、高清化、实时化方向发展，内容/应用厂商一方面越来越依赖于运营商的高速度、高质量的 4G 网络，不断为用户提供更优质的内容与服务；另一方面，这些厂商不想与运营商过于亲密，希望可以越过运营商直接与用户产生价值联系，希望运营商下沉成为互联网的基础设施。

4G 对内容/应用厂商的应用也会产生相当大的影响，例如：

① 在线音乐视频应用类。这类应用所提供的内容质量越来越高，随着 4G 的发展，资费降低，用户对这类应用的需求越来越大，这类应用将迎来新一轮爆发式增长。

② 社交分享类 App。现阶段的图片音频共享将被视频共享、现场直播类应用所取代，真人秀直播类软件将层出不穷。

③ 手机游戏。4G 网络带来更高的带宽与更低的网络延迟，手机游戏特别是线上的网络游戏将迎来新一轮的爆发式增长，传统的单机游戏画面与内容将进一步丰富，移动终端上将出现“4A”级游戏。

④ Kik 类应用。纯 Kik 类 App 会受到冲击，但还会有生存空间，4G 网络铺设完成后，基础语音与短信的成本大大降低，运营商会不断降低资费，甚至可能施行语音短信免费策略，这将直接化解掉这类应用的最大优势——免费，Kik 类应用面临洗牌。单一定位为 Kik 类的应用如 Viber、Skype 等将会退出市场，微信等社交元素浓厚的 App 存活概率更大。

⑤ 云应用。4G 的高带宽与低延迟使云应用最终落地，与云相关的应用将在 4G 的助力下迎来爆发式增长，“轻应用”与“瘦客户端”将实现普及，云应用的实现将极大地影响现有终端的生态系统，产品形态将面临一场新的变革。

（4）移动业务转售企业（虚拟运营商）方面。虚拟运营商作为运营商的重要合作伙伴，有着传统运营商不具备的特点，如个性化的资费套餐、灵活的运营策略等。在 4G 运营初期，虚拟运营商将是市场拓展的重要力量。在 4G 时代，虚拟运营商与运营商站在同一条起跑线上，虚拟运营商的特点将有助于其快速圈定客户，在 4G 市场中占据一席之地。

（5）未来可能会高速发展的产业链细分厂商。例如可穿戴设备厂商。可穿戴设备随着 4G 与智能终端的发展迎来新一轮增长，将催生更多的应用场景，比如将可穿戴设备与移动医疗相结合，做成手环戴在臂上，当用户生命体征指标异常时，可向用户提前拟订好的名单发送短信，并及时拨打 120 急救电话。再比如显示场景增强设备，类似于 Google Class 的设备在任意一个地点拍照或录像，即可获得用户所需要的商家、地理位置等信息，这些应用在 4G 网络的助推下皆可实现。

9.4　4G 时代或将被颠覆的九大行业

那么，4G 究竟会带来哪些改变？哪些行业会搭乘这一有力东风，坐上 4G 发展的“极品飞车”，一路狂飙？哪些行业又将被 4G 推向穷途末路？

1. 促使国内电信运营商产品服务升级

自 3G 商用以来，中国移动、中国电信、中国联通三大运营商纷纷推出具有各自品牌特色的 3G 业务，三大运营商在 3G 应用业务上的创新，体现出数据服务业务已经成为电信运营商的重要增长点。在 3G 和 4G 时代，传统语音业务的市场空间越来越小，语音 ARPU 持续走低、语音收入贡献趋缓，而数据业务收入比重增长迅速，尤其是在发达国家，数据业务已经成为电信行业的主要收入来源，这也是运营商提出朝综合信息服务提供商转型的根源所在。

从用户层面来看，随着全球移动宽带技术不断深入生活与工作的每一个细节，用户对网络的需求越来越高，随时随地为用户提供更高的速率、更好的覆盖和更好的用户体验，是运营商在竞争中制胜的根本要求。目前，电信运营商已经开始向互联网企业学习，学习互联网企业的发展模式、服务方式等，以开放的思想、合作的态度、共赢的原则，探索建立适合运营商发展需要的新模式。

2. 手机厂商再次洗牌

想升级 4G，多数要换新手机。尽管市场上的大多数智能手机还不具备支持 4G 的功能，但是随着 4G 商用的逐步推进，任何手机厂商都不会放过这个大蛋糕，4G 手机将迅速在市场中铺开。

4G 对于手机厂商是一个福音。目前中国有 12 亿手机用户，每年换手机的用户会有 3 亿左右，这个市场巨大。4G 的到来，会加快这个格局的改变，中国的消费者一直是求新，对于最新的东西，一定会非常关注。市场研究公司 IHS 公布报告称，2014 年中国 4G 智能手机出货量将达 7 240 万部，与 2013 年的 460 万部相比增长近 15 倍；预计到 2017 年底，中国

4G 智能手机出货量将增加到 2.985 亿部。

可以说 4G 会带来手机业一次新的洗牌，3G 的到来，让诺基亚这样的手机巨头瞬间崩塌。这样的故事，或许还会上演。支持 4G，有能力的企业会很快推出 4G 手机，通过 4G 手机展现自己的技术实力和反应能力。如果赶不上 4G 这班车，很可能会落后，4G 手机起步早、准备足、技术好，会通过这个过程形成格局的改变。

3．下载一部电影几十秒，视频网站乐开了花

4G 到底有多快？一部 1GB 的电影，80s 就能下载完成，而且随着网络的进一步优化，速度还会提升。

如此一来，如果 4G 资费合理的话，移动视频用户将出现爆发性增长。4G 将进一步推动信息流从图文向视频的演进，同时内容的碎片化消费趋势会更明显。很多人之前买了智能大屏手机，却因为移动网速或资费的问题根本还没真正享受移动环境下畅快的视频体验，而仅仅是在 Wi-Fi 的环境下观看视频，4G 将大幅提升用户在户外或移动场景下的视频观看比率。

那视频网站该怎么办？

第一，收购大量内容填充。

第二，鼓励用户上传原创内容。拿着手机和平板电脑传视频、看视频、分享视频将成为潮流。2013 年，56 网移动客户端在 iOS 和 Android 都进行了大规模改版，鼓励用户产生原创视频。

4．汽车智能化产业大有可为：无人驾驶与手机遥控汽车成为可能

汽车电子制造企业嗅到了 4G 的气息，得益于 4G 在速度方面的优势，包括网页浏览、云存储、远程监控等之前在汽车上不敢想的服务都将变得理所当然，而一些已经出现但沦为“鸡肋”的摆设也将重获新生，如视频通话。

（1）车辆被划、被撞、被盗？汽车摄像头可调出实时监控

对于车联网来说，在 4G 更快、更宽的通道帮助下，一些基于大流量数据传输的应用将大展拳脚，比如视频数据流。通用汽车正考虑把行车记录仪的视频影像发送到呼叫中心，显然，这将较目前只把事故位置、声音以及少量图片等信息反馈来得直观，也有利于事故责任判断。另外，通过移动终端，如智能手机与车载 4G 模块相连接，车主可随时调出汽车摄像头进行实时监控，以便在车辆遇到被划、被撞、被盗等问题时立刻发现情况并解决。

（2）无人驾驶汽车成为可能

时至今日，汽车作为一个复杂的交通工具，从轮胎气压，到发动机转速，到油温和速度，在传感器的监测之下，汽车每小时能产生 5～250GB 的数据，相信未来的无人驾驶汽车产生的数据将更多，如谷歌的无人驾驶汽车每秒产生约 1GB 的数据。在 4G 高速通道的前提下，“云”概念不再是摆设，利用云端无限的存储空间解放车载物理内存，也让不同终端对这些大数据的调用成为可能，而且这些功能在目前 2G、3G 网速条件下不能实现。

（3）车载热点：一路有 Wi-Fi

汽车内置的 4G 网络可以成为一个无线热点，允许智能手机、平板电脑及笔记本等多种终端同时接入高速网络，先有宝马在 2012 年 12 月推出名为“Car Hotspot LTE”随车 4G 分享器，后有奥迪于 2013 年 7 月在 S3 Sportback 中植入 LTE 无线连接功能，并计划在欧洲市场（2013 年 11 月）、美国市场（2014 年）出售的 A3 车型中引入同样的功能。

（4）车载服务将大升级

4G 时代势必影响车载服务的大变革，各大车厂将针对自身产品优劣有目的地改进产品体验，比如上海安吉星已将基于 4G 开发的第十代车载终端投入测试，预计 2015 年推出市场；而福特正试图建立一个类似苹果

App Store 的应用商店，利用 4G 高速的数据传输方便下载使用车载 App；上汽荣威 iVoka 语音云驾驶系统的功能也将随着 4G 的到来大大增强，可根据实时路况提供避免拥堵和事故的“捷径”。

（5）手机被赋予“遥控器”的角色

4G 除了刺激车联网本身外，也让车机互联焕发新生，手机被赋予“遥控器”的角色。没错，在 USB、蓝牙、3G 等帮助下，车载系统不再是信息孤岛，能让手机应用映射到车载系统，如本田的智能互屏、宝马 iDrive、福特 SYNC 等。4G 时代的车机互联，应是“硬件终端多屏互动+云端服务”模式大放异彩的时候，手机屏、车载屏、电视屏等各种基于移动物联网的屏幕都可以与汽车进行无缝信息交换，只是目前来讲手机与汽车互联还是核心。

5．手游：随时随地找朋友一起联网玩手游

4G 有两方面的特点：一是下载速度非常快，二是能够传输高质量视频图像，这两方面恰恰是决定手机网络游戏发展的关键。

4G 时代给手机网游带来的变化，主要体现在操作模式和内容两个方面：操作模式上，由于数据传输量大、下载速度快，玩家可以进行语音操作，玩家之间也可以即时启动语音或视频交流；在内容上，厂商在研发新的手游产品时，不会有太多网络环境上的顾虑，画面制作也将更加精致。

此前的 3G 时代，高额的 3G 资费使得 2G 仍然成为用户接入移动互联网的主要方式。在这样的前提下，为了降低使用门槛，方便用户接入，中国市场的移动游戏都采用联网需求较弱的游戏模式，即仅在关键数据交换或玩家互动时才需要联网，大部分时间其实就是单机游戏，这大大限制了游戏的玩法和交互，最热门的几款手游如《我叫 MT》以及腾讯微信游戏平台的产品都是如此。

随着 4G 的到来，在联网速度加快及资费比 3G 更低这两个前提成立的条件下，移动互联网游戏必然迎来深度在线的时代。想象未来人们不再需要满大街找 Wi-Fi，玩家可以在公交车上随时和朋友一起联网玩手游，并且能够像 PC 平台上一样用语音软件随时沟通，那时候的移动游戏体验将更加完美。

6. 有线电视穷途末路

直接用 4G 信号，就可以用移动设备连接所有电视节目。其实，现在已经有这种趋势，通过电视盒子，家用电视利用 20Mbit/s 的家用宽带已经能够顺畅地链接互联网上的电视节目。

当空气中弥漫着每秒 10Mbit 无线网络信号，手上拿着个平板电脑、大屏幕手机，这时谁还会坐在家里看电视呢？4G 之后一定会出现网络收视率不断创新高的场景，电视台真的很令人担忧，尤其是现在很多电视台只是一个播出平台，内容都外包给制作公司。

7. 平面媒体再度受到冲击：张开血盆大口的狼真的来了

3G 时代已经对纸媒形成了一次冲击，而 4G 下载速度达到 3G 网络的 30～40 倍，可以说冲击更大，如暴风雨般袭来！

如图 9-5 所示，以纸作为信息主要载体的年代或许会彻底远离我们：满大街的人手上拿着的是智能手机而不是报纸！视频分享将进入读秒时代，随手可得！纸媒的 24 小时更新一次完全无法与之抗衡！新闻消息传播更疯狂，而独家新闻更难采访到了！纸媒的发行队伍可以解散了！落后地区可能不经过互联网时代就直接进入移动互联！

成都初唐网络科技有限公司 CEO 伏勋荣发布微博断言：“2014 年，将成为传统媒体的绝对分水岭。因为到那时，4G 网络将迅速占领市场，移动带宽将不再成为瓶颈，流量资费几乎可以忽略不计，而智能手机价格也将大幅下降，移动互联网用户将呈几何级数增加，媒体将彻底进入自媒体时代。在技术进步面前，那种心存侥幸，在纸媒上搞什么二维码的小游戏，注定都是徒劳。”

图 9-5　平面媒体再度受到冲击

8．在线教育迎来爆发期

有数据显示，2012 年中国教育培训行业市场规模达到 9 600 亿元，而目前在线教育市场规模在 700 亿元左右，比重仅为 7.3%。巨大的市场规模不断吸引着巨头和创业者进入这一领域。事实上，BAT 三巨头百度、阿里、腾讯早就开始布局在线教育。

由于目前的在线教育行业，大都采取视频学习的方式，对网速的要求比较高。以发展迅猛的在线一对一外教英语学习为例，若带宽不够，将频繁出现“卡”和“掉线”的情况，极大影响学习质量。而随着 4G 的来临，移动端的流量网速不再拖累，视频可以“随手取得”，在线教育理所当然将迎来一个市场契机。

以往的在线教育大多采取录播的形式，这种方式成本较低，且可以反复使用，但是这种量产的方式已经无法满足消费者的个性化互动需求，所以直播模式被看作是在线教育突破原有局限的有效方式。4G 时代高达 100Mbit/s 的速度，让直播课程变得更为现实。

9．智能家居加速普及：无论身在何处都能控制家中电器

4G 的发展必然带动整个智能家居产业链的发展，让智能化装修观念更加

深入人心，特别是网络上行和下行速度的提升会极大地促进智能家居中智能家电、家庭安防的数据传输，如图 9-6 所示。

例如，主人离家上班时，无需担心电器、电灯、自来水龙头是否关闭，只要在门口，轻轻拨动手机中的“离家”模式，即可一键搞定，并启动安防功能，当家中有歹徒非法闯入，手机会在第一时间接收到报警信息，通知警方及时赶赴现场阻止犯罪。

此外，4G 网络颠覆传统上网速度，对主人日常操作智能手机操控软件也有帮助。以前主人拨弄手机进入情景模式，发出执行指令，如果处于无线网络使用高峰期，就会由于传输速度过慢，接收设备出现延时现象，这点确实让很多用户非常头疼。一旦用上 4G 网络，网络速度大幅提升，缩短了用户指令执行时间，提高了主人使用快感。

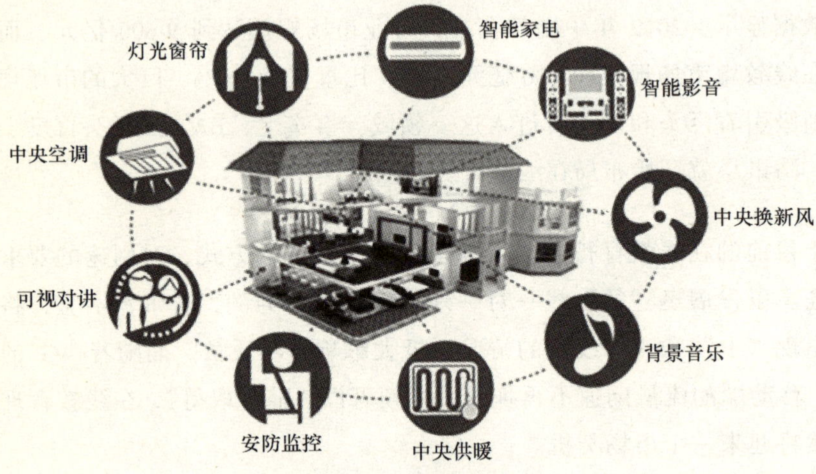

图 9-6　智能家居加速普及

第 10 章　4G+：新经济的助推器

未来的移动互联网，将进入一个由人、物体、地点所组成的“万物互联”时代，意味着要搜集大量的数据，并对这些数据进行挖掘与分析，这离不开大量的存储、云计算、数据中心和高速的信息网络，不仅需要各种各样的软硬件，还离不开各种网络服务，可以说是一种生态系统。在这样一个系统中，每个要素之间互相促进，共同驱动着新经济的发展。

10.1　4G+大数据

4G 时代带来的，将不仅仅是手机上网速度提高，看电影不再卡壳这么简单，它对很多行业与领域都将有着非常深远的意义。4G 的来临对于大数据革命具有重大而深远的意义，在未来的 5～10 年里我们将会看到一些全新产业的兴起和一些传统产业的痛苦转型，而这一切都已随着 4G 悄然来临。

10.1.1　全球正进入大数据时代

大数据的概念，最早由麦肯锡全球研究院（MGI）提出，之后逐步被学术界、商业界、投资界所接受和认可。2012 年 3 月美国奥巴马政府将其上升为国家层面战略，从而将大数据研究与应用推向了快速发展阶段。大数据（Big Data）是指需要通过快速获取、处理、分析以从中提取价值的海量、多样化的行为交互数据、交易数据和传感数据的结合。大数据的特征主要体现为 4 个 V，即 Variety（多样）、Volume（大量）、Velocity（高速）和 Value（价值）。Variety 指大数据包含的数据种类繁多，将以往的研究范围从结构化数据扩展至非结构化数据；Volume 指大数据研究范围的数据量迅速扩张（TB、PB、EB 甚至 ZB 级别）；Velocity 指大数据对于数据处理的实效性要求极高，很多在数据流层面进行，在高速的特点上大数据与 4G 所带来速度提升的优势不谋而合；Value 指大数据的价值极高，但是获取难度很大。

大数据带来了 3 个重大变革：从抽样数据向全数据的跨越，实现了统计学意义的提升；从结构化向非结构化的跨越，通过体量的提升降低了对于准确度的要求，同时允许适度的混杂；从因果关系向相关关系的跨越，提升了响应速度，使得业务实时反馈及开发成为可能。

随着互联网、移动互联网、人类生活网络化和物联网等的不断发展，全球数据规模正呈现爆炸式的增长趋势。社交网络兴起，大量的 UGC（User Generated Content，用户生成内容）、文本信息、图片、音频、视频等非结构化数据出现了。另外，物联网各种传感器的数据量更大，加上移动互联网能更准确、更快地收集用户信息，比如位置、生活信息等数据。大数据时代是否来临首先由数据丰富度决定，从数据量来说，我们目前已进入大数据时代。

从国家层面来看，大数据技术领域的竞争事关一国之安全和未来，国家竞争力将部分体现为一国拥有数据的规模、活性以及解释、运用数据的能力。从企业层面来看，大数据技术的能力决定了公司的核心竞争力。掌控大数据，就可以支配市场，意味着巨大的投资回报，大数据将成为企业的核心资产。

大数据技术的战略意义不在于掌握庞大的数据信息，而在于通过对数据的“加工”实现数据的“增值”。搜索引擎、社交网络的 UGC 使得人们的行为和情绪的细节化测量成为可能。挖掘用户的行为习惯和喜好，从凌乱纷繁的数据背后找到更符合用户兴趣和习惯的产品和服务，并对产品和服务进行针对性的调整和优化，这就是大数据的价值。大数据也日益显现出对各个行业的推进力。

10.1.2　4G 对大数据的影响

在未来的大数据时代，物联网、云存储、大数据和互联网（4G 等新技术）这几个方面的发展是息息相关、密不可分的。在这个框架里，物联网担当了数据采集的作用（触角），云存储担当了数据归集和存储的角色（仓库），大数据技术充当收集来的大数据的智能挖掘分析工作（大脑），并实现商业模式的创新，而互联网技术（包括 4G、光纤等新技术）则是信息传输交换的通道，是信息时代的高速公路。

理解了这样的架构，就不难理解这 4 个重要方面的任何突破性进展都会对整体技术的发展普及产生极为深远的影响。具体来看，4G 网络的出现，对于大数据发展的影响主要体现在以下几个方面。

1. 更大量更及时

物联网的概念已经存在很久，其重要程度被公认为全球信息化第三次浪潮的代表。但是其实物联网的发展并不尽如人意，原因之一在于信息传输通道的制约，进而制约了可被传输信息的形式和数量。近几年，传感器的造价已经不断降低，使得可被采集的数据形式和数量得以拓展。而 4G 网络的出现将使得大数据的采集和传输效率得到极大提高，大数据体量也会快速膨胀，且推动大数据存储、计算和分析技术的革新，比如以前某些音视频信息由于带宽限制难以完全采集并及时同步进行分析，这在 4G 时代便成为现实。

2. 随时随地

移动互联网无所不在，使得传感器可被利用的领域得到极大拓展。在 4G 时代，理论上，任何物体都可以成为数据采集的载体，部分载体更加可以用于多种不同用途。比如在 4G 时代，普通市民的手机也可以变为交通部门随时捕捉交通情况的摄像头，而不必仅仅依赖于交通部门自行架设的摄像头。如果类似于 Google 眼镜的可穿戴设备得以推广，警方甚至可以利用大量用户通过此类设备拍摄的图像视频实时追踪逃犯，勘测案情。

随着 4G 的推出，数据的采集将变得不仅更方便易行且成本低廉。大数据的采集将和人们的日常生活紧密结合，无所不在。今后我们的很多家用设备都将 4G 化或者可以通过蓝牙连接 4G 手机上网。大家可以想象一下这样的场景：早晨，我们用 4G 或者蓝牙智能牙刷刷牙，在刷牙的同时，智能牙刷已经对我们的牙齿健康情况做出了一次全面的检查，相关图像以及数据被实时同步到云端我们的个人健康账户供今后的分析使用。相关的牙齿健康情况会定期反馈到我们的家庭医生那里，一旦出现异常情况，医生会及时发现，并通知我们需要注意的事项和安排相关治疗。这只是一个小小的应用场景，其实类似的场景可以出现在人们日常生活的任一时刻，真正实现随时随地，无所不在。

3. 双向互动与智能化

4G 时代的到来，不仅使得大数据的采集更及时、更大量、更随时随地、无所不在，还将促进双向互动与智能化的实现。继续以上面刷牙的场景为例。在 3G 时代也可以做到数据的采集甚至同步，只是可被实时同步的数据可能较为有限。在 4G 时代，不但可以更快更多更及时地获得同步信息，还可以把分析结果实时反馈回相关设备。因此，可能以后我们用智能牙刷刷牙时，先用牙刷轻刷一遍，所采集的信息便被同步到了云端。大数据分析根据过往数据以及专业分析引擎进行分析，根据当日的具体情况设定最为合适的刷牙模式并返回给智能牙刷，接受到指令后，智能牙刷会自动根据指令调节轻重快慢，并提醒用户需要注意的事项。如果有医疗需要，可及时做出相关预约并将重要过往历史数据传输给相关医生以供参考。从上面的例子可以看出，4G 时代下的大数据的应用模式将更为双向、更为互动、更为智能。这不仅要求后台分析能力和速度的提高，对于担当信息传输通道的网络要求也是极高的。

10.1.3　大数据在不同行业的业务驱动

表 10-1 是 Gartner 发布的调研数据，展示了各个行业希望通过大数据解决的业务问题，其中数字 1～7 表示对大数据业务驱动的迫切性，1 表示排第一位最迫切，7 表示排最后最不迫切，可以看出，降低流程成本、增强客户体验和产品创新/市场营销是企业最核心的诉求。

表 10-1　各行业希望通过大数据解决的业务问题

业务问题	制造	教育	银行	保险	政府	能源电力	通信媒体	零售	交通运输	医疗	各行业重要性排名
流程效率与降低成本	1	3	3	3	1	1	1	2	1	1	1.7
增强客户体验	3	2	5	1	2	2	2	1	3	3	2.4
改进客户服务	4	6	6	4	4	4	4	3	2	2	3.9
识别新的产品和市场机会	2	7	4	2	7	5	3	5	4	4	4.3
风险管理	5	1	1	5	6	7	6	4	5	5	4.5
法规合规	6	4	2	6	5	3	5	7	7	6	5.1
增强安全能力	7	5	7	7	3	6	7	6	6	7	6.1

另外，市场研究公司 Forrester Research 的数据也表明了超过 45%的大数据部署都是为了市场营销。目标客户营销一共经历了 5 大阶段，从第一阶段适合标准通用产品的大众营销（Mass Marketing），到第二阶段适合细分产品服务的客户群营销（Segment Marketing），到第三阶段适合自发营销活动的目标营销（Target Marketing），到第四阶段适合于触发营销活动的事件营销（Event-Based Marketing），最后到第五阶段适合于一对一个性化营销的互动营销（Interactive Marketing）。

互联网营销将在大数据行为分析和互联网移动化的双促进作用下加速从大众化向个性化、精准化时代转变，应用“大数据”可以告诉品牌广告主什么是正确的时间、谁是正确的用户、用户想要什么、什么是应该宣传的正确内容等，这将会在未来诞生新一批移动互联网广告的巨头。

10.1.4 互联网公司走在大数据应用的前沿

国外互联网公司一直引领大数据应用前沿，例如 Google 开放 BigQuery 服务，将企业数据分析能力商品化，成为收费在线服务；Google 的统计机器翻译服务（Statistical Machine Translation），利用庞大的已经翻译好的文件输入计算机，然后由计算机通过识别库存的句式来进行翻译，而不是只通过语法规则和词库进行翻译；Twitter 利用大数据技术预测猪流感等流行性疾病暴发，研究人员收集超过 5 000 万条基于地理位置的 Twitter 消息，然后按区域与英国国家卫生服务部的官方禽流感数据进行了比较，通过从数据库中找出与禽流感相关的关键词能够创造出一个将未来 Twitter 消息中流感发病情况的关键词转化为某一特定地区流感严重程度的模型。

国内互联网公司高度重视大数据价值，例如阿里巴巴的企业愿景是要做分享数据的第一平台，阿里巴巴集团所积淀的交易数据和社交数据，支付宝、淘宝、阿里金融、B2B、新浪微博的数据都会成为这个巨大的数据分享平台的一部分，获得深度发掘和应用。如通过“数据魔方”产品让商家掌握消费者的消费偏好与趋势，了解“你是谁，你想要什么”；通过从历史销量数据预估中小企业的现金流，阿里贷款平台不需要突破传统的银行商贷模式，可根据自有数据评估贷款信用。百度正式发售商业化大数据产品“百度司南”，为更多品牌广告主提供洞察市场格局、消费者需求以及消费行为特征的决策辅助工具。微信公众平台的数据分析模块，通过社交大数据的深入挖掘来了解用户，将用户群精准细分，然后将这些分析后的数据信息推给需要的品牌商家微信运营者。

10.1.5 大数据在电信业的应用

电信运营商由于掌握了 4G 流量的通道，不但天然拥有大量的数据资源，而且在数据获取时间和颗粒度方面也具有 TMT（Telecommunication，Media，Technology，电信、媒体和科技）行业中其他实体无法比拟的优势。另外，在互联网法律体系不断完善的背景下，电信运营商大数据收集和使用的合法性优势开始凸显。因此，大数据资产在电信运营商所处的地位正变得越来越重要，积极开发和运用大数据资产也成为运营商未来发展重点之一。电信运营商基于大数据的价值提升策略，主要可以从两个维度展开，一方面是大数据在运营商内部的应用，通过收集用户上网等数据，分析了解用户上网行为和喜好，有针对性地提升现有服务的品质和改善内部运营效率，典型的应用包括网络监测、服务保障和精确营销等；另一方面是大数据为外部企业做服务，通过商业模式的创新由通信服务向信息服务方向进行创新和尝试，把运营商海量用户行为数据实现资源性运用，典型的应用如西班牙电信 Telefonica 的 Smart Steps 服务、Verizon 的 Precision Marketing 服务。

1. 大数据的内部应用

电信运营商针对现有业务的大数据策略主要围绕着精细化运营展开，主要的角度包括：个性化营销、提升用户体验感知、提高产品设计等。

应用 1：个性化营销。例如，Telefonica 基于 CDR 社交网络数据，把所有用户形成社交网络以后，不同人有不同角色（例如一种是你来我往型，一种是链条式传递型，一种是 Hub 传播型等），给指定用户赠送免费的短信、下载某类应用免流量和免费通话分钟等优惠，从而刺激更多通信业务的互动或者通过免流量分发应用刺激下载后，产生更多流量使用消费。另外，Telefonica 还基于用户行为数据建立 5 大维度的心理模型，根据用户的消费习惯和心理的高相关性，对不同的用户匹配不同的新服务推广策略，充分利用通道分发功能推送第三方的产品和应用。

应用 2：提升用户体验感知。例如，以大数据分析为基础，将消费者使用习惯、身份特征等数据与消费者生命周期管理有效结合，定期进行基于大数据分析的消费者离网倾向分析（如跟踪消费者与竞争对手联系情况、不满言论发表次数），进行预警并挽留。

应用 3：提高产品设计。例如，对网络流量的细颗粒度数据识别和分析，跟踪高流量/资源占用的应用并分析其使用特征，据此制定出针对特定业务的产品。针对网站和应用提供者，提供 QoE（Quality of Experience，体验质量）定价以支持其高端用户浏览和体验，保证高端用户服务品质。实现面向服务提供商的后向收费，在提升其消费者满意度的同时增加运营商收入。

2. 大数据的外部应用

按照最终收费对象，电信运营商对外部提供的服务面向各个垂直行业，下面以零售行业应用、政府行业应用、医疗行业应用为例，说明电信运营商在 4G 时代如何实现大数据的外部价值。

应用 1：零售行业应用。例如，Telefonica 的 Smart Steps 服务，通过手机信号获得用户的行踪和轨迹，精确统计不同地点、不同时段的人流量。Smart Steps 原来的初衷是为巴塞罗纳政府在奥运会时为不同景点提供人流拥挤建议。现在用于帮助零售企业的选址，结合客户的性别、年龄等信息，可以掌握哪些年龄、性别、区域的客户光临本店从而可以知道促销活动的针对性及成功率的情况，同时也可以知道竞争对手的各类信息，如图 10-1 所示。此外，零售企业还可以通过绑定手机号码和会员 ID，在特定商铺会员进入服务区时提供商铺定制的信息推送，同时向企业提供会员访问商铺的行为。另外，还可以与广告公司合作，按照消费者数据特征，实时拍卖并改变附近广告牌显示内容，近似于 RTB 的线下形式，例如国内的亿赞普公司就是基于运营商的数据做广告投放服务。另外在线下广告投放地区，运营商还可以定期向广告主提供统计信息（如人流特质），并结合广告主网站的受众接入信息（人员特征、看到广告后多长时间内登录、浏览时间）提供分析报告。AT&T 则成功地把用户位置数据商业化，和星巴克开展合作，利用大数据技术收集、分析用户的位置信息，通过客户在星巴克门店附近通话或者其他通信行为，预判消费者的购物行为。为此，AT&T 挑选高忠诚度客户，让其了解 AT&T 与星巴克之间的这项业务，并签署协议，将客户隐私的管理权交给客户自己。在获得允许情况下，AT&T 将这些信息服务以一定金额交付给星巴克。星巴克通过对这些数据的挖掘，可以预估消费者登门消费的大概时间段，并且预测个人用户行为，并做出个性化的推荐。

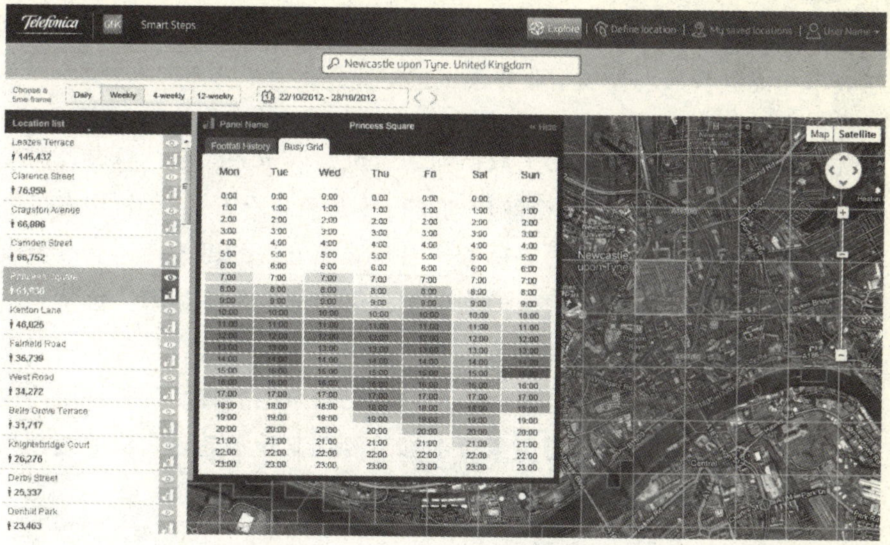

图 10-1　西班牙电信 Smart Steps 服务

应用 2：政府行业应用。西班牙无线城市运营商 Gowex 通过为大城市免费建设无线城市，提供全城 Wi-Fi 覆盖，同时由 Gowex 负责流量的运营维护，通过添加广告或者添加位置视频服务（如交通控制和优化、政府的犯罪监控）等实现盈利。类似的在社会管理和社会服务方面，Telefonica 的 Smart Steps 人流量分析服务同样可以为规划交通线路、市政设施、停车场修建等方面提供帮助。

应用 3：医疗行业应用。面对日本社会的老龄化趋势，DoCoMo 想到了通过搭建信息服务平台，满足用户的个性化医疗需求。DoCoMo 通过开设 MedicalBrain 和 MD+平台，聚合大量的医疗专业信息，网聚了大批医疗行业专业人士，使用户和各种专业医疗和保健服务提供商共同拥有了符合标准的、安全可靠的生命参数采集和分发平台。在这个平台上，DoCoMo 能够根据用户的以往行为洞察其个性化需求，再将这些需求反馈至对应的医疗人员，帮助用户获得高价值的信息反馈。

10.1.6　大数据在航空交通业的应用

航空业具有竞争激烈、资本密集且劳力成本高、行业营运利润微薄、产品生命周期很短、有明显的淡旺季、顾客忠诚度低、高价值客户贡献度大的行业特点。航空业迫切希望能通过大数据在优化客户体验、提升运营效率和促进收入增长 3 个业务领域进行优化提升。

在优化客户体验上，可以用大数据辅助航班延误服务改善，航空公司员工可即时查询到近期 3 000 个航班的飞行状态和客户资料，分析旅客过去乘机的历史情况，获得其价值得分、因延误而流失的可能性还有改签航班的容量等信息，根据客户价值为旅客提供差异化服务，解决哪些客户应该优先对待、如何根据客户形成的连接时间分配后续仓位等问题。可以基于高端旅客在互联网留下的轨迹分析出旅客的餐食喜好，甚至座位偏好等，个性化定制的旅行服务每个细节能让其获得超越自身心理预期的体验，从而维系高品牌忠诚度。

在促进收入增长上，国际航空运输协会（IATA）已经支持全球航空公司、旅行社等根据顾客在网络上的搜索记录来制定因人而异的价格和行程单。例如对于价格敏感旅客，在特定低舱位上，同一名旅客，只要连续乘坐南航航班，优惠度更高，这也能提升这类旅客的忠诚度。这样，航空产品将更丰富且指向性更明确。价格的非透明和精准定位有利于市场的良性竞争。还可以根据用户资料和偏好，做精准的产品兜售和展示机上广告，从而为航空公司带来更多的辅助收入。

10.2 4G+云计算

计算业务更多地代表了业务创新的可能。得益于 4G 网络出色的数据处理能力，过去很多在手机上无法处理的复杂运算将可以通过云计算来解决。例如基于海量图像数据分析的增强现实服务，以及基于自然语言分析的在线云翻译、语音助手等业务，都将步入实质性发展阶段，成为 O2O 市场重要的发展动力。

4G 相较于 2G 和 3G，不仅仅表现为网速的提升，还意味着更清晰、更稳定、更丰富、更强大的能力和应用平台，以及更低的网络成本，从而为移动云计算应用提供了平台。显然，云计算和 4G 的融合发展，带来的乘法效应是革命性的。

10.2.1　4G 加速云计算普及

2009 年 7 月 ABI Research 推出一份研究报告，提出了“移动云计算”的概念，移动互联网与云计算的结合越来越受到人们的关注。移动云计算就是指通过移动网络以按需、易扩展的方式获得所需的基础设施、平台、软件（或应用）等的一种 IT 资源或（信息）服务的交付与使用模式，是云计算技术在移动互联网中的应用。

随着智能终端的日益普及，云服务开始向移动互联网延伸，各种移动互联网云应用纷纷涌现，而大量基于 PC 的云服务逐渐拓展至移动互联网。此外，除了传统终端厂商为自己的移动终端配套发展相应的云服务外，国内不少互联网企业纷纷杀入终端领域，通过自主研发、贴牌定制等方式打造自有品牌或定制终端，内置自有云服务，以抢夺移动互联网第一入口。

在云计算与移动互联网结合前，云计算应用主要面向传统互联网，包括互联网公司、IT 厂商、通讯厂商以及电信运营商推出的云计算产品都是以 PC 端的企业云计算产品为主，数量庞大的移动用户却没有办法从云计算这项新兴科技中受益。随着智能手机的普及以及移动互联网的高速发展，云计算服务不再仅局限于 PC 端、主要面向企业客户，而是能服务于个人用户的工作、生活等方方面面，从而让云计算服务不再高高在上，离普通人的生活遥不可及，真正推动云计算服务的普及和发展。

1．带来新的商机

云计算服务极度依赖于网络，因而也必将会受益于 4G 的普及。同时云服务的价值在于随时随地的信息获取，4G 网络将对此提供强大的技术支持。在 4G 时代，云服务与移动端的结合将有可能带来商业模式的突破。

首先，移动云服务容易为用户所接受。例如手机即时通信服务就是一种 SaaS 类的云服务，用户已经非常熟悉和认可了。因此，只要云服务能够满足移动用户实际需求而在资费上又有优惠，这种业务就对用户有足够的吸引力，也就不难推广和普及。所以，移动云计算是云计算的一个很好的落地方式。特别是移动互联网的发展，已经使终端覆盖消费者几乎所有的日常生活，通过终端传递服务的业务空间非常巨大。

其次，移动云服务市场潜力巨大。移动用户对于云服务的需求是差异化、长尾化的，不可能由某几家大型公司所垄断，因此各种中小型企业的参与机会很大。而现有的移动终端由于受到计算能力以及内容和应用领域的限制，还没有被充分开发出来，市场成长空间巨大。因此，互联网巨头如谷歌、终端厂商如苹果以及众多互联网新兴企业率先开始瞄准这一市场。通过不同移动终端之间的互联，移动云服务将为用户带来更加丰富多彩和方便的生活体验。可以说，移动云计算的前景普遍为业界所看好。

新技术的诞生往往会催生新的商业模式，对产业格局也会产生重大的影响，4G的大管道和云计算的大平台必然会对传统的商业模式产生重大冲击。4G、云计算、云终端的耦合发展，在促使移动互联网的应用向形式更加丰富、应用更加广泛、功能更加强大的方向发展的同时，也为各参与者在移动互联网产业链中取得优势地位提供了机会。

2. 加速云计算落地

对于普通消费者而言，终端和互联网厂商打出的云电视、云相册、云邮箱……这些以往还飘在天上的"云"正随着移动网络的更新换代而陆续落地。

从3G到4G，移动终端的发展势头已超过了传统PC，将"云"应用在移动终端已成为时下终端发展的趋势。可以预见，4G网络与云计算的结合将会把办公、娱乐虚拟化推向一个新的高度。

在生活中，以最简单的个人云应用为例，无论是网盘类云存储还是笔记类云存储，其精彩程度都远超存储的范畴。通过基于云端技术推出的个人云应用，可以让用户通过网页、移动客户端随时随地把照片、音乐、视频、文档等轻松地保存到网络，无须担心文件丢失。在4G网络环境下，多终端上传和下载、管理、分享文件变得轻而易举。

在工作中，我们可以把像现今用于 PC 上的各种复杂程序置于云端，每一台移动终端都可以通过 4G 网络连接到云上，利用云端完成数据计算，而将来的移动终端也无需是功能强大到足以运行各种复杂程序的 PC，只需是能够满足用户需求的输入输出设备。

对于企业而言，在 4G 环境下，云计算应用能够很好地解决企业在运算能力和存储空间方面的难题。在苏州，太仓智慧园区采用云存储中心+云计算中心+物联网实现了整个园区的智能化管理和服务；在法国马赛，城市管理以视频监控云平台为基础实现了智慧管理。据 Gartner 预测，随着 4G 的商用，到 2018 年，得益于云计算的普及，70%的专业人士将携带自有终端设备办公。云计算“一云多端”的特性将软件从本地硬件解放出来，换句话说，有了云计算，以前需要在本地进行的计算，大部分都可以基于移动通信网络实现远程操作。

10.2.2 “云管端”耦合催生新的终端形态

“云”和“端”，是云计算的两大制高点。随着云计算服务的日益丰富，人们通过各种终端随时随地接入云计算网络的需求也日益强烈，“云+端”的紧密结合成为必然，终端设备必将更加简洁、丰富、轻量化和个性化。端设备的发展，将不再是软件系统和硬件设备的捆绑，而是出现二者松耦合的趋势。终端设备的软件系统将更专注于用户的需求和体验，并实现跨平台化。

在移动终端硬件能力快速提升的同时，终端软件能力除了因智能操作系统的推出和迅速普及而得到大力提升外，基于 HTML5 的 Web App 的到来也正在影响移动应用的发展。HTML5 是继 HTML4 后的下一代 Web 语言，从特性来看，HTML5 实现了现有在主流浏览器上通过插件扩展的大部分功能，并增强了多媒体、Web 离线及本地数据存储的能力，具备了调用终端本地资源的能力；这使得移动应用能够以 Web App 形式部署在云端，将部分计算、存储功能也转移到云端。

随着用户可能有多台移动终端的情况的出现，终端之间的数据同步及备份的需求日益突出。而移动云服务提供了一种有效的解决方案，其最大的特点就是将应用在移动终端的部分计算、存储功能转移到云端完成。移动云服务对终端能力的扩展主要体现在以下几个方面。

首先，通过云服务可将用户终端上的数据备份到服务器侧，同样也能够通过云服务恢复到终端侧。在用户丢失、更换终端时，用户均能够从云端将备份的版本数据完整地恢复到新终端上。这是为终端提供的基础云存储服务，扩展了终端的存储能力。

其次，在扩展终端存储能力的同时，也解决了终端间协同和数据同步问题。用户在不同的场景下，如办公室、家里、室外可能使用了不同的终端，由此产生了不同终端间数据的协同问题。通过移动云服务，用户可突破有线连接及同步软件的限制，使不同终端之间的数据可便利地完成数据同步和终端协同。

再次是计算能力方面的扩展。例如视频转码能力，云端通过检测并根据终端的屏幕、处理器等软硬件能力，对视频流转码后再传输到终端侧播放；还有语音智能识别，如 Siri，通过本地语音收集上传至云端，由云端解析、执行指令并下发反馈，这些都通过云端充分扩展了终端本地的计算能力。另外 Web App 的到来，直接将应用部署于云端，将会有更多的应用计算部分转移到云端，而终端本地只需要做本地环境检测、少量的计算及渲染显示工作。

正因为移动云服务能对终端能力进行以上的扩展，产业链各方基于自身利益，不断部署研发移动云服务扩展终端能力，从而实现终端产品差异化发展。

终端产品功能和形态多样化是 4G 时代移动智能终端产品的重要特征。随着移动计算技术的不断演进，智能终端的概念开始逐步泛化，并逐渐向其他消费电子领域渗透，进而缔造出新的智能终端产品形态。4G 环境下，数据传输速率的不断提升给移动智能终端扩展新功能提供了可能，因此，当以 4G 网络高速传输为纽带的“云管端”相结合之后，具有新功能和新形态的移动智能终端产品就将层出不穷。

10.2.3　案例：看云存储如何吃掉 4G

2013 年，国内云存储行业硝烟滚滚。如表 10-2 所示，几个主要云存储厂商把云盘之战升级到 TB、10TB 规模，掀起了云存储免费之风。但是也带来了新的问题，用户有了空间却不一定用得完，因为没有应用可以吞噬这么多流量。以往，速度太慢、覆盖太少、不稳定等原因成为制约云存储发展的瓶颈，4G 有可能消灭这些瓶颈，进而成为云存储的引爆点。

表 10-2　国内云存储产品对比

产品名	百度云	腾讯微云	360 云盘	金山快盘
免费空间大小	登录移动端可获 2TB	登录移动端可获 10TB	36TB（PC 客户端登录可获 10TB，移动端登录可获 26TB）	2TB（关注并绑定快盘微信账号可获 512GB，登录移动端可获 512GB，购买小米路由器或随身 Wi-Fi 并绑定快盘账号可获 1TB）
单文件上传限额	网页版 4GB，客户端 20GB	32GB	网页版 360MB，客户端 10GB	个人版 2GB，商业版 4GB

1. 更多的云存储场景

4G 不只是网速的提升，而是移动生态的重构。在网速的支撑下，应用形态丰富、资费不断便宜，新的设备和应用会面世，进而使云存储具备了更多的使用场景。

（1）首先，数据同步不再是 Wi-Fi 的专利。

过去，应用同步均是在 Wi-Fi 条件下进行，例如 iCloud、Evernote。如若 4G 普及并且资费降下来，需要同步的 App 随时随地都会进行文件的上传和下载。

（2）云端存储将成为 App 的标配。

过去，支持云数据同步的应用并不多，照片、通信录、文档、日历、笔记是几大类主流同步 App。云同步是一种补充。4G 时代，所有 App 均会将云端数据中心作为核心存储，本地存储成为补充和缓存。

每个人的设备都在变多，但个人 ID 却只有一个，设备之间数据要同步，必须通过云。设备作为"端"偏重于输入输出的交互，计算和存储将交给云来完成。终端变瘦，云端变胖，这正是 Chrome OS、Firefox OS 等面向下一代的操作系统所下的赌注。

（3）更多的数据会通过设备上传。

以前是手机在产生数据，被上传云端最多的还是照片。

4G 时代，可穿戴设备、平板电脑、智能家居、智能电视甚至安装在汽车上的设备，均会不断产生数据，例如用 Google Glass 随时随地拍照录像、智能汽车进行路面拍摄和轨迹记录、家庭监控设备随时上传监控视频。

2. 更多的玩家和模式

云存储商业模式主要有 3 种，即空间收费；或者空间免费，大数据业务；抑或纯粹是为了获得用户 ID，增加用户黏性。

百度云属于第一种。用户上传的照片可以被百度拿来做数据分析进而开发出百度识图等 App。当然更重要的是用户 ID 本身就蕴藏着巨大的价值，用户数据放在你这里就不会离开你，与用户建立联系之后可以附加更多业务。

一些终端厂商有自己的云空间例如 iPhone、华为和小米，容量较小，超过就需要付费。还有一些 App 也支持将数据同步到云端，如 Evernote，同样是部分空间免费，超出收费的策略。

云存储玩家除了互联网公司之外，还有一类重要角色是电信运营商。中国电信有天翼云，中国移动有彩云，中国联通有悦云。运营商掌握着流量管道，掌握着云端的机房资源，甚至还掌握了部分终端销售渠道，有着自己的优势。

3. 电信运营商如何玩转云存储

以天翼云为例，其免费存储空间只有 15GB，与互联网巨头相比差距太大。

但它却可以提供一些差异化服务来吸引用户。

首先，将云存储与流量经营结合起来，吸引用户。例如使用天翼云空间产生的所有流量均免费。目前广东电信便有 5 元 500MB 流量供天翼云和 189 邮箱使用的产品，远低于市场价。后期很可能会全部免费。

其次，为云存储提供专用通道，智能提速。互联网服务为了提升用户体验往往会采用 CDN（内容发布网络）等措施进行提速。这离不开运营商的支持：机房、管道等。现在运营商则可以为其云存储提供专有的高速通道。目前天翼云已经在不少省份推出智能提速。

再次，将云存储作为其他服务的“硬盘”，交叉关联。每家互联网公司和运营商都有多种互联网服务。电信天翼有爱音乐、189 邮箱、天翼空间、天翼应用市场等服务，用户 ID 已经打通。个人数据便可同步到天翼云。例如云音乐、邮箱附件、天翼空间，等等。

最后，可以基于云存储推出更多云服务，滚雪球。运营商聚合用户 ID 和用户数据之后，在存储、运营商网络（通话、数据、短信）、定位、手机支付等云能力基础上，提供更多云服务。例如店铺实时监控、家庭内容分享。

PC 时代有一个“安迪比尔”定律：安迪给你的，比尔都会拿走。指在 WIN-TEL 阵营垄断 PC 时，Intel 不断地提高 CPU 的计算能力，而微软就用新的操作系统来吃掉它。两者互相配合，使得用户不断购买新一代芯片，不断升级系统，市场越做越大。

将“安迪比尔”推广到 4G 就是“运营商—应用商”规律：运营商不断升级网络，应用商则不断用新应用来吃掉这个网络能力，例如云存储。

10.3 从物联网到万物互联

互联网从最早期的简单网络连接、电邮往来，到现在正迈向的“万物互联（Internet of Everything，IoE）”，其每个发展阶段都在改变人类社会对“连结（Connection）”的观念与行为模式。

2014 年初，市场分析公司 Creative Strategies 公司总裁蒂姆 · 巴加林在《投资时报》发表文章表示，"每年都有个元年，2014 轮到万物互联"，让我们看到了蓬勃发展的物联网以及即将到来的万物互联时代。尤其 4G 移动网络数据传输效率逐渐超越传统有线网络的当前，由人、物体、地点所组成互联的"万物互联"似乎已经无限接近于现实。

10.3.1 从 IoT 到 IoE

物联网（Internet of Things，IoT），顾名思义是物物相连的互联网，对这一概念大家也许并不陌生。从 2005 年信息社会世界峰会国际电信联盟正式推出"物联网"概念开始，它便被认为是继计算机、互联网与移动通信网之后的世界信息产业第三次浪潮。

如图 10-2 所示，如果在"物物相连"的基础上，加入人、流程、数据的因素，让他们彼此互联并融合，就可以使网络连接比以往更具有相关性，更有价值，并将数据、信息转化为业务的优化或更直接有效的决策，从而创造新的能力，带来前所未有的经济机遇。这就是 IoT 的更高级阶段——万物互联。

思科表示，"万物互联"是构建在物联网基础之上，增加了网络智能和安全功能，通过拥有统一网络语言的、分布式的、以应用为中心的网络、计算和存储平台，实现了之前互不相关的各系统之间的协调与融合，从而提升我们感知、理解和管理世界的能力。

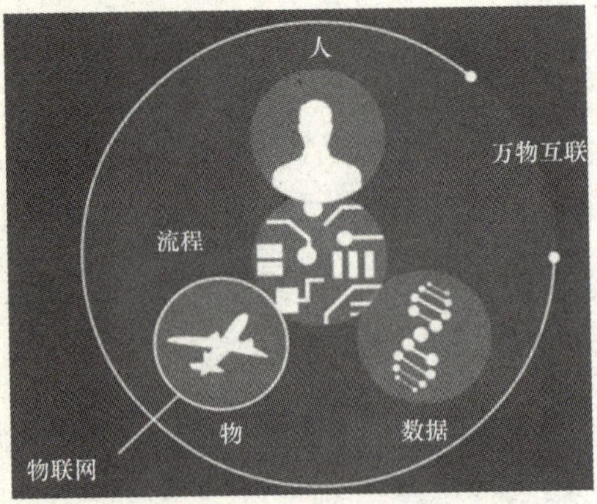

图 10-2　思科对万物互联的诠释

2013 年初，思科就针对 IoE 的价值和市场展开了开创性调研。通过对 12 个国家和地区的 7 500 位全球企业和 IT 领导者进行调研，思科发现，基于 IoE，全球企业在未来 10 年可以获取 14.4 万亿美元的潜在价值。2013 年的潜在价值为 1.2 万亿，其中可实现的为 6 130 亿美元，另有 5 440 亿美元未实现的价值。对比 4 万亿的投入成本，14.4 万亿的潜在价值彰显了其可观的投资回报率，“万物互联”无疑是座大金矿。

调研显示，物联网、增加的移动性、云计算的出现，以及大数据重要性不断增加，等等多种技术转型的共同作用，催生了“IoE”。IoE 能帮助企业在运营效率、客户服务、协作等多方面获得重要优势，通过 IoE 发挥的作用，企业的利润几乎可以翻一倍。80%左右的企业高管看到了 IoE 的重要性，并且看好其前景，认为就业岗位、薪资水平和信息安全会因 IoE 而得到提升。

从地域来看，德国、日本、法国、美国等发达国家目前实现 IoE 的比例较大，印度、中国、巴西、墨西哥等新兴市场的企业也已经认识到了 IoE 的颠覆性潜力。从企业规模来看，无论大型企业，还是中小型企业，都可捕捉均等的机会，从中受益。在全球市场，从行业分布来看，IT 驱动的高科技电信、金融等行业占据了价值的最大份额，不过，制造业、能源、零售等行业的潜力巨大，例如在中国市场，创造最多价值的就是制造业。只要企业针对正确的 IoE 能力进行投资，集成 IT 与管理的最佳实践，就能提高竞争力。

当“万事万物”联入网络，数据也会爆炸性增长，如何挖掘海量数据，并有效利用传送中的瞬间数据，更好地优化业务流程，将成为企业的新机遇。IoE 的时代，所有的企业拥有均等的机会，成功并不取决于地理位置或公司规模，谁能最快速适应“IoE”发展趋势谁就有希望成为赢家。无论任何企业，任何行业，技术不再是决定成败的唯一标准，人员和流程的作用都举足轻重，谁都面临着机遇和挑战。这也意味着，几乎所有的行业竞争格局都有可能重新洗牌。

如何结合行业特点，利用各种新的云计算、移动、无线技术进行模式创新与业务流程的优化，将成为IoE时代，企业CIO们不得不思考的问题。

万物互联意味着要搜集大量的数据，并对这些数据进行挖掘与分析，这离不开大量的存储、云计算、数据中心和高速的信息网络，不仅需要各种各样的软硬件，还离不开各种网络服务，可以说是一种生态环境。

10.3.2 4G助推物联网产业发展

根据工信部《物联网"十二五"规划》，智能工业、智能农业、智能物流、智能交通、智能电网、智能环保、智能安防、智能医疗和智能家居九大应用将得到重点发展，并建立重点应用示范工程，以带动规模化发展。赛迪智库数据显示，2013年我国物联网市场规模已达4 896亿元，未来3年这一市场将保持30%以上的年增长率。

在未来的物联网时代，每一个物体都将实现可通信、可寻址、可控制，也就是说任何物体都能上网。物与物之间的传输将大部分采用无线传输方式，这其中包含了大量的数据业务，因此对数据业务有较大需求，而4G的高带宽正好满足了物联网的发展需求。

从另一个方面来看，物联网将使移动互联网随处可见，而物联网对数据业务的巨大需求，使得4G的高带宽有了"用武之地"，从而成为未来4G业务可选择的商业模式。

4G网络让物联网诸多的分支应用有了大展拳脚的空间。车联网、智能家居、智能交通、智慧城市等方面都需要通过巨量的传感设备才能即时接收各类感知数据。在这些数据收集的过程当中，不可能通过有线网络把各终端进行有机的连接再把相关信息传回数据中心，因此无线网络将是物联网发展过程中的最佳推手。

4G业务将与物联网结合，深刻影响物联网产业未来的发展。目前，全球领先的运营商纷纷借LTE开发新的应用市场，尝试着打造自己的物联网应用生态系统。为了开拓物联网市场，运营商越来越重视将 LTE 用于汽车、金融、家庭安保和移动医疗等领域。如图 10-3 所示，AT&T 面向家庭客户推出数字生活服务，通过 LTE 网络及各种传感器（如玻璃破碎传感器、一氧化碳传感器、烟雾传感器等）实现视频监控、自动化控制及安全告警等服务，用户可通过智能终端、PC 等多种终端进行控制；Verizon 则开发了基于 LTE 的医疗手镯、用于救护车的 LTE 移动路由器等产品。

图 10-3　AT&T 的数字生活服务

随着物联网、智能家居等产业的发展，消费者对网络速率的要求也越来越高。在物联网的建设中，除了传统的硬件设施外，还需要诸如 IPv6、云计算、无线网络技术等软件设施，这就使得传输速度远在 3G 之上的 4G 网络成为建设过程中重要的组成部分。移动通信网络是整个物联网产业的中枢神经，为物联网产业大数据吞吐能力提供了传输保证，随着物联网感应芯片技术的成熟，4G 网络的商业化运营无疑对中国整个物联网产业起到了强有力的推进作用。

10.3.3　案例：4G 与智能汽车

在汽车领域，万物互联已经不是空谈，“车联网”也已经不是什么新鲜事物。汽车厂商可以通过车联网为用户提供远程的安保和信息服务，用户可以通过车联网来用手机管理和了解他们的爱车。如图 10-4 所示，导航、Wi-Fi 热点、娱乐系统、障碍物探测、汽车间通信等车载技术目前都用到了车联网，过去汽车仅仅承载着交通工具的角色，而现在，万物互联正在将汽车变得更加智能。

图 10-4　车载信息服务示意

据预测，在 2020 年全球将会有 250 亿部联网终端，其中约一半都是非手持终端，汽车将会成为下一个非常热门的行业，目前已经有汽车可以通过 3G 网络联网，随着 4G LTE 的发展，未来汽车与 LTE 的关系将会更加紧密。

汽车有了 LTE 支持后，可以给汽车厂商、汽车服务商、汽车驾驶者和消费者提供全新的服务。涉及汽车制造商所部署的最基本的技术和服务，可以通过 LTE 实现汽车和驾驶者之间更深度的连接。通过移动技术的纳入，会改变汽车给驾驶者提供的服务，包括汽车上面的车载信息服务系统以及互联的娱乐系统，这样就可以实现更好的车与人之间、车与车之间以及车与基础设施的交互，这也构成了未来智能城市的一部分。

在大约 10 年前，运营商就开始利用 3G 网络为以道路导航系统为代表的车内电子配置的推广铺平了道路。但一些数据密集型信息配置却始终受制于 3G 的带宽。随着 4G 时代的到来，这些问题将很快得到解决，使汽车制造商可以为消费者提供目前只能在室内通过宽带上网才能使用的网络功能。 在全球范围内，以 AT&T 和 Verizon 为代表的电信运营商已经将 4G 网络引入智能汽车的车厢内。这股 4G 浪潮将进一步加快汽车的智能进程，甚至帮助汽车实现功能上质的飞跃。

在不久的将来，随着汽车越来越广泛地成为大众出行的工具，随着智能汽车的逐渐普及，未来的智能汽车有可能成为互联网流量很大的接入口，在互联网领域占据重要的角色，未来的智能汽车也必将成为各大电信运营商和互联网公司争夺的重地。

业界普遍认为，2014 年的国际消费电子展（CES），拉开了汽车互联网化的大幕，其催化力量之一正是 4G LTE 的快速部署。在 CES 开展前一天，通用雪佛兰宣布将在 OnStar 智能车载系统中植入由合作伙伴 AT&T 公司提供的 4G LTE 数据连接；在高通展位上更展示了内置高通调制解调器的全球首款 4G LTE 联网汽车——奥迪 A3。全球前 10 大汽车厂商中有 9 家都参与了 2014 年的 CES，奥迪、宝马、福特等主流汽车厂商更是高调发布新品。此次展会，高通还将 Formula E（电动方程式锦标赛）赛车开到展台并进行首次公开试驾展示。

1．高通

基于对车联网未来潜力的考量，高通积极推出 20nm LTE-Advanced 芯片。高通将通过 Gobi9×30 车用 LTE-Advanced 芯片的推出，使得一级（Tier-1）汽车零组件供应商以及车厂客户，可以提供层级式的车联网主机解决方案。汽车业者可选择 20nm 制程 LTE 方案（Gobi9×15），或者是 28nm 的 LTE-Advanced 方案（Gobi9×30），这两种方案都预先整合了高通的 Wi-Fi 802.11ac/p 与蓝牙（Bluetooth）LE4.0 芯片组 QCA6574，以及高通发表的车规 Snapdragon 602A 应用处理器，通过“预先整合”，高通将为汽车系统架构提供最优化的配置与控制，包括针对最大化数据、降低功耗，以及让 LTE/3G、Wi-Fi、蓝牙与全球卫星导航系统（GNSS）等功能良好互动所进行的软件整合。

2．AT&T

2013 年 10 月，电动汽车公司特斯拉（Tesla）已经宣布了和 AT&T 公司签订的长期合作协议，由 AT&T 向 Tesla 现今和未来的 Model 系列车型提供高速的网络连接，从而满足 Tesla 智能化的安全性以及娱乐性的需要。

此前，AT&T 已经开始与通用及奥迪展开合作。通用汽车宣布将在雪佛兰车型中接入由AT&T提供的4G LTE无线服务，2015款雪佛兰Corvette、Impala、Malibu和Volt将成为首批提供OnStar 4G LTE服务的通用汽车车型。而奥迪在2014年国际消费电子展（CES）上则展示了自有的搭载Android操作系统的平板，供车内乘客使用，足以表明奥迪对这次合作涉及的技术以及未来前景的信心。

同样在2014年的CES上，AT&T展示了针对汽车研发的Drive Studio技术，该平台包括安全、保安、诊断软件、声控技术、安全固件更新、应用商店、计费系统等一切必需的软件和服务。汽车制造商可以在这个平台上所拥有的资源中进行自由选择，即使不选择这些软件和服务，也可以将平台当作一个导引来用。AT&T称该模块化软硬件平台将允许汽车厂商定制化它们的联网汽车系统，同时允许AT&T提供更加简单的网络连接。

3．Verizon

2012年6月，Verizon以6.12亿美元现金收购了北美最大的车联网服务提供商Hughes Telematics，从而大大促进了Verizon在汽车通信方面的份额。

2014年1月，在底特律举行的北美车展上，现代汽车与Verizon达成协议，将在美国境内出售的轿车和货车上使用由Verizon提供的无线网络连接技术。Verizon副总裁Mark Bartolomeo在一次采访中表明，Verizon的服务在2014年就有针对性地开始研发，并将首先应用于现代汽车2015年的车型上，同时也将服务于起亚的一系列车型。

4．全球首款4G LTE奥迪A3

全球首款采用4G LTE解决方案的奥迪A3，2013年已经在欧洲发布，2014年春天正式登陆美国，如图10-5所示。2014年初，奥迪和AT&T达成协议，AT&T将为奥迪车主提供6个月的免费4G LTE网络车载接入服务。同时AT&T会为车载4G网络接入提供两种套餐服务：一种是6个月5GB流量的99美元套餐，如果流量无法满足使用的话，还有一个499美元30个月包含30GB流量的套餐可供选择。

图 10-5　全球首款 4G LTE 奥迪 A3

奥迪 4G 网络连接的实现，是基于高通第二代 Gobi 多模 3G/4G LTE 芯片组 MDM9215 的增强版"Audi Connect"车载通信系统。"Audi Connect"服务拥有 100Mbit/s 的峰值数据传输速率，主要用于加强汽车的娱乐性。驾驶者可以在汽车内在线收看视频、收听音频，并通过高速网络随时随地查看交通流量和全景影像地图。

参考文献

[1] Clovey. 航空公司如何利用大数据增加辅助收入？Socialbeta，2013-03-08

[2] Kevin Wang. 2014 中国移动互联网用户行为洞察报告. InMobi，2014 年 1 月

[3] Wearable Apps: Inside The Race To Create A New App Ecosystem. BI Intelligence, 2014

[4] Wearable Technology–Market Assessment. IHS Electronics & Media, 2013

[5] Zdent. 全球十大电信巨头如何玩转大数据. IT 专家网，2014-03-28

[6] 艾斯. 韩国电信业“海啸”来袭，KT 发展 LTE WARP 技术实现逆转. 中国通信网，2013-08-07

[7] 爱立信. 2014 年 ICT 产业发展趋势展望. 2014 年 1 月

[8] 百度移动. 移动互联网发展趋势报告 2013 年 Q3. 百度，2013-11-02

[9] 柴雪芳，韩海潮，李辉娥. 3G 运营与实践. 北京：人民邮电出版社，2011

[10] 陈敏. 韩国 4G 经验启示：网速变化暗藏大机遇. 网易科技报道，2013-12-2

[11] 陈平辉，郑健. 移动云服务——移动终端能力扩展的重要手段. 移动通信，2012 年第 19 期

[12] 楚落. 4G 时代的到来与大数据革命. 福布斯中文网，2013-12-23

[13] 工信部. 未来 3 年国内 4G 市场将呈现爆炸式增长. 中国信息产业网，2014-03-12

[14] 工业和信息化部赛迪智库. TD 产业是拉动国民经济快速增长的引擎. 中国电子报，2014-01-08

[15] 广发证券. 可穿戴健康医疗——移动互联改变传统，2013-08-20

[16] 郭晓峰. 韩国 4G 体验第二季：6GB 流量套餐资费不到 300 元. 腾讯科技，2013-11-27

[17] 郭晓峰. 韩国 4G 体验第一季：普及率居全球之首.腾讯科技，2013-11-26

[18] 郭晓峰. 韩国 4G 体验终结篇：我们需要反思什么. 腾讯科技，2013-11-28

[19] 何小鹏. 轻应用的开发应该做什么？怎么做？新浪科技，2013-11-01

[20] 胡乐明. CDMA 运营商的 LTE 制式选择. 电信科学，2013 年第 1 期

[21] 胡乐明. LTE 的商用化发展和主要挑战. 广东通信技术，2013 年第 1 期

[22] 蝴蝶效应——ibutterfly 在 APP+AR+LBS 上的有趣应用. 蓝色理想论坛，2012-01-17

[23] 华为. Whitepaper on Spectrum. 2013 年 2 月